Gaston NOBLET

De l'Ile d'Oléron à Mortagne-sur-Gironde

Histoire de Royan

ET DE SES ENVIRONS

précédée de l'Histoire Générale de la Saintonge

(Mœurs, Coutumes, Langage, Religion, etc., etc.)

FONTENAY-AUX-ROSES
Louis BELLENAND, Éditeur
16, Route de Bièvres

1905

Histoire de Royan

Gaston NOBLET

De l'Ile d'Oléron à Mortagne-sur-Gironde

Histoire de Royan

ET DE SES ENVIRONS

précédée de l'Histoire Générale de la Saintonge

(Mœurs, Coutumes, Langage, Religion, etc., etc.)

FONTENAY-AUX-ROSES
LOUIS BELLENAND, Éditeur
16, Route de Bièvres

1905

À mon Fils,

Je te dédie ce livre, que j'ai écrit par reconnaissance envers cette belle Saintonge, dont l'excellent climat marin t'a rendu la force et la santé.

Meschers, 12 Mai 1904

G. Noblet

PLAGES

Royan.

Pontaillac.

Nauzan.

Saint-Palais-le-Bureau.

Saint-Augustin-sur-Mer.

Les Mathes.

Saint-Georges-de-Didonne.

Merschers-les-Bains.

Ronce-les-Bains.

Le château d'Oléron.

Saint-Georges-d'Oléron.

Saint-Denis-d'Oléron.

La Cotinière. — Boyardville.

Saint-Trojean-les-Bains.

PRÉFACE

Avant de s'occuper de l'Histoire particulière d'un petit coin de la France ou plutôt des parcelles d'Histoire qui sont parvenues jusqu'à nous, grâce aux vieilles chartes, légendes, monuments, etc., il est bon de jeter un coup d'œil rapide sur l'Histoire plus complètement connue, du Département, de la Province, auxquels ce petit coin a appartenu.

Voilà pourquoi je prie le lecteur qui voudra bien prendre la peine de lire cet ouvrage, de fixer son attention sur le passé de cette belle Saintonge, sur ses mœurs et coutumes, ce qui lui permettra dans ses excursions de s'expliquer bien des choses.

Tout ce qu'il trouvera dans ce livre est absolument exact, j'ai puisé dans les ouvrages de nos meilleurs auteurs qui se sont occupés de l'Histoire de la Saintonge, je me suis borné à grouper ce qu'il y a en eux d'intéressant, pour le lui présenter sous la forme la plus claire possible.

Mon but est, non de faire un ouvrage d'érudition, mais de mettre entre les mains du public un guide historique permettant à chacun de connaître tout en excursionnant ce qui s'est passé dans le pays qu'il parcourt. De savoir ce que racontent les vieilles pierres encore debout, débris d'époques glorieuses et tourmentées, les églises dont les clochers décoiffés et les toitures rasées, furent témoins des luttes religieuses. Si j'y suis parvenu, je m'estimerai heureux et largement récompensé.

Il me reste à remercier MM. de Richemont et Thibaudeau, les deux distingués archivistes du Département, qui, très obligeamment m'ont procuré les documents nécessaires à ce travail.

G. NOBLET.

HISTOIRE GÉNÉRALE

de l'Aunis et de la Saintonge

Lorsqu'on veut se faire une idée précise du rôle qu'a joué dans l'Histoire, le Pays qui s'appelle aujourd'hui le département de la Charente-Inférieure, la première difficulté qu'on éprouve c'est de le rattacher à un centre qui lui donne quelque unité.

Ce n'est pas, en effet, seulement dans leurs intérêts actuels que les villes qui le composent sont rivales.

Ce n'est pourtant pas dans les premiers temps que se retrouve cette diversité, et il est à peu près hors de doute qu'il faut rapporter à la Tribu des *Santoni* ou *Santones* la partie du pays d'Aunis (1) qui

---

(1) La véritable étymologie du nom d'Aunis n'est pas bien connue ; les savants n'ont rien négligé pour en découvrir l'origine, mais tous les efforts de leur curiosité se sont réduits à des conjectures frivoles. La moins dénuée de fondement est que vers le ve siècle, les *Alains* ayant été battus par Childéric, vinrent se réfugier dans l'Aquitaine dont les Wisigoths occupaient alors une grande partie. Ces fugitifs auront donné leur nom à leur nouvelle demeure appelée *Pagus Alanensis* et dans la suite *Alniensis*, d'où *Alnisium*, *Aunisium*.

était alors habitée. *Ces Santones* formaient une tribu puissante au temps de César.

Leur histoire antérieure est difficile à esquisser.

Comme l'Auvergne, comme Limoges, comme Agen, comme Tours, comme Toulouse, *Saintes*, que le Moyen-Age écrivait Xaintes, fait venir son origine des Troyens et des bords du *Xante*. Cette tradition si ancienne, puisqu'elle existait déjà à cet état du temps d'Ammien Marcellin, si générale puisqu'elle a été exploitée par les prétentions de tant de villes, a peut-être été trop dédaignée par les Historiens, qui semblent n'en avoir pas assez expliqué les sources.

Quoi qu'il en soit, *les Santones*, que les Romains comprirent dans la confédération des *Celtes*, paraissent avoir fait partie des *Armorikes*, dont le nom, dans les temps les plus reculés, ne doit pas s'appliquer seulement à ce qui fut depuis la Bretagne, mais à tous les peuples qui habitaient les côtes de l'Océan, depuis l'embouchure de la Seine jusqu'à celle de la Garonne. Cette tribu fut d'abord composée des Galls purs; mais lorsqu'une autre branche de la même famille, les Kimris, eut fait sa première invasion, lorsque ces nouveaux peuples se furent établis surtout dans la partie ouest de la Gaule, le pays des *Santones* se trouva habité par une population mélangée que paraît n'avoir pas modifiée la seconde invasion Kimrique.

Telles sont les seules notions exactes que nous puissions offrir sur l'état de la Saintonge avant l'arrivée de Jules César en Gaule : cette Tribu prit sa part de toutes les expéditions, de tous les exploits des Galls, et, s'appuyant sur quelques textes, les auteurs qui ont raconté son histoire spéciale, se sont fondés sur la communauté du nom de *Mediolanum*, pour lui attribuer la plus grande part à la fondation de Milan en Lombardie 613 av. J.-C.

Le texte de César sur les Santones a fait naître d'assez grandes difficultés et l'on sait qu'elles sont telles que Bonaparte ne pouvait rien concevoir sur la marche des *Helvètes*, et se demandait comment ils allaient passer par la Saintonge pour se rendre à Toulouse. Ces difficultés semblent ne pouvoir se résoudre que par l'opinion qui place d'autres *Santones* auprès de Rieux.

Quant à la Saintonge, dont César parle bien certainement, quand il la place auprès des *Pictones*, il la comprend dans la Gaule chevelue, parmi les *Celtes*, nom d'une confédération, qu'il prenait pour un synonyme de *Galls*, nom de la race. On a donné pour étymologie au mot *Santones*, les noms gaëliques *an* adouci en *san*, Cercle, et *on* Eau, mot à mot, *Peuples entourés d'eau*, nom assez convenable à leur situation.

Qu'était-ce aussi que *le Portus santonum*, que le *Promontorium santonum* de Ptolémée ?

Les savants n'ont pu fixer ces lieux, et, bien que ce soit l'opinion qui compte le plus d'autorité en sa faveur, la moins probable est celle qui place le *Portus* à La Rochelle. On paraît mieux autorisé à le mettre à l'embouchure de la *Seudre*.

Dans la guerre des Gaules contre César, la Saintonge suivit la destinée commune, et, par sa position, elle fut un des pays qui eurent le moins à souffrir. Lorsque les Venètes essayèrent de reconquérir leur liberté, les douze cohortes et la cavalerie de Crassus suffirent pour maintenir le pays d'Armorike, de la Loire à la Garonne, et les Santons, comme les Pictons, ne purent résister à l'ordre de livrer leurs vaisseaux à Brutus : toutefois ils prirent une part énergique à ce noble et dernier effort par lequel la plus grande partie de la Gaule tenta de délivrer son héros, ce Vercingétorix, enfermé dans Alésia. Lors de cette levée, le contingent des Santons fut fixé à douze mille hommes, c'est-à-dire égal à celui des Séquaniens et des Bituriges (Franche-Comté et Berry) supérieurs à celui des Pictons et des Turons (Poitou et Touraine).

Lorsque la politique d'Auguste, rompant toutes les vieilles associations gauloises, divisa la Gaule nouvellement romaine (27 av. J.-C.) en trois provinces, les Santons furent compris dans l'Aquitaine, et lorsqu'un décret de Valentinien divisa cette province en trois parties, ils firent partie de la seconde Aquitaine (362 à 375 ap. J.-C.)

La Saintonge partagea la tranquillité et les progrès de la civilisation des Gaules sous la domination romaine, et c'est à cette époque de plus de quatre siècles et demi, que se rapportent les monuments dont les restes attestent l'antique splendeur de Saintes, l'ancien *Médiolanum Santonum,* malgré un léger changement de situation.

Le Christianisme pénétra aussi de bonne heure en Saintonge, s'il faut croire que son premier évêque, saint Eutrope, ait reçu cette dignité vers 95 ap. J.-C.

L'invasion des Barbares ne fit pas d'abord cesser entièrement la prospérité des Santons.

Ils passèrent en effet, sous la domination des Wisigoths (412) à moitié conquis à la civilisation romaine, admirateurs des vaincus qu'ils s'efforçaient d'imiter et qui n'ajoutèrent guère aux maux lentement destructeurs, mais peu sentis par l'habitude, de l'administration romaine. Ces barbares semi-Romains ne détruisaient guère, mais ils semblent aussi avoir été incapables de régénérer. En outre, ils étaient Ariens, et les évêques catholiques de la Gaule espéraient bien plus de ces Païens, dont la terrible confédération, connue sous le nom de *Francs,* se répandait alors au midi de la Somme.

On sait comment la bataille de Vouillé et la mort d'Alaric II (507), tué dans l'action, ouvrit l'Aquitaine à Clovis ; on sait quels maux elle eut à supporter de ces barbares, tous autres que les Wisigoths, dont l'ardent et féroce courage était rendu plus féroce encore par les dogmes Scandinaves

Depuis l'arrivée de Wallia et de ses Wisigoths, la

Saintonge se confondait dans l'Aquitaine, sans avoir d'importance ou d'histoire spéciale, et cela ne changea pas sous la domination Franke ; c'est une raison pour nous de passer rapidement.

Avec le reste de l'Aquitaine, la Saintonge partagea les maux de cette dépendance : mal affermie comme gouvernement, la domination des Francs n'en pesait que plus sur les individus, et chacun de ses actes semblait une des violences d'une conquête nouvelle. Quelques chroniqueurs, autorisés en cela par Grégoire de Tours, ont nommé comte de Saintonge ce *Guaddo*, né d'une illustre famille Gallo-Romaine, parvenu par cette souplesse avilissante des opprimés au titre de *Major-domûs* et qui fut, ainsi que *Bobon*, fils de Mummole, chargé de conduire en Espagne Rigonthe, fille de Chilpéric, avec ce déplorable cortège de gens des familles qui appartenaient au fisc, arrachés par les ordres du Roi aux pleurs de leurs parents, jetés dans des chariots et qui s'enfuyaient quand ils pouvaient, ou même se donnaient la mort au moyen d'un lacet, la trouvant moins dure que l'obéissance à de tels ordres (584).

Guaddo n'est pas le seul exemple que fournisse la Saintonge de ces hommes qui, dans cette souplesse lettrée, fruit de la civilisation romaine dégradée et si agréable aux Maîtres, trouvèrent le moyen d'acquérir des richesses et des dignités dans le service domestique des Rois ; c'est à l'île de Ré que naquit ce Leudaste, d'abord employé dans les cuisines et à la boulangerie du Roi, et ensuite comte de Tours, ennemi de l'évêque notre premier historien, mort enfin sous les coups des gens de Frédégonde, qu'il avait voulu se rendre favorable par tant de flatteries.

Et cependant, malgré cette servilité, cette immoralité qui semble tenir du désespoir, la Saintonge, comme toute l'Aquitaine, ne perdait ni la volonté, ni l'espérance d'échapper au joug de ces Francs si odieux. Lorsqu'à la mort de Chilpéric (584) toute la Gaule du nord de la Loire se divisait entre le roi de Bourgogne, protecteur du jeune Clotaire, et le roi d'Austrasie, lorsque même Poitiers se contentait de se déclarer pour l'Austrasien qui, plus éloigné, lui semblait un dominateur moins réel, l'Aquitaine et le Midi cherchent à se faire un roi de leur création, et *Gondowald* trouve dans eux, et, parmi eux, dans le Saintongeais *Guaddo,* des appuis qui l'approchent du trône, puis le brisent lorsqu'ils ont peur et qu'ils sentent qu'ils n'ont saisi qu'un instrument impuissant pour leur indépendance, riant peut-être d'un rire convulsif dans leur perfidie, de ce que c'est la mort d'un Franc de sang royal qui achète leur retour en grâce auprès des Francs.

Plus tard en 631 ils obtinrent du moins un roi pour eux seuls. Le frère de Dagobert, Caribert, se fit accepter pour roi d'Aquitaine et régna trois ans ; mais les Aquitains s'attachant à sa race pour échapper plus facilement au joug franc, parvinrent à former un état à peu près indépendant, d'abord sous le titre de royaume, puis sous celui de duché, jusqu'à ce qu'enfin l'affaiblissement de la race de Clovis permit à un gascon *Eudes* de ressaisir réellement son Aquitaine toute séparée de la France.

Cette nouvelle domination était une réaction de la puissance des Vasques, acculés d'abord aux pieds des Pyrénées, contre celle des Francs ; aussi l'Aquitaine fut-elle la plus rude ennemie que trouvèrent les rois de la seconde race.

Eudes, qui porta d'abord des armes victorieuses jusqu'au nord de la Loire, céda bientôt à la fortune de Charles Martel ; forcé de lui livrer Chilpéric qu'il tenait comme en tutelle et sous le nom duquel il espérait dominer en Neustrie, forcé de se retirer au sud de la Vienne, il invoqua les Sarrasins ; allié de l'émir *Munuza,* il lui donna sa fille ; mais cette alliance, d'une impiété alors inouïe, ne fit qu'attirer contre Eudes et contre son gendre, qui voulut se rendre indépendant, les armes d'Abdérame, au nom des califes Munuza ayant été vaincu et sa femme, la fille d'Eudes, envoyée au sérail du calife de Damas, l'Aquitain lui-même se sentit impuissant à résister. Déjà les Sarrasins avaient, par une trouée impétueuse, pénétré son empire du sud au nord, et leurs ravages s'étendaient jusque sur la Saintonge ; opposant un ennemi à un autre, Eudes se joignit à Charles Martel qui accourait arrêter le torrent, et combattit avec les Français, dans ce terrible choc du Nord contre le Midi (723). Mais, délivré des Sarrasins, il n'avait fait que changer d'ennemis ; Charles Martel ravagea toute la partie méridionale de la Gaule dont il chassait les barbares moins redoutables que lui pour le présent ; Eudes, humilié par le besoin même qu'il avait eu de secours, se trouva abaissé devant le chef franc.

En 741, son fils *Hunald* toutefois essaya de donner la revanche à son pays ; mais mal appuyé par son frère *Hatton*, qui commandait pour lui à Poitiers, il céda encore aux Austrasiens de Charles Martel, se vengea de son frère en lui faisant crever les yeux, et alla cacher les regrets de sa défaite ou les remords de sa violence, dans un monastère de l'île de Ré que son père avait fondé (745).

Pépin, le fils de Charles Martel, avait trouvé un appui contre *Hunald* dans son frère Hatton : *Griffon* frère de Pépin, devint contre celui-ci un appui pour *Gaifer*, fils d'Hunald ; mais le succès ne fut pas le même. Vaincu en 759, Gaifer se vit forcé de ruiner ses propres villes pour qu'elles ne devinssent pas des boulevards pour son ennemi, et Saintes fut au nombre des villes démantelées.

Sa situation près de la limite septentrionale de l'Aquitaine, la rendait nécessairement victime de tous les revers de ses princes.

C'est à Saintes que Pépin victorieux arriva à temps en 768 pour s'emparer de la mère, des sœurs et des nièces du malheureux Gaifer ; à Saintes qu'il ressentit les premières atteintes de la maladie dont il mourut bientôt après ; il avait enfin dompté l'Aquitaine après neuf ans d'une guerre qui avait débuté par des succès qui avaient fait renoncer Gaifer à la défense de ses propres villes.

En vain après la mort de Gaifer, Hunald sortit-il de son monastère pour venger son fils et son pays ; son neveu Lope, vengeant sur lui son père Hatton, livre l'opiniâtre guerrier à Charlemagne, qui étouffa ainsi cette guerre renaissante, accrut les pouvoirs de Lope, créa en Aquitaine douze ducs ou comtes qui affaiblirent, en se la partageant, cette conquête si difficile à garder, et bientôt lui donna un roi dans son fils Louis, encore enfant (781).

Le caractère droit et scrupuleux de Charlemagne procura du soulagement aux Aquitains ; sous lui, ils prirent part à l'expédition contre les Sarrasins d'Espagne, ils furent momentanément Français. Quand Louis fut devenu empereur, il pensa comme son père qu'il fallait un roi aux Aquitains, et leur donna son fils Pépin (816), qui, ayant d'après le récit embarrassé des vieux chroniqueurs, reçu en présent, de l'empereur de Constantinople, la tête de saint Jean-Baptiste, en confia la garde aux moines de l'Abbaye qu'il fonda auprès de l'ancien château d'*Angeriacum*, et qui est l'origine de la ville de Saint-Jean-d'Angély qui, dans la suite, put quelque temps se regarder comme la première de la Saintonge (840).

On sait trop quelle part sous ces chefs, prit l'Aquitaine aux malheureuses luttes qui déchirèrent le règne de Louis le Débonnaire ; mais du moins, elle n'en fut pas le théâtre.

Un autre fléau l'affligea plus directement et désola en particulier la Saintonge. Une bande de Normands, désignée par les vieux auteurs sous le nom de Danois ou de Daciens, pilla d'abord l'île de Ré, où les moines sauvèrent de leur profanation le corps de saint Philibert, puis descendit aux Sables-d'Olonne, pour se répandre de là dans les pays environnants ; non seulement ils pillèrent, mais ils brûlèrent Saintes, à tel point qu'il fallut la rebâtir. Alors cette ville abandonna la place de l'antique Mediolanum Santonum, et, descendant dans le vallon, fut reconstruite sur les bords de la Charente (847).

Dans ces dissensions qui épuisaient dès sa source le sang des fils impuissants de Charlemagne, l'Aquitaine chercha, comme autrefois, son indépendance, *Rainulfe*, en livrant à Charles le Chauve les descendants de Pépin ne prétendait point lui livrer l'Aquitaine ; la féodalité naissait, ou plutôt manifestait de toute part sa puissante jeunesse (858).

Ce changement pourtant n'en entraînait point dans l'état de ses habitants. Des bandes de Normands renouvelaient les ravages des premières. C'est sur la frontière de Saintonge en 863, qu'un comte d'Angoulême *Turpion*, est tué en les combattant. Les luttes féodales y joignirent leurs maux ; au lieu de panser ces plaies toutes saignantes, les seigneurs se disputent des terres ou des châteaux, et la possession de celui de Taillebourg coûte la vie à *Landry*, comte et gouverneur de Saintes, tué par *Emenon*, comte d'Angoulême, blessé lui-même mortellement de la main de son rival (866).

Cependant la Féodalité devenait décidément l'état normal de la Société, lasse de la faiblesse des rois. Charles le Chauve avait cimenté par son seing l'hérédité des fiefs et des comtés (877). La Saintonge fit alors partie du duché de Guienne, distingué de celui de Gascogne, et, se séparant des vrais sujets d'Hunald et de Gaifer, reconnut l'autorité des comtes de Poitiers, ducs d'Aquitaine ou Guyenne.

La plupart des anciens auteurs ont prétendu que l'Aquitaine avait tiré son nom de l'abondance de ses eaux, ou des eaux médicinales qui se trouvent à Dax, qu'on appelait *Aqua Tarbellorum*. Quelques-uns cependant qui fondent leur opinion sur des capitulaires de Charles le Chauve, des médailles de Charles le Simple et autres titres, l'ont appelée *Equitania, ab equis quibus abundant et potentuis invehuntur*, mais comme le temps qui altère toutes choses, corrompt souvent même les noms les plus étymologiques, on en vint à prononcer au lieu de l'Aquitaine, *la Guiaine* en otant le T, et enfin la Guyaine ou Guyenne par une abscission familière. Néanmoins, on ne voit pas que ce nom de Guienne ait été beaucoup en usage avant le règne de saint Louis.

Après avoir reconnu l'autorité des ducs de Guyenne, la Saintonge eut encore à souffrir, mais plus faiblement, des ravages des Normands, qui furent vaincus à Paris par Raoul (930) ; et qui malgré cela, furent encore assez forts pour ruiner ce qui restait de splendeur à l'abbaye de Saint-Jean-d'Angély, que *Guillaume II* surnommé *Tête d'Etoupe*, à cause de ses cheveux blonds fit rebâtir en 963.

Bientôt après les descendants de Charlemagne s'effaçaient entièrement, et l'habile duc de France prenait presque sans opposition le titre alors si peu prisé de roi (987).

Quelques années auparavant, son père avait en vain essayé de soumettre par les armes le comte de Poitiers et d'Aquitaine, *Hugues Capet* ne fut pas plus heureux ; repoussé dans son incursion par *Guillaume III, Fier à bras*, il fut poursuivi jusque sur les bords de la Loire, limite de la France et de l'Aquitaine, et là un dernier combat ne servit qu'à faire éclater la haine des deux peuples : c'est cependant à cette époque qu'on fait remonter la suzeraineté nominale de la maison de France sur les pays du sud de la Loire (988).

Il n'est pas plus de notre sujet de raconter l'Histoire du comté de Poitou que celle des Wisigoths ou des Français : cherchons seulement quelle fut la part spéciale de la Saintonge dans les événements de cette époque.

Partie intégrante du duché d'Aquitaine, Saintes

en était cependant parfois détachée, et, dans les relations compliquées des Princes de ce temps, l'historien ne peut pas toujours tenir, sans le perdre, le fil qui le guide. Donné comme apanage, comme don, comme récompense, à un seigneur peu redoutable, un fief arrivait souvent par alliance ou par héritage à quelque maître puissant, et la force, égale alors entre le vassal et le suzerain, modifiait singulièrement les droits du donataire, les devoirs de l'homme-lige.

C'est par des causes de ce genre que la Saintonge devint un objet de discorde entre les comtes d'Anjou et ceux de Poitiers.

Au commencement du onzième siècle, Saintes appartenait à la maison d'Anjou : selon les chroniqueurs angevins, le mariage de *Maurice*, comte d'Anjou, avec la fille d'un *Raymond*, frère du comte de Poitiers, avait amené cette ville et la province par héritage sous ces nouveaux maîtres : selon les auteurs poitevins, c'est un don purement viager de Guillaume IV, de Poitiers, à Foulque Nerre, d'Anjou : à ces difficultés, ajoutez que, si le couvent de la Trinité de Saintes fut certainement fondé par Agnès de Bourgogne, antérieurement au règne de Guillaume IV, cette princesse ayant été tour à tour femme d'un comte de Poitiers et d'un comte d'Anjou, cette fondation ne jette aucun jour sur la question.

A coup sûr Foulque Nerre, d'Anjou, possédait Saintes, puisque, en 1032, enviant, sans oser les attaquer, les domaines d'Herbert, comte du Maine, il l'attira dans la capitale de cette ville, sous prétexte de la lui inféoder, et, avec cette loyauté chevaleresque si vantée, il se saisit de sa personne et le garda captif pour mieux lui ravir son comté.

Après la mort de Foulque, en 1035, Geoffroy-Martel, son fils, voulut garder Saintes, que réclamait Guillaume V, le Gros. On eut recours aux seuls arguments décisifs : Geoffroy prouva son droit à Jouin, de Marne, en Poitou, où il battit et fit prisonnier

Guillaume V ; en sorte qu'il posséda et transmit à Foulque-Réchin, son neveu et son successeur, la Saintonge et l'Aunis que rien n'en distinguait encore.

Ce ne fut pas le seul succès de Geoffroy Martel contre les Poitevins, puisque plus tard Eudes, comte de Poitiers, duc de Gascogne, déjà battu par les Angevins, vint se faire tuer devant Mauzé (1039).

Mais l'épée ne vide les querelles que jusqu'au moment où le vaincu croit sentir revenir ses forces. Lorsque Geoffroy Martel en 1061, eut laissé sa puissance et ses terres à Foulque-Réchin et Geoffroy le Barbu, ses neveux, Guy Geoffroy-Guillaume VII qui régnait alors à Poitiers, en appela de nouveau aux armes : les deux frères étaient encore unis, et la rencontre de Chef-Boutonne eut le même succès que celle de Jouin, avec laquelle quelques chroniqueurs l'ont confondue, sinon que cette fois Guillaume vaincu, ne fut pas prisonnier. Aussi l'année suivante, 1062, Réchin ayant déjà mérité son nom (querelleur), le Poitevin profita des discussions des deux frères et reprit Saintes qui ne devait plus être disputée que par des seigneurs plus puissants et plus renommés.

Après ces événements, dont la Saintonge fut le sujet plutôt encore que le théâtre, on ne retrouve plus rien d'intéressant qui lui soit particulier. Elle marche gouvernée par les comtes de Poitiers dont le pouvoir est modifié par les évêques, et c'est là ce qui donne de l'importance, même en dehors de l'Histoire ecclésiastique, à la déposition de l'évêque Boson, par un concile en 1081.

Les barons de Châtel-Aillon paraissent avoir aussi eu une grande influence sur la Saintonge et surtout en Aunis, où était le siège de leur baronnie, et où ils possédaient des terres étendues. Profitant de la jeunesse de Guillaume IX et des embarras d'une minorité, *Ebles de Châtel-Aillon* s'était fait concéder une partie de l'île d'Oléron. A l'exemple de leur suzerain, les seigneurs de Châtel-Aillon n'avaient pour l'Eglise que peu de respect.; Ebles la dépouilla; aussi fut-il excommunié quatre fois, une entre autres par le pape Urbain II 1096, le prédicateur de la Croisade, qui était venu à Saintes. Ebles et sa femme *Ivette*, résistèrent longtemps, et cédèrent enfin. Mais c'est sur leur fils, le pacifique *Isambert*, que retomba la vengeance de Guillaume X; il était fort alors et il ruina Chatel-Aillon, qui ne s'est pas relevé, et s'empara de La Rochelle, pour qui cet événement devait devenir une source de grandeur (1117).

L'héritière de Guillaume X, Alienor ou Eléonore, après avoir porté ses domaines à Louis VII, de France, répudiée par les impolitiques dégoûts de ce roi, les porta bientôt au duc de Normandie et du Maine, héritier de l'Anjou et de la Touraine, et moins de deux ans après, roi d'Angleterre (1153).

Cette haute fortune de l'époux d'Eléonore ne compromettait pas moins que son premier mariage, cette indépendance si chère aux peuples du Sud de la Loire, et les efforts qu'ils firent pour la maintenir leur attirèrent bien des maux.

Promis en dot au second fils de Henri II, *Richard*, depuis surnommé Cœur de Lion, (1160), lors de la première convention de son mariage, le comté de Poitou et le duché de Guyenne cherchèrent à se séparer de l'Angleterre et à profiter de ces divisions entre le fils et le père, nées sans doute surtout du caractère de cette race qui prétendait compter le diable parmi ses aïeux et qui justifiait cette fable par sa conduite; mais puissamment fermentées par l'Aquitaine, personnifiée en quelque sorte dans *Bertrand de Born*.

Ce Bertrand de Born, vicomte de Hautefort, troubadour du XIIe siècle, né en Périgord, mort vers 1209, prit une part très active aux querelles intestines qui eurent pour théâtre l'Aquitaine, divisée entre Richard Cœur de Lion et Henry II. A la mort de Richard, il se retira dans le monastère de Citeaux. Par ses vers enflammés, il contribua à soulever les

Croisés, mais il ne les suivit pas en Palestine et chanta de loin leurs exploits.

Cette haine contre l'Angleterre s'appuya fortement des discussions de Henri et de sa femme, (1174); l'Aquitaine prit parti pour Eléonore, et de vives imprécations s'élevèrent contre les villes que l'intérêt ou la nécessité retenait dans le parti anglais, entre lesquels il faut compter une ville de l'Aunis, La Rochelle, dont la prospérité et l'opulence sont déjà attestées par ces imprécations mêmes.

La réconciliation momentanée du père et des fils retomba sur l'Aquitaine. Le farouche Richard guerroya contre ses anciens alliés, (1177); la Saintonge prit sa part des maux de cette guerre et l'un de ces mille combats se livra à Taillebourg, qui se rendit le dernier à Richard, la même année que Pons, (1179), et lorsque la guerre finissait ou plutôt s'arrêtait.

Elle ne fut pas longue à reprendre en effet ; Bertrand de Born sut bien armer Philippe de France contre son ancien ami, devenu roi d'Angleterre et par conséquent son ennemi, et la Saintonge fut le théâtre de cette guerre assez courte heureusement pour elle, mais fatale encore pourtant par ses suites, (1195).

Peu de temps après, Richard ayant été tué au siège de Châlus par la flèche d'un archer, tandis que le Poitou passait sous l'empire de Jean sans Terre, le reste de l'Aquitaine restait sous Eléonore, leur mère, qui cherchait à s'en attacher les cités. Saintes et La Rochelle reçurent la même année leur charte de commune, (1199), mais les événements qui allaient se passer devaient singulièrement changer l'importance relative de ces deux villes. La ville blanche que battait l'Océan, la ville dont deux pointes faisait un port si sûr, qui offrait un débarquement facile à l'Anglais ou une redoute avancée à la France, devait être pour les deux souverains un poste d'un haut intérêt. Ils devaient à l'envi, la séduire par leurs faveurs, et lui donner par leurs lettres une espèce d'individualité flatteuse pour l'orgueil, mais payée bien cher par l'impossibilité de rester neutre.

En effet, dès que Philippe, profitant des crimes de Jean-sans-Terre, eut fait rendre l'arrêt de confiscation de toutes ses terres en France (1204) dès que Jean eut assemblé une ligue formidable contre son habile suzerain, c'est à La Rochelle que lui-même vint débarquer, commençant une campagne où il ne fit que fuir et qui fut terminée cette année même par le coup terrible qui, à Bouvines, écrasa les alliés de Jean,(1214).

Cette victoire ne rendit pourtant pas les Français maîtres de la Saintonge ni de l'Aunis ; mais lors de l'avènement de Louis VIII, l'imprudent Jean ayant osé braver ce prince, tandis que sa propre couronne ébranlée par la main de ses barons, tenait mal sur sa tête, le roi des Français s'empara de Saint-Jean-d'Angély (1224) et vint assiéger La Rochelle. Savary de Mauléon défendait cette ville pour les Anglais, mais trahi par celui même qu'il servait, qui ne lui envoya que des secours insuffisants, ou peut-être dérisoires, il fut forcé de rendre la ville, et bientôt lui-même, ne trouvant qu'ingratitude chez un maître, irrité peut-être qu'il n'eût pas détruit la ville qu'il n'avait pu lui conserver, imita tant de seigneurs aquitains et abandonna l'Angleterre, moins constant que La Rochelle, que l'indignation et la colère contre Henry III rendirent dès lors, et pour toujours française de cœur.

Le reste de la Saintonge devait aussi bientôt adopter au moins momentanément la même patrie. L'orgueil du comte de la Marche, excité par celui de sa femme, la comtesse reine, la confiance étourdie de Henry III, les insultes faites à Alphonse, comte de Poitiers, et à son frère Louis IX roi de France, produisirent une guerre courte, mais vive. On sait quelle brillante valeur montra Louis à cette belle journée de Taillebourg (1241) ; bientôt Saintes fut entre ses mains et cette ville, donnée par le comte de la Marche humilié à Alphonse, reçut garnison française.

Cependant la conscience scrupuleuse de Louis IX, ou peut-être sa politique, remit aux Anglais tout ce qui leur avait appartenu au sud de la Charente, et ainsi une partie de la Saintonge rentra sous leur puissance. Quant à la partie définitivement française la mort d'Alphonse la plaça plus directement sous la domination du roi de France, son neveu, Philippe III, qui visitant ses nouveaux domaines, vint jusqu'à La Rochelle (1271).

Depuis qu'elle avait changé de roi et qu'elle recevait des Français ces mêmes faveurs par lesquelles les Anglais avaient voulu se l'attacher avant de chercher à ne la livrer que détruite, La Rochelle était l'objet de la haine ou de la crainte de ceux-ci ; aussi lorsque la guerre se ralluma entre Edouard Ier et Philippe IV, les chefs anglais l'insultèrent-ils en même temps qu'ils ravageaient et pillaient l'île de Ré (1292), dévastation qu'expiait une autre partie de l'Aunis, l'île anglaise d'Oléron. Cette division du pays, qui faisait de ces deux parties les frontières de deux États, devait lui attirer bien d'autres maux, lorsque l'épuisement de la race de Philippe IV transmit le trône à une branche collatérale et fournit un prétexte à l'ambition d'Edouard III, (1328).

A peine en effet Philippe VI était-il sur le trône et avait-il reçu l'hommage d'Edouard, que des discussions relatives à ces limites mêmes firent courir aux armes, (1330) ; on parlementait encore et déjà les Anglais faisaient des préparatifs de guerre : le comte d'Alençon, frère du Roi, les prévint et prit Saintes, dont il rasa les murailles. La guerre n'en suivit pourtant pas ; mais lorsqu'obéissant aux insinuations haineuses de Robert d'Artois et des Flamands, Edouard se fut déclaré roi de France (1335), elle éclata bientôt de toutes parts. La Saintonge ne fut pas une des provinces qui en souffrirent beaucoup les premières. Les succès du prince Jean, fils du roi, en portèrent d'abord le théâtre plus au sud. Mais lorsque le grand revers de Crécy (1346), eut forcé Jean de remonter au Nord, le comte de Derby, qui commandait les Anglais en Guienne, profita de cette retraite, et parmi les villes du département de la Charente-Inférieure actuel, Mirambeau, Aunay, Surgères, Benon, furent prises d'assaut ou se rendirent ; mais les Anglais échouèrent devant Marans ; ils remontèrent alors dans le Poitou, puis revinrent prendre Taillebourg, dont la garnison massacrée expia les pertes des vainqueurs, et Saint-Jean-d'Angély qui se rendit. L'effroi troublait toute la Saintonge.

En 1350, lorsque *Jean* arriva au trône, une trêve, quoique mal observée, ralentissait un peu la guerre. Néanmoins *Boucicault*, lieutenant général en Guienne, pour le roi de France, reprit le château de Fouras, aidé par les machines que lui fournirent les Rochelais, et ces mêmes bourgeois, la même année, (1351), fournirent des vivres à l'armée de Jean et facilitèrent ainsi la reprise de Saint-Jean-d'Angély. Enfin, la trêve fut définitivement rompue ; on sait quels malheurs entraîna la défaite de Poitiers (1356) ; on connaît ce honteux traité de Brétigny qui livra de nouveau l'Aunis et la Saintonge française aux Anglais (1360), et la vigoureuse opposition des Rochelais, qui ne cédèrent enfin qu'en protestant qu'Anglais des lèvres, ils restaient Français de cœur (1363). Le prince de Galles leur étala en vain sa cour chevaleresque et débauchée, avant d'aller en fatiguer Poitiers ; il ne les éblouit pas.

L'année suivante, Charles V devint roi et commença, (1364), une ère plus heureuse, sinon pour le peuple, du moins pour l'Etat.

La Saintonge fut le théâtre d'une partie des succès de la France,.

N'osant se lever d'elle-même pour se rendre à la France (1371), La Rochelle brava du moins la colère des Anglais, en refusant de se joindre à la flotte du comte de Pembrocke, qu'elle vit battre par la flotte auxiliaire des Espagnols : elle se réjouissait en silence à cette vue, comme en apprenant que Duguesclin, le bon connétable reprenait Saint-Jean-d'Angély et Saintes et tout le pays qui le séparait d'elle. Quand enfin elle sut que *Yvain de Galles*, dont le père avait perdu la principauté de ce nom, qu'Édouard lui avait injustement ôtée avec la vie, débarquant quelques soldats des vaisseaux qui ne perdaient pas son hâvre de vue, avait été à Soubise vaincre les Anglais à l'instant où ils se croyaient vainqueurs, et prendre le captal de Buch, elle n'y tint plus. Le château de la place la gênait : un ancien maire *Chauldrier*, trompa l'Anglais *Mancel*; la ville fut délivrée, le château pris, et les Rochelais allèrent offrir leur obéissance aux seigneurs, qui, reculant devant les conditions, renvoyèrent les députés à Charles V. Le roi accepta tout : dès lors le château fut détruit pour ne plus se relever, La Rochelle déclarée, inaliénable pour la France, la monnaie dotée d'un coin royal, les privilèges qui plaçaient haut la ville entre les communes sanctionnées, et Duguesclin vint au milieu de ces bourgeois marchands, *si rusés soudards* (1371).

Entre ces peuples si voisins, si souvent alliés, la guerre avait la rage des haines personnelles : la défense et la prise de Benon en offrirent des preuves et la hache du connétable de Clisson vengea cruellement le massacre de Taillebourg.

La séparation de la Saintonge et de l'Aunis, qui donna une individualité à ce dernier pays, suivit de près. En 1373, quelques historiens assignent une prise de La Rochelle par les Anglais, une reprise subite de cette ville par les Français, contredites par les assertions ou par le silence de la plupart des écrivains.

En 1379, la guerre, momentanément suspendue par une trêve, commença encore avec plus d'acharnement ; Charles V poursuivit avec quelques succès la conquête de la Guienne.

Des vaisseaux anglais étaient venus se montrer sur les rades de La Rochelle, Jean Ier, roi de Castille, aussi étroitement lié avec la France que l'avait été Henri, son père, mit à la voile pour aller les chercher ; il les trouva au moment où ils venaient d'effectuer une descente à l'île d'Aix, et, les bloquant de toutes parts, ils les contraignit de se rendre, sans s'exposer au hasard d'un combat, (1383).

Quelques années après, une flotte anglaise, sous le commandement du comte d'Arondel, vint répandre l'alarme sur les côtes de l'Aunis (1388) : 400 hommes environ s'étant jetés dans des barques remontèrent la Sèvre dans l'intention de surprendre Marans ; mais les habitants avertis à temps se réfugièrent précipitamment dans le château. Les ennemis après avoir pillé le bourg, regagnèrent leurs vaisseaux et allèrent dans les îles de Ré et d'Oléron, commettre d'autres déprédations.

Le déplorable règne de Charles VI vint apporter à la France de nouveaux malheurs ; mais l'alliance de l'Angleterre et de la Bourgogne en plaça le théâtre presque uniquement dans le Nord, la Saintonge n'en reçut qu'un inévitable contre-coup ; c'est ainsi que toutes les îles de la côte de Saintonge et d'Aunis furent ravagées par les Anglais (1415). Peu de jours avant la mort de ce roi dont les malheurs protègent la mémoire, son fils était à La Rochelle, et peu s'en fallut qu'un accident vulgaire ne compliquât encore la position de la France et n'en ruinât la fortune (1422) ; le Dauphin faillit périr dans l'éboulement d'une maison de la rue du Coq ; heureusement, il s'en échappa ; quelques jours après, il prit le nom de Charles VII, et la France se reconnut en se serrant autour de ce point de ralliement. Lorsque les Ecossais appelés par ce monarque 1424, vinrent se joindre à lui contre l'ennemi commun, ils débarquèrent à La Rochelle.

et l'on prendrait une haute idée du dévouement de cette ville à la cause de la nationalité qui se formait alors, si l'on en jugeait par *Catherine*, de La Rochelle, l'une de ces inspirées, imitation ou peut-être parodie de *Jeanne d'Arc*, dont l'histoire, sans diminuer en rien la sainte gloire de l'héroïne, jette pourtant sur la sienne un jour singulier.

Au milieu des triomphes de Charles VII, les haines des seigneurs n'avaient que trop conservé de force et l'Aunis, comme trop de lieux, comme la cour du roi, les vit incapables de s'oublier pour la cause de la Patrie, se disputer des châteaux et des villes. Ces injustes querelles furent pourtant bientôt terminées (1429).

En 1433, les Anglais acculés en Guienne, inquiétaient encore la Saintonge ; ainsi Mornac, pris par eux, leur fut enlevé par les bourgeois rochelais et le sire de Pons, pendant, à peu près, que le duc d'Orléans, sacrifiant tout pour recouvrer la liberté, faisait au roi d'Angleterre l'impuissante promesse de lui faire donner La Rochelle.

Enfin, dans les derniers efforts de leur rage contre l'unité française qui s'accomplissait, les Anglais, vaincus et repoussés de toutes parts, firent encore contre la Saintonge et l'Aunis des tentatives qui n'aboutirent qu'à ravager l'île de Ré, (1460-1461).

L'année suivante, Louis XI régnait. Son père avait chassé les Anglais avec le secours des seigneurs ; pour achever l'unité de la France, il avait, lui, à vaincre des ennemis non moins redoutables, les auxiliaires de son père. C'est la gloire ou plutôt, car il n'y a pas de gloire pour un tel homme, c'est l'excuse de Louis XI, d'avoir abattu, même en coupant et en brûlant ses têtes, cette hydre des seigneurs qui voulaient voir en France six rois au lieu d'un. Mais pour triompher, il fallut céder souvent. Pour ne pas placer, par le don de la Brie et de la Champagne, le moins malveillant peut-être, mais pourtant le moins redoutable de ses ennemis, son frère, à côté du puissant duc de Bourgogne, Louis fut forcé de donner en apanage à ce frère, la Guienne, y compris la Saintonge et l'Aunis. En (1469), une entrevue entre eux eut lieu sur un pont jeté sur la Sèvre, au Braud, et la tente où se retirait Charles de Guienne était à Charron ; le lieu où était celle du Roi, est du département voisin. La barrière qui, le premier jour, séparait les deux frères, fut enlevée le jour suivant, et les détails de cet entretien seraient touchants, si l'on pouvait croire à un abandon vrai du cœur, où figure Louis XI.

Sincère ou non, cette réconciliation fut de peu de durée. Bientôt *Tanneguy-Duchâtel*, commandant pour Louis, était sur les frontières de la Saintonge et prêt à l'envahir, (1472). Le roi sollicitait lui-même La Rochelle de trahir le prince auquel il l'avait donné malgré elle, et cette ville n'hésitait à l'écouter que par crainte ; car, quelque pesant que fut son joug, même pour les petits, Louis était l'ennemi des grands seigneurs, et, à ce titre, presque populaire. La mort de Charles, venue si à propos pour le Roi qu'on l'en a accusé, à coup sûr, sans preuves suffisantes, termina tout, et ses places furent rapidement saisies. Peu de temps après, Louis, visitant la Rochelle, se promit bien de la garder et écrivit, dit-on, en songeant à ce qu'il avait fait : *Oh ! la grande folie !*

Héritière des seigneurs, la monarchie prétendait bien l'être aussi des droits des communes ; les plus grandes d'entr'elles ne l'entendaient pas ainsi, La Rochelle surtout, qui fut toujours peu prompte à se dessaisir des avantages qu'elle possédait. De là des luttes entre les communes et les rois, impuissantes de la part des premières, désormais sans auxiliaires : aussi, sans être révoqués, les privilèges s'usaient, et cet fut par des observations suppliantes, non par des menaces que les Rochelais détournèrent le Roi de fonder un port militaire à Brouage, projet repris plus de 150 ans plus tard (1495).

Assez d'années s'écoulèrent sans d'autres événements que ces légers troubles ; mais les droits de la gabelle, appliqués à un pays qui en était exempt et appliqués par un mode pesant, soulevèrent toute la Saintonge et tout l'Aunis ; la Rochelle prit part à cette résistance armée, que dès lors beaucoup de gens appelaient comme tous l'appelleraient aujourd'hui, une sédition.

Elle fut apaisée, et comme La Rochelle eut pu en être le premier appui, elle en fut la première victime. François Ier vint y faire le roi, y faire plier la fierté communale, qu'il consola ensuite en soupant avec un certain nombre des bourgeois (1542).

Mais, sous Henri II, une nouvelle et plus rude tentative de droits sur les sels souleva toute la Saintonge. Cette sédition fut plus grave que la première ; si La Rochelle s'en abstint, toutes les campagnes saintongeaises y prirent part ; ce fut une vérital *Jacquerie* qui porta ses armées jusqu'à Bordeaux. Des châteaux furent pillés, des seigneurs tués, des agents de la gabelle mis en pièces. Montlieu, Montguyon, Pons, Marennes, réunirent leurs hommes, et tous ensemble vinrent à Saintes briser les prisons ; Saint-Jean-d'Angély seul tint bon contre les instances et les menaces des insurgés ; l'armée royale prit le dessus, et pourtant il fallut que le roi modifiât ses ordonnances, et changeât sinon le taux et l'impôt, au moins le mode de perception (1548).

Mais déjà, depuis quelque temps, l'Aunis et la Saintonge étaient agités sourdement par de nouveaux troubles qui devaient leur donner une importance plus grande et plus funeste que jamais.

Depuis plusieurs années, les opinions calvinistes se faisaient des prosélytes dans la Saintonge ; longtemps l'influence du gouverneur Jarnac fit prévaloir les catholiques à la Rochelle ; Saintes fut le chef-lieu de la réforme qui y assembla un synode (1562). Le protestant La Rochefoucauld échoua dans ses tentatives sur La Rochelle et sur Saint-Jean-d'Angély mais réussit à se rendre maître à Pons.

Bientôt les partis s'animèrent, catholiques et protestants en vinrent souvent aux mains, et dans les rues mêmes de La Rochelle se disputèrent cette ville (1565).

Les catholiques triomphants affectèrent de voir dans les dissensions religieuses une révolte politique et firent couler plus de sang après, que pendant le combat. Par suite, Charles IX vint à La Rochelle ; l'esprit communal y dominait encore : à une époque où la fierté s'attachait aux faits et non la vanité au langage, où les gens des communes se fussent volontiers reconnus non seulement sujets, mais presque esclaves, pourvu qu'en réalité leurs privilèges restassent intacts, les paroles soumises adressées à François Ier semblaient n'avoir rien changé ; aux yeux de la cour, au contraire, ç'avait été un fait décisif.

L'épée de Montmorency, comme ses paroles, prouva que ces privilèges n'étaient qu'une formule passée de mode et le cheval de Charles IX les foula aux pieds.

Qui dira si cet acte ne fit pas autant de conversions que les prêches les plus éloquents ?

Moins de deux ans après le protestantisme prévalait, et pour tout le temps de la lutte, à La Rochelle, 1567.

Cette lutte était engagée dans toute sa force, et la Saintonge en était un des principaux théâtres.

Enlevée par le catholique Nogeret, reprise par les protestants, Saintes a le spectacle d'une grande revue des forces de ceux-ci, et puis est reprise par les catholiques, pour leur être encore enlevée (1658).

Dandelot passe la Loire, vient donner l'avantage au parti protestant dans la Saintonge, assiéger et prendre Pons vigoureusement défendu.

Cependant Saint-Jean-d'Angély devenu place protestante voit le duc d'Anjou user devant ses murs sa victoire de Moncontour (1569).

Les catholiques prennent Marans, Marennes; attaquent le château de Rochefort; s'efforcent de cerner La Rochelle (1570).

C'est une série non interrompue de rencontres journalières, telles qu'elles devaient être dans une guerre civile, une guerre de religion, et lorsque le parti catholique s'élançait de ses places de refuge, Ozillac, Jonzac, Mortagne, etc., et rencontrait à mi-route les protestants sortis d'Archiac, Montguyon, Mirambeau presque tout incendié avec son château, etc. Brouage aussi, si important par sa position envers La Rochelle, était en quelques mois pris tour à tour par les catholiques et les protestants. Quelque chose de plus horrible encore se mêlait à ces combats entre frères, des massacres de sang-froid.

En 1572, une paix vint qui sembla amener une réconciliation plus durable que les paix boiteuses qui l'avaient souvent précédée. Elle finit par la Saint-Barthélémy.

La suite de ce grand crime, dont tant de détails sont restés problématiques et que les scélérats mêmes qui le commirent contribuèrent à rendre impuissant, fut le siège de La Rochelle 1573. On sait quelle fut la résistance de la plus juste indignation. Heureux d'un prétexte, le duc d'Anjou conclut un traité tout à l'avantage des réformés réfugiés dans cette ville, que ce serait une erreur d'appeler les Rochelais. Ceux-ci étaient sans doute en minorité dans les défenseurs de la place.

La paix ne fut pas de longue durée. Il y avait méfiance des deux parts. En 1574, le jour du mardi-gras fut choisi par les réformés pour une levée de boucliers; ils s'emparèrent de Pons, Royan, Tonnay-Charente, Talmont, le château de Rochefort. La Rochelle s'insurgea.

Cette année même Chales IX mourut; quelques-uns, des protestants surtout voulurent y voir un nouveau crime de Catherine de Médicis, et la manière indulgente, presque bienveillante dont ceux-ci ont parlé de leur roi, contraste singulièrement avec les idées attachées à son nom. Une des causes de cette singularité, c'est sans doute qu'un roi arrivait, désertant un autre royaume, pour lui succéder, auquel la Saint-Barthélemy n'inspirait ni terreur, ni remords, et qui était loin de la désavouer.

Sous Henri III, la guerre se continua, et la Saintonge, ainsi que l'Aunis, revit des combats quotidiens comme avant le massacre. Les catholiques furent repoussés dans une tentative sur l'île de Ré (1575).

Le duc de Mayenne vint en Saintonge et sa présence fut utile à son parti.

Dans le parti protestant, au contraire, des dissensions se joignirent aux maux de la guerre. L'orgueil bourgeois, si puissant dans la commune rochelaise ne pouvait se concilier avec l'orgueil féodal des Condés.

Les catholiques qui avaient enlevé Marans, enlevèrent encore Brouage, après une plus longue et plus honorable résistance. En 1577, une paix vint suspendre des combats que les deux partis recommencèrent bientôt en s'accusant mutuellement de trahison.

Le siège de Saint-Jean-d'Angély (1580), la prise de Mauzé par les catholiques, menacèrent La Rochelle, sans empêcher les réformés d'y tenir un synode. Les combats continuaient, rendus plus acharnés par la puissance croissante de la Ligue.

Le mariage du prince de Condé avec une demoiselle de la Trimouille donna, non sans peine en 1585, Taillebourg aux protestants ; ils prirent Fouras, et essayèrent de s'emparer de Brouage d'où les catholiques inquiétaient singulièrement les Rochelais.

Ceux-ci avaient alors un chef avec lequel ils sympathisaient mieux qu'avec le hautain Condé, Henri de Navarre, leur bien bon ami (1586). Il couvrit Marans qui leur était si précieux ; Soubise fut pris par les réformés.

D'Aubigné, l'historien, allait hardiment s'emparer d'Oléron qu'il prit sans beaucoup de peine et défendit avec de grandes pertes ; quelques jours après, une nouvelle rencontre auprès de Saintes, aux Arènes, donnait aux réformés une victoire rendue plus pénible qu'une défaite par la mort des frères d'Andelot. Le catholique Laverdin faisait plus que compenser ces avantages en s'emparant de Marans, malgré Henri (1587).

Celui-ci avec toute sa popularité, n'échappait pas aux trop justes reproches des pasteurs qui, à l'assemblée de La Rochelle, accusaient violemment ses nombreuses et dispendieuses galanteries. Le Béarnais se soumettait à ces semonces avec une humilité gasconne.

Cependant Condé mourait empoisonné à Saint-Jean-d'Angély (1588), et ce crime, dont la femme de ce prince fut tour à tour déclarée juridiquement coupable et innocente, sans que les passions diverses laissent d'autorité à aucun de ces jugements. Ce crime rendit Henri seul chef du parti protestant. Bientôt, il fut le seul appui du roi détrôné, et bientôt le poignard de Jacques Clément le fit roi (1589).

Les derniers temps de la lutte ne ravagèrent ni la Saintonge ni l'Aunis. Sous le règne de Henri IV ces deux provinces furent calmes et l'Edit de Nantes (1598), y causa des mécontentements, des difficultés de négociations et non pas des troubles sanglants ; en même temps, leur état matériel, l'état de leur sol gagnait beaucoup, et sous la conduite du Hollandais *Humfroi Bradley*, appelé par Henri IV en 1599, on commençait le dessèchement des marais qui couvraient une grande partie du pays.

Le commerce trop longtemps suspendu par les guerres intestines, reprit avec une nouvelle activité : *Pierre Dugua*, seigneur de Mons, gentilhomme saintongeais, ayant proposé au roi d'affermir nos établissements de l'Amérique septentrionale et de donner à la colonie un état de consistance sans qu'il en coutât rien à Sa Majesté, Henri le déclara son lieutenant général dans les pays connus sous le nom de la Nouvelle France et lui accorda en même temps le privilège exclusif du trafic des pelleteries (1605). *Dugua* associa à cette grande entreprise plusieurs négociants de La Rochelle.

Mais en 1610, l'avènement de Louis XIII et la retraite forcée du protestant Sully, vinrent rallumer un feu bien mal éteint. Des intrigants de cour tentèrent d'abord d'exploiter cette mine. Condé mécontent excita les Rochelais, qui l'écoutèrent en effet ; mais ils voulurent être ses auxiliaires, non ses instruments, (1615). Dans son traité avec ce prince catholique, et pourtant se servant d'un nom populaire dans la réforme et du leurre d'une conversion, La Rochelle tendit évidemment à se faire état indépendant, à se constituer en république. L'arrestation inattendue de Condé en 1616 fit concevoir des craintes aux Rochelais, et ils s'emparèrent de Rochefort. L'orgueilleux d'Epernon porta ses troupes à Surgères, à Tonnay-Charente ; heurta de toutes manières l'esprit de commune au moins aussi puissant à la Rochelle que l'esprit de la réforme ; le roi eut autant de peine à se faire obéir de son gouverneur que de ces républicains mal déguisés. Enfin pourtant la paix fut rétablie.

En 1621, l'assemblée des protestants à La Rochelle n'en montra pas moins des dispositions tout hostiles. En vain le roi s'empara-t-il de Saint-Jean-d'Angély ; une collision directe avec l'autorité royale n'épouvantait plus. On se battit aux portes de La Rochelle; on se battit sur mer ; Guitton, amiral de la flotte rochelaise, attaqua avec avantage la flotte royale, et comme La Rochelle combattait à armes égales, elle prétendait traiter de puissance à puissance.

Ce fut presqu'ainsi qu'elle traita, sinon par les formules, du moins par le fait.

La paix fut courte. La guerre, car on ne saurait plus dire la sédition, se ralluma.

La flotte royale fut d'abord battue par Soubise, à la tête des Rochelais : ils combattirent contre des vaisseaux français, anglais, et hollandais réunis : l'île de Ré n'en fut pas moins enlevée par les troupes royales. La guerre continua avec acharnement ; un navire rochelais pressé par quatre navires royaux mit le feu aux poudres et fit sauter ses ennemis avec lui, 1625 : le *Vengeur* n'a pas plus fait ; heureusement, lui il ne combattait pas des Français. La Rochelle se soumit pourtant encore. La rupture de l'Angleterre avec la France, les exhortations de ces cruels ennemis et de Buckingham rengagèrent la lutte. La Rochelle, si antipathique à l'Angleterre et à l'aristocratie, se laissa entraîner par le plus fort des grands seigneurs anglais. Ces prétendus auxiliaires se firent battre à l'île de Ré, dont la défense couvrit de gloire Toiras (1627) ; ils ne secoururent pas, si même ils ne trahirent lâchement, la ville qu'ils avaient excitée. On sait l'issue de l'héroïque résolution des Rochelais et de Guiton, élu maire au milieu du siège, malgré l'opposition d'une partie même des principaux citoyens !

Pendant un instant l'histoire non seulement de la Saintonge et de l'Aunis, mais de la France, se concentra à La Rochelle ; une question s'y vidait dont dépendait le sort de l'Europe et de l'avenir.

Lorsque la digue eut vaincu La Rochelle, la politique de *Richelieu* ne lui commanda pas la cruauté ; les têtes ne tombèrent point ; c'était assez d'avoir abattu le dernier refuge des privilèges communaux et le dernier appui du protestantisme, comme parti politique. Le malheur de La Rochelle rejaillit sur ses voisins ; les fortifications de Saintes furent rasées comme les siennes (1628).

La guerre de 1628 a rempli de nombreux volumes, et peut-être elle est encore à étudier. Sans doute, ce grand coup à frapper devait entrer dans la politique de Richelieu, mais il semble qu'il ait été forcé à le porter plus tôt qu'il ne voulait. Cette guerre est bien plus rochelaise que le siège de 1573, et il serait à la fois difficile et intéressant de distinguer quelle part y prit l'esprit religieux. Quant à l'esprit communal, il était resté bien avant dans les cœurs rochelais longtemps après qu'il n'avait plus de sens partout ailleurs ; le caractère de ce peuple est tenace et peu prompt aux nouveautés. Quoi qu'il en soit de ces questions, c'est ici que finit réellement son histoire.

Celle de la Saintonge aussi, à vrai dire, et les événements mêmes qui se passent sur son sol ne sont plus que clairsemés.

La translation de l'évêché de Maillezais à La Rochelle achève la séparation des deux parties de l'ancienne Saintonge.

Un autre Condé, plus illustre que son grand-père et son père, mais comme eux hautain et remuant, veut aussi en 1651 entraîner la Saintonge, à la suite de la Guienne, dans sa querelle : il jette les yeux sur La Rochelle pour en faire sa principale place d'armes. Dudaugnion, qui y faisait peser lourdement son joug de gouverneur, s'attache à Condé pour en faire son marche-pied et non pour lui en servir, et l'empêche de se rendre maître de cette ville, dont il veut garder pour lui la disposition, tandis qu'il se rend roi indépendant dans Brouage.

Le comte d'Harcourt arrive par Saint-Jean-d'Angély, tandis que Condé arrivait par Tonnay-Charente ; les deux armées se rencontrent et le vainqueur de Rocroy passe la Charente en fugitif plus qu'en général qui se retire ; il n'échappe à une défaite et à la captivité que grâce au manque d'audace de son ennemi, et perd bientôt Pons, Saintes, Taillebourg, dont il s'était emparé quand il n'avait pas d'adversaires en face. Pendant ce temps les Rochelais non seulement ouvrent leurs portes aux troupes royales, mais aident de leur or et de leur sang à la reprise des tours du port, où Besse commandait, pour Dudaugnion, des soldats étrangers qui le jetèrent sur les lances des assiégeants. Les habitants de la ville se crurent heureux d'éviter à ce prix qu'on saisît une occasion de les rançonner.

Ils n'avaient plus les vieux motifs qui les rendaient si braves ; mais il leur restait du courage de soldats. Ce courage s'émut sans avoir besoin d'être employé, lorsque la flotte d'Espagne, alors ennemie, se montra sur les côtes de l'Aunis. La flotte française vint combattre avec avantage en face de Brouage (1652).

Dans cette dernière ville, Dudaugnion s'était assez fortifié pour que la cour aimât mieux l'acheter que le vaincre ; il reçut en effet, le bâton de maréchal de France et une somme de cinq cent mille livres.

Louis XIV qui craignait les Rochelais, les jugeait sur leur réputation plus que sur les faits et ce fut pour ce motif qu'il fit élever Rochefort, le port du roi, à côté du port du peuple.

Ils avaient enfin conçu qu'il n'y avait plus place pour eux dans l'histoire politique et ne cherchaient et avec succès, qu'à agrandir la leur dans l'histoire commerciale (1666).

Un grand coup fut porté à cette prospérité par la révocation de l'Édit de Nantes (1685).

Louis XIV consentit à laisser rendre contre les calvinistes cette loi dont Richelieu et Mazarin avaient constamment rejeté la proposition, cette loi sollicitée sous le prétexte de maintenir une sage police entre les deux religions, mais qui devint le plus fatal instrument de la ruine des protestants et donna naissance au système de persécutions qu'on a suivi contre eux pendant près d'un siècle. Bien des maux torturèrent la Saintonge et l'Aunis, bien du sang y fut cruellement versé, en dépit de l'homme doux et conciliant qui leur fut envoyé, le vertueux et grand Fénelon.

Celui-ci exigea et obtint du moins que les dragons

en sortissent. Les peines portées contre les fugitifs n'arrêtèrent pas les zélés sectateurs de la religion réformée ; à la faveur de cent déguisements qu'inventait leur courage ingénieux, ils abandonnèrent leur terre natale pour aller chercher une autre patrie dans les pays étrangers. La Rochelle se ressentit particulièrement de cette triste émigration ; elle perdit en deux années plus de trois mille de ses habitants.

La guerre fit moins de mal. La flotte Anglo-Hollandaise menaça l'île de Ré et la pointe des Minimes ; on s'arma. *Gassion*, *Tourville*, un belliqueux évêque, excitèrent les milices rochelaises, moins décidées que les combattants de 1628. L'ennemi eut peur pourtant ; il lança de loin quelques bombes et se retira, (1695).

Plus de décision et d'ardeur guerrière animait les Rochelais lorsque les Anglais en 1757, violant les traités, pillant leurs navires, avant toute déclaration de guerre, ayant canonné l'île d'Aix, osèrent descendre à Fouras.

Ceux-ci purent reconnaître la vieille haine de la commune aux coups que la colère de la ville commerçante porta à ces voleurs de mer.

Les habitants de la nouvelle ville de Rochefort furent dignes de les seconder.

La prospérité commerciale produisit dans tout l'Aunis et la Saintonge ce bien-être, ce repos qui favorisa une haute culture de l'esprit.

Le mouvement littéraire du XVIIIe siècle y fut bientôt suivi.

En 1790, l'Aunis et la Saintonge devinrent un seul département dont le chef-lieu fut Saintes.

L'histoire du département de la Charente-Inférieure, pendant la Révolution, fut celle de toute la France, il fut un des moins malheureux, un de ceux qui vit le moins d'horreurs. Sa proximité de la Vendée n'eut pas pour lui de grandes conséquences.

Les troupes inexercées que le département y envoya ne pouvaient pas tenir contre le fanatisme des Vendéens, puisé aux mêmes sources où les vieux Rochelais puisaient le leur.

La position du département lui donna par le passage de nombreux régiments de l'importance en administration, non en histoire.

Sous le premier Empire, il fut loin du théâtre des guerres.

Seulement, il eut le spectacle d'un grand désastre maritime, l'incendie de la flotte française commandée par l'amiral Lallemand (1809).

Ce malheureux événement fut un nouvel échec pour le commerce de La Rochelle, parce que les Anglais, pouvant plus facilement garder la station de l'île d'Aix, répartirent leurs vaisseaux de manière à interdire l'entrée du port à tous les navires. Le commerce trouva alors dans l'armement des corsaires une source de richesses qu'il ne pouvait plus chercher dans les expéditions lointaines. En 1810, le siège de la Préfecture fut transporté à La Rochelle.

Cependant le commerce souffrait de la prolongation de la guerre ; aussi la paix de 1814 fut reçue avec enthousiasme ; les Anglais posèrent le pied sur la terre rochelaise, qui, en dépit de tous les poètes du monde, ne s'entr'ouvrit pas pour les engloutir, ni eux, ni leurs adulateurs.

Les Rochelais oublièrent leur vieille haine, lorsqu'elle eût été le mieux placée.

Il faut tâcher de croire à un délire endémique pour ne pas envelopper les peuples et soi dans un dégoût qui soulève le cœur.

Le département vit pourtant la dernière scène de ce grand drame politique ; il retentit des derniers cris d'enthousiasme qu'inspira à des masses cet homme que sa grande infortune allait élever au-dessus du petit nombre d'hommes que son génie avait laissé ses égaux. Napoléon quitta Rochefort pour aller se livrer à ces lâches ennemis, que la honte du traitement qu'ils lui firent subir, souille à jamais dans l'histoire (1815).

En 1821, une des conspirations ourdies ou supposées, si nombreuses sous la Restauration, porte le nom de La Rochelle, celle des quatre sergents qui moururent bravement sur l'échafaud.

Depuis, l'histoire du département de la Charente-Inférieure se confond avec celle de la France.

Il n'est pas dans notre cadre d'entrer dans l'Histoire des luttes politiques contemporaines, ni de les apprécier.

Commerce

Il faudrait remonter aux temps les plus reculés pour trouver à son berceau, le commerce des peuples qui, sous le nom de Santons, ont habité le pays formant le département de la Charente-Inférieure.

La variété des produits, du sol, leur nature, leur abondance, l'étendue du littoral, les baies, les ports, les embouchures de rivières, qu'il renferme, et les îles qui lui servent de ceinture, ont dû former, dès l'origine de la navigation, les éléments d'importantes transactions commerciales.

Mais sur des événements aussi loin de nous, il ne reste que des notions vagues et incertaines, qui pourraient exercer la perspicacité des savants, et qui sont étrangères à notre tâche.

On ne sait plus où étaient situés les ports santons ; l'aliment du commerce de ces peuples, soit avec leurs voisins, soit avec l'étranger, n'est pas mieux connu ; on ne peut former à cet égard que des conjectures ; les plus probables sont que les branches du commerce primitif d'exportation des Santons, furent leurs résines, leur fenouil marin ou christe-marine, et l'absinthe santonique qui croissait également sur leur territoire.

L'usage de cette dernière plante, pratiqué dans la médecine chez les Grecs et ensuite chez les Romains, atteste des relations commerciales entre ces peuples et les Santons, aux époques les plus reculées de notre histoire nationale.

Les monnaies de Nîmes et de Marseille, trouvées

à Saintes et dans les environs, attestent également les rapports habituels de commerce qui existaient entre les Volces arécomiques, les Massiliens et les Saintongeais, à qui ils portaient leur huile d'olive.

Les habitants de ce pays faisaient encore un objet de commerce des nombreux troupeaux de porcs qu'ils élevaient sur leur territoire dans les parties boisées en chêne ; enfin, comme de nos jours, ils faisaient une branche d'exportation lucrative de ces huîtres si vantées par les gourmets de Rome.

Aux établissements maritimes des Santons, depuis longtemps détruits, d'autres ont succédé et, parmi ceux-ci, le port de La Rochelle tient la première place.

Dès l'an 960, il se révèle par l'industrie de ses habitants et leurs entreprises comme navigateurs.

En 1160, le commerce maritime avait déjà acquis une telle importance que la reine Aliénor jugea nécessaire de déterminer les droits et les devoirs des capitaines et des chargeurs par des règlements connus sous le nom de *Rôles d'Oléron*, qui sont encore invoqués aujourd'hui par les jurisconsultes comme une autorité respectable.

A partir de cette époque, le commerce de l'Aunis et de la Saintonge ne fit que s'étendre, et la Rochelle, son principal siège, acquis bientôt une véritable célébrité, d'abord sous le rapport de l'industrie et de la richesse, et ensuite par des causes politiques qu'il n'entre pas dans notre sujet de traiter.

Deux autres circonstances appartenant à des temps plus rapprochés de nous, caractérisèrent plus spécialement sa prospérité commerciale.

Le privilège exclusif du commerce des pelleteries depuis le 40e jusqu'au 46e degré, qui avait été conféré par le roi Henry IV au sieur de Mons gentilhomme saintongeais, en 1606, et qui fut exploité, au moyen d'un traité, par les négociants de La Rochelle, pendant un laps de temps assez considérable.

Le commerce de Saint-Domingue, où un grand

nombre de maisons rochelaises avaient des établissements, et celui de la traite des noirs qui se rattachait d'une manière intime à l'exploitation de cette belle colonie.

Nous n'avons pas de documents officiels qui nous permettent d'établir la situation commerciale de La Rochelle, alors que cette ville exploitait le privilège des pelleteries, mais cette position exceptionnelle eut un terme, et l'activité des négociants les porta à remplacer cette branche d'affaires par des rapports plus intimes avec les divers États européens, particulièrement ceux du Nord; en 1746, La Rochelle exportait sur divers points tant en produits du sol qu'en objets divers provenant de ses relations transatlantiques pour une valeur de cinq millions, six cent soixante-seize mille, cent trente-six livres, et elle recevait de ces mêmes pays pour un million neuf cent quarante-cinq mille, huit-cent quatre-vingt douze livres de denrées; la balance se soldait probablement en argent.

Coutumes et Usages

Il est dans la vie civile de tous les peuples une multitude d'usages qui s'attachent à toutes les époques marquantes de la vie humaine et lui impriment un caractère solennel et national.

Avec le progrès, l'instruction et les moyens rapides de communication, qui mêlent et unifient les diverses parties de la France, beaucoup ont disparu, mais malgré cela, le tout ou une partie continuent à exister.

C'est surtout à l'occasion des naissances, des mariages et des décès, et dans la célébration des fêtes locales, ou frairies, que se font remarquer les usages particuliers des différentes parties de la Saintonge.

Dans les campagnes, les baptêmes se font ordinairement avec le concours de la jeunesse du village, et presque toujours c'est le parrain, quand il est assez âgé, ou quelque garçon du voisinage, qui porte à l'église le nouveau-né, recouvert d'un tablier. Comme aux noces, les convives ont tous des rubans et des bouquets à leur côté. Les baptêmes donnent lieu à quelques préjugés fortement enracinés chez les villageois saintongeais : si l'on ne sonne pas les cloches pendant la cérémonie, l'enfant sera sourd ; s'il pleure pendant l'aspersion, il sera méchant et si l'on ne danse pas, il aura la teigne.

Les femmes du peuple, pendant leur grossesse, sont persuadées que, si elles ont eu envie de manger d'un mets quelconque, sans pouvoir y toucher, l'enfant portera un signe ou une marque qui aura de la ressemblance avec ce mets. De même, si leur imagination a été vivement frappée par un objet, l'enfant portera en naissant un signe analogue. On donne à ces signes, qui sont du reste assez communs, le nom d'envies.

La célébration des mariages, dans les campagnes, offre quelques singularités : les nombreux conviés des deux familles s'établissent dans la maison de la future jusqu'à ce que les provisions destinées à la fête soient totalement épuisées, ayant soin cependant de réserver, pour retourner au logis, quelque énorme pièce de viande qu'ils portent en triomphe au bout d'une longue perche, surmontée elle-même de tous les fossets des tonneaux vides.

Lorsqu'on marie la dernière fille de la maison, le dernier jour de la noce, qui est ordinairement le troisième, est célébré par de plus amples libations : On ne se sépare point avant d'avoir placé sur le faîte de la maison, un énorme bouquet, scène d'adieux qui n'est pas la moins intéressante. Le bouquet attaché au milieu d'une longue corde est tiré en sens inverse par les joyeux convives, dont les uns l'attirent vers le lieu où il doit être planté, tandis que les autres s'efforcent de leur résister. Une fois le bouquet hissé, tout est fini !..... Le signal de la retraite est donné, et tout le tumulte s'apaise comme par enchantement. C'est dans ces luttes, qui se prolongent parfois une grande partie de la journée, que les tonneaux de réserve reçoivent souvent les plus rudes atteintes.

Dans d'autres localités, c'est une quenouille et les attributs féminins qu'on place avec le même cérémonial.

Il est généralement d'usage que les plus agiles et les plus espiègles garçons de la noce se glissent adroitement sous la table des convives pour détacher la jarretière de la mariée, qu'ils coupent en petits morceaux et qu'ils distribuent aux autres garçons de la noce, au milieu des plus bruyants éclats de rire.

Dans certaines communes, le cortège de la mariée,

fait halte dans tous les villages ou hameaux placés sur la route et dans lesquels se trouvent des jeunes filles à marier ; celles-ci parées de leurs plus beaux atours présentent à l'épousée des fruits de la saison, des gâteaux et du vin que le marié paie généreusement quand il appartient à une famille aisée.

Partout les jeunes filles attachent le chaperon de la mariée, et viennent suspendre, à sa porte, la veille de la cérémonie, la couronne nuptiale.

Sur quelques points, il existait une assez singulière coutume qui consistait à prendre un câble très fort que les parents des deux époux tiraient par les extrémités opposées. Si ceux du mari l'emportaient, les parents de la femme venaient rendre hommage à l'autorité maritale ; dans le cas contraire, la femme était investie pour un jour du pouvoir de l'époux, et les parents de ce dernier venaient reconnaître sa suprématie éphémère.

Ailleurs on conduisait les nouveaux mariés dans un champ, et on les obligeait à tracer un sillon avec la charrue, pour leur faire comprendre que c'était du travail de leurs bras, qu'ils devaient attendre leur subsistance.

Cette coutume aujourd'hui, sans doute disparue, devrait bien être reprise, pour enseigner à la jeunesse l'amour du travail et lui faire comprendre que la culture de la terre, qu'elle déserte, est pour elle, plus saine, plus fortifiante et libre, que l'asservissement dans les grandes villes, qu'elle recherche sous formes de places administratives ou domestiques.

Au reste, c'est la danse qui fait le principal plaisir de ces bruyantes réunions. On danse à toutes les foires ; on danse dans toutes les fermes après la moisson, après les vendanges ; on danse partout où quelque travail extraordinaire réunit des jeunes gens.

Aujourd'hui, toutes les danses sont connues et exécutées en Saintonge, y compris le chahut et le cake-walk.

Autrefois, il y avait quatre principales danses en usage parmi les habitants de la Charente-Inférieure, les bals et les courantes, les rondes et les contre-danses, elles existent encore dans beaucoup de villages.

Le bal saintongeais se danse deux à deux et par plusieurs personnes à la fois ; le danseur se place vis-à-vis sa danseuse, et la fait tourner circulairement jusqu'à épuisement de force ; cette danse est lourde et pesante, c'est une espèce de piétinement uniforme que les femmes exécutent avec une impassibilité et un sérieux vraiment comiques.

La courante est dansée aussi par deux ou plusieurs personnes qui se tiennent par les mains. Elle est moins rapide que le bal et le pied du danseur glisse et ne quitte pas le sol.

Tout le monde connaît la ronde ; mais elle reçoit plusieurs modifications. Quelquefois le cercle se rompt et les danseuses figurent sur deux lignes parallèles, se mêlent, tournent et reforment la chaîne ; le mouvement de cette danse s'accélère ou se ralentit suivant la cadence de l'air ou l'expression du chanteur. Mais ce qui lui donne une physionomie à part, c'est la précision avec laquelle les danseurs resserrent et développent alternativement le cercle et sautent à la fois en répétant le refrain. Souvent, pour ranimer la troupe, un des danseurs quitte sa place, s'élance au centre, et frappe dans ses mains en criant : gai, hiou ! hiou !

La contredanse fut après les bals et les rondes, la danse de prédilection, tous aujourd'hui sont dédaignés.

La mort qu'accompagnent toutes les terreurs de la superstition, frappe d'effroi l'habitant des campagnes. Les parents, les amis, les voisins passent la nuit en prières ; on tient des cierges allumés ; en ayant soin de couvrir d'un drap les miroirs qui sont dans la chambre du défunt, de crainte d'y voir le diable.

Dans quelques localités, au retour de l'enterrement,

on sert un repas qui dure le reste de la journée. On y discourt sur les qualités du défunt, ou les parents discutent âprement l'héritage, prologue de la curée qui va bientôt suivre et l'on y est acharné en Saintonge.

D'après d'anciens usages, on allume encore dans quelques localités des feux de joie à la Saint-Jean le 24 juin, et l'on plante, le 1er Janvier, une longue perche, revêtue de fleurs à la porte des notabilités de l'endroit, on leur donne une aubade avec le tambour et le clairon, les portes s'ouvrent et l'on trinque fraternellement.

Le bouquet des maçons sur une construction nouvellement achevée ; celui des moissonneurs à la dernière gerbe de blé, ou au partage du premier boisseau; des faucheurs à la dernière charretée de foin, des vendangeurs au dernier panier de raisin, sont autant de cérémonies qui mettent à l'épreuve la générosité du maître.

Des traces grossières du mardi-gras se retrouvent dans presque toutes les communes, sous des costumes plutôt sales et dégoûtants que ridicules. Ordinairement, ce sont quelques garçons de village qui se déguisent en fille, ou s'affublent de vieilles camisoles ou d'une chemise blanche, se barbouillent le visage ou mettent un masque grotesque, et, en cet état, se promènent, munis d'un pot destiné à recevoir la graisse produite des offrandes faites dans ce pèlerinage d'un jour. Le soir un bal réunit la jeunesse.

Religions - Croyances - Superstitions

La Religion catholique qui est celle des trois quarts des habitants de la Saintonge, compte de nombreux adeptes, dont la plus grande partie ont une conviction machinale ou n'en ont pas du tout, suivent les offices par intérêt, habitude ou de peur d'être mis à l'écart et mal considérés.

Autrefois, comme on l'a dit dans un sens plaisant, le paysan de la Saintonge croyait en Dieu, mais il craignait aussi beaucoup le diable. Il croyait fermement à l'existence des sorciers et des fées, aux enchantements et aux sorts jetés sur les hommes et les animaux. Chaque canton avait sa *Canidie*. Le vieux Protée a transmis jusqu'à nous, dans les campagnes, le pouvoir de se métamorphoser à volonté : les Galipodes, par corruption *Ganipotes*, les *Loups-garous*, les *Genopes*, ont hérité de son art.

Les fées sont au nombre de trois, et, comme les Parques, on les dépeint souvent tenant le fuseau et la quenouille, d'où leur est venu le nom de *Filandières* parmi le peuple saintongeais ; elles sont vieilles et jettent aussi des sorts ; on leur donne également le nom de *Bonnes*, sans doute pour les désarmer et se les rendre favorables.

Il existe une autre opinion séduisante, et qui n'est rien moins que dénuée de vraisemblance, sur l'origine des fées ; on l'a fait remonter à l'époque du gouvernement des femmes dans les Gaules, et ces êtres mystérieux et surnaturels nous offriraient ces antiques Druidesses, ces *Velleda*, Pythonisses politiques, religieuses et guerrières, avant que les Druides ne leurs eussent enlevé leur influence, leurs attributions législatives et leur autorité, en les réduisant aux fonctions de simples prêtresses. Alors les Druidesses ne furent plus que des fées, des sorcières ou de misérables Diaconesses ; leur rôle se borna à commander aux éléments, à présider aux mariages, aux enfantements, à régner sur les grottes, les fontaines, les ruisseaux et les bois.

On retrouve encore, chez les habitants des campagnes, des traces précieuses des idées des anciens sur l'inviolabilité des hôtes, et les lois saintes de l'Hospitalité. Malheur à qui attenterait à la frêle existence de l'insecte appelé *Grillon* qui habite l'âtre des foyers, et à celle de l'hirondelle voyageuse !

On apprend de bonne heure aux enfants à respecter ces membres de la communauté.

Les paysans avaient aussi leurs jours *fastes* et *néfastes* : dans ces derniers, ils s'abstenaient de voyager, de semer, etc., etc.

La souche de Noël, en patois *la Cosse de No*, est une énorme bûche que l'on place solennellement dans le foyer, la nuit de Noël ; elle est destinée à brûler pendant les trois fêtes. Elle doit être de chêne, de cerisier ou de quelqu'autre arbuste fruitier ; plus elle est grosse, mieux elle vaut. Les habitants de la maison, maîtres et domestiques vont processionnellement le soir, la chercher à l'endroit où elle est déposée et la portent au principal foyer domestique.

La maîtresse de la maison jette alors sur la bûche une poignée de sel et quelques gouttes d'eau bénite, puis elle récite le *Pater* ou quelqu'autre prière ; il faut ensuite arroser le tison, et tous les assistants vident ensemble quelques brocs de vin nouveau en chantant des *Noëls*.

Après l'Octave, la partie du tronc que le feu n'a pas consumée, est serrée précieusement dans un endroit de la maison ; lorsqu'il tonne, on la met au feu et elle préserve de la foudre. Ce qui reste de cette partie, sert l'année suivante aux bouviers, à faire un coin pour leurs charrues ; ils prétendent que leurs semences en deviennent plus productrices.

Si quelqu'un s'assied sur cette souche, il devient sujet aux furoncles. Les tisons qui en proviennent, ont, selon les femmes des campagnes, beaucoup de propriétés: elles croient qu'elles auront autant de poulets à Pâques, qu'il en sort d'étincelles en les frappant pendant l'octave de Noël : d'autres les déposent éteints sous leur lit pour en chasser les insectes malfaisants. Dans quelques villages, on conserve les charbons de la cosse pour guérir les moutons et les brebis lorsqu'ils sont attaqués de la gourme.

L'hirondelle arrive en Saintonge, à l'équinoxe du printemps ; le peuple l'appelle la *Poule de Dieu* : c'est cet oiseau, dit-il, qui a enlevé la couronne d'épines de dessus la tête de Jésus-Christ ; il croirait commettre un sacrilège s'il détruisait son nid et ses petits.

Qui fait la lessive pendant la semaine sainte, blanchit son suaire, et qui laboure le Vendredi saint, meurt dans l'année.

Le mari qui entend chanter le coucou pour la première fois de l'année, et qui a le malheur d'être à jeûn, a droit de suspecter la fidélité de son épouse ; aussi les femmes des villageois, pour obvier à un préjugé aussi contraire à la tranquillité du ménage, ont-elles contracté l'habitude de faire *tuer le ver* à leur mari, c'est-à-dire de ne jamais les laisser sortir à jeûn, afin, disent-elles, qu'ils ne soient point exposés aux maladies de la saison.

Le jour de la Saint-Jean Baptiste, ceux qui sont atteints de maladies cutanées, doivent, avant le lever du soleil, arracher certaines herbes encore imprégnées de la rosée, se frotter ensuite avec ces plantes, en mettre sur le poignet gauche et le mal disparaît en même temps que l'herbe se dessèche. Il est indispensable de cueillir ces herbes en marchant à reculons : les paysans de la Saintonge les gardent précieusement, ils en mettent dans leurs étables pour préserver les bestiaux des maladies auxquelles ils sont sujets et de tous maléfices ; en les attachant au dossier du lit, elles garantissent maîtres et valets de tout sortilège et autres accidents.

En fait d'absurdes croyances, il faut citer *la chasse galerie*, ou chasse volante, ainsi nommée parce qu'elle a lieu dans les airs ; elle se compose de chiens courants, de chevaux ailés montés par des démons et des âmes maudites. Ceux qui disent avoir vu cette chasse, prétendent qu'elle est très bruyante ; on entend des cris d'oiseaux, des aboiements. des hennissements, des miaulements, des voix plaintives, des hurlements sauvages, enfin comme une armée entière d'animaux criant, beuglant, clapissant, et semblant voyager dans les nuages.

Cette chasse est un signe certain qu'il doit se passer de grands événements, tels que la guerre, la famine, etc., c'est bien pis quand elle descend jusqu'à terre : c'est ainsi que de vieux villageois ont raconté l'avoir vue au commencement de la Révolution : ils affirmaient qu'elle se fit entendre avant le 14 juillet 1789, et qu'elle reparut ensuite en 1792 avant la *Terreur*.

Les paysans attachent beaucoup d'importance au vol des oiseaux et à leur nombre pair ou impair ; ceux de mauvais augure sont le hibou, le chat-huant, le chouette et la pie.

Leurs chants tristes et monotones, sont pour un grand nombre, des annonces de malheurs.

Dans quelques contrées, les villageois font le signe de croix lorsqu'ils aperçoivent les étoiles filantes ; ils croient que c'est l'âme d'un petit enfant non baptisé qui va dans les limbes.

Quand ils voyagent la nuit s'ils voient des feux follets, ils supposent que c'est l'âme d'un de leurs parents, qui se trouve en peine. Plus dévots, avant la

Révolution, ils faisaient dire des messes ; aujourd'hui ils se contentent de se signer et de réciter une prière : l'âme satisfaite disparaît.

Avant la Révolution, ces hommes simples et crédules étaient persuadés qu'ils pouvaient faire pacte avec le diable pour acquérir des richesses et qu'on le fait paraître à volonté sous la forme d'un chien, d'un chat, d'une chèvre et sous une infinité d'autres figures. On faisait les invocations dans un lieu écarté, au point de réunion de plusieurs chemins, au moins de quatre ; on les préféraient s'ils communiquaient entre eux par des routes fort creuses. Ces sortes de localités sont remarquables par les idées superstitieuses que le peuple y attache ; on les désigne dans le pays sous le nom de Carrefours.

Pour obtenir tout l'argent qu'on désire, il faut, sans regarder derrière soi, se rendre à minuit, au Carrefour, portant sous le bras gauche une poule noire, et crier trois fois : *mon ami, Poule noire à vendre !* L'ami paraît aussitôt (le diable), et si vous avez assez d'assurance pour supporter sa vue, vous faites pacte avec lui, et il vous enrichit de ses dons.

Mais si ceux qui ont contracté une pareille alliance étaient connus, on ne leur achetait rien, on n'aimait pas non plus à leur vendre, on les évitait, car si par malheur, ils vous touchaient, ils vous donneraient un sort dont eux seuls auraient le pouvoir de vous guérir, en les payant fort cher. Si on les rencontraient lorsqu'on allait vendre ou acheter ; on faisait un mauvais marché; et si, au moment où l'on semait ou plantait, ils venaient à passer, qu'ils vous regardaient ou conversaient avec vous, toutes vos précautions étaient inutiles, vos semences ne naissaient pas, votre arbre mourrait ou ne produisait rien.

Avant la Révolution, chaque canton avait son devin ou sorcier, il y a une trentaine d'années, il en existait quelques-uns et peut-être aujourd'hui, y en a-t-il encore qui nouent et dénouent l'aiguillette ; qui font tourner le tamis pour découvrir le voleur des objets enlevés ; qui guérissent tous les maux et qui ont mille autres ressources pour escroquer de l'argent. Au surplus, le prix de la consultation n'était pas très élevé, c'était toujours cinq sous pour le Devin et six francs pour son ami (le Diable).

Le cauchemar est aussi pour le peuple une vieille sorcière, ou plutôt une espèce d'esprit diabolique qui passe facilement par le trou de la serrure et vient se jeter sur vous pendant votre sommeil, si vous êtes couché sur le dos : il monte sur le lit par le pied et se fait un malin plaisir de vous étouffer.

Mais l'animal le plus curieux et celui qui jouait un très grand rôle dans les campagnes, c'est le *Loup-garou:* certains individus sont forcés, au temps de la pleine lune, de se transformer en cette espèce de bête diabolique. Le mal les prend toujours la nuit ; lorsqu'ils en sentent les approches, ils s'agitent, sortent de leur lit, sautent par la fenêtre et vont se précipiter dans une fontaine ou dans un puits, d'où ils sortent quelques instants après, revêtus d'une peau blanche ou noire que le diable leur a donné. Dans cet état, ils marchent très bien à quatre pattes, passent la nuit à courir les champs et à hurler dans chaque village qu'ils traversent. A l'approche du jour, ils reviennent à la fontaine, y déposent leur enveloppe et rentrent chez eux, où ils tombent souvent malades de fatigue.

On doit dire que les progrès de l'instruction, que les leçons des instituteurs fort distingués et instruits du département de la Charente-Inférieure, ont depuis longtemps presqu'entièrement détruits ces préjugés et superstitions d'un autre âge.

Comme nous l'avons dit au commencement de ce chapitre, la religion catholique est le culte dominant en Saintonge, on y compte environ vingt-cinq mille protestants seulement.

Autrefois, le nombre des Protestants était beaucoup plus considérable mais tout le monde connaît l'Edit de Nantes, et les conséquences funestes de sa révocation. Les Protestants jouissent d'une grande considération, parce qu'ils forment les premières maisons de commerce et se font distinguer par leurs talents leurs vertus, leur activité et le bon emploi de leurs fortunes.

Langage

A part quelques expressions locales et vicieuses, on parle en général assez purement dans la Saintonge.

Malgré cela, il existe encore beaucoup de villages où l'on parle un patois plus ou moins intelligible et qui varie sur divers points du département : il existe même d'une rive à l'autre de la Charente, des diversités de langage que l'on doit attribuer soit à une variété d'origine entre les habitants,soit aux partages et aux arrangements politiques qui, pendant longtemps, soumirent la rive méridionale de la Charente à la domination anglaise et au parlement de Bordeaux, tandis que le pays situé au nord de cette rivière dépendait de la couronne de France et ressortissait du parlement de Paris.

Le patois saintongeais est un mélange de mots celtiques, gascons, romains, de basse latinité et des mots de la langue commune qu'une mauvaise prononciation a défigurés, ou dont le sens est extrêmement altéré : on y trouve des tournures et des expressions originales dont plusieurs ne pourraient se traduire sans perdre beaucoup de leur énergie.

Comme le patois saintongeais est en général parlé par une grande partie de la population rurale, nous allons donner à nos lecteurs une idée du caractère, de l'originalité et des inversions de ce langage en leur offrant ici la traduction en pur saintongeais de la parabole de l'Enfant prodigue (Evangile selon saint-

Luc, chapitre V) telle que la prêchait autrefois un curé de village.

Il est bon d'observer que ce patois ne s'écrivant pas, n'est pas sujet, pour son orthographe, à d'autres règles que celles qu'on s'est tracées d'après le jugement de l'oreille.

Le Drôle pané creujé

O l'y avait in homme tchi avait deux cheut d'enfans ; le roque-tchin dicit à son péreau : mon péreau ! Velou me bailler ma goulée d'au bien ? y et le père baillità chaque d'in le soun.

Après tchieu, le pu jène tout thieu quo l'y venait, y 'et le s'en andjit lian, lian, là voure le fazit le vaurein et le gormand avec d'aux femelles, y et en pois de tems o ségit tout essebré.

Mé qu'o l'ayit tout bassit, o venit ine teù famine dans tchieu l'endret que le ne savait our se saquer pisqu'o ne li rechetet pas la brigue ; le s'accueillezit à in brave homme de l'endret, tchi l'envoyit aux champs pour garder d'aux gorets. O l'y grillait dans le ventre de mouger de tchiélés corlasses que le jetiant dans

L'enfant prodigue

Un homme avait deux fils ; le plus jeune pria son père de lui donner la part qu'il pouvait prétendre à son héritage ; et le père partagea son bien entre les deux enfants.

Le plus jeune prit sa part et se retira dans un pays éloigné où il dissipa en peu de temps tout son bien dans le libertinage.

Une grande famine y étant survenue, il en fut si pressé, que ne pouvant plus y résister, il s'attacha au service d'un des gens de ce pays-là, qui l'envoya dans une maison de campagne, pour y faire paître des pourceaux.

Il avait tant faim qu'il désirait avec avidité de manger de ce que les pourceaux mangeaient ; mais

la brenée d'aux naurins, mé personne ne l'y en baillait.

Le se dicit a voure en li-même : o l'y at cheu nous grands soulas de valets ; le sè fogant le jabot de miche, zeux, y et mé i seu itchi à braminer la faim.

O faut que m'en ange trouer mon péreau y et qui zi diche : mon péreau, i ai péché contre le bon Dieu y contre vous o tout. I ne veu je la poêne que m'appeler voutre fail, ivan que me traitez me nin de vou valetz. Ni manquit poin ; le bougit tout comptant y et s'en venit trecher son père ; y o s'en manquait de bé chouses qne ne sedjit rendu jusqu'arrive, que son père avoure le reconneusit ; tchieu li tresaillit le tchieur, le galopit l'audevant de son fail, le se jetit à son cagouet y le bezit sur les deux jottes.

Thiau là li dit dit-ain, mon péreau, dit-ain, i ai péché, dit ain, de contre le bon Bieu y et davant

néanmoins personne ne lui en donnait.

Etant enfin rentré en lui-même, il dit dans un profond ressentiment de son état : hélas ! combien de mercenaires ont maintenant du pain avec abondance dans la maison de mon père, et moi je meurs ici de faim.

Il faut que j'aille trouver mon père, et que je lui dise : mon père, j'ai péché contre le ciel et contre vous ; je ne suis plus digne d'être appelé votre fils ; traitez-moi comme l'un des serviteurs qui sont à vos gages. Il partit donc et vint trouver son père ; lorsqu'il était encore bien loin, son père l'aperçut et en fut touché de compassion, et courant à lui il se jeta à son cou et l'embrassa.

Son fils lui dit : mon père, j'ai péché contre le ciel et contre vous ; je ne suis pas digne d'être

vous o tout : i ne van ja la pouène, dit ain, que m'appelez voutre fail ; mé le père huchit aux valet : baillez me li tout comptant sa camisole d'en tems, outez me li tchiés argamasses, y et me l'habeliez coume o faut ; baillez me li me foi dans son det et de bons soulés dans ses pés.

Angez me z'en tricher tchiau beudet tchi et si avolué ; tuez me lou, que je le mangions y et que je résunions.

Pisque tchiau drôle avait trépassé et le velat renaissut ; je l'avions predut et je venons de le ratrape ; après tchieu le se lencirant à table.

Dans tchiau moument, l'autre frérèche étet a t'arée y et quoueme i débaucheit et apprechet de chez eux, l'entendit tout tchiau temporinage de gens tchi chantiant y et buffiant dans la veze.

Le sémoigit de tchieu létet à in des valets ; tchi li dit : y o l'est voutre

appelé votre fils ; alors le père dit à ses serviteurs, apportez promptement la plus belle robe et l'en revêtez ; mettez-lui un anneau au doigt et des souliers aux pieds.

Amenez aussi le veau gras, et le tuez ; mangeons et faisons bonne chère.

Parce que mon fils que voilà, était mort, et il est ressuscité, il était perdu et il est retrouvé. Ils commencèrent donc à faire festin.

Cependant le fils aîné qui était dans les champs, revint et lorsqu'il fut près de la maison, il entendit les concerts et le bruit de ceux qui dansaient.

Il appela donc un de ses serviteurs et lui demanda ce que c'était ; le ser-

frère tchi est au logis y et vout père a tué le grous via pre li pre tchieu qui n'a ja de mau.

Tchieu fazit bisquer l'autre granman, pré-tchiau moyen, levelet re-cheter douère; mé son père venit à li et se métit à l'amonneté in petit.

Pas moins tchiau fail lit disit, étot bin réga-lant pre mé ine chouse de même, mon péreau ; y ai dérамé toute ma jeu-nesse pré vous ; y ai trejou fazut tout tchieu que ve-zavez velut, y et pretan y ai zi ad'hieut de vou in sel man in becot, pre faire colation avé les au-tres ; pas de l'ordre.

Mé que tchieu chétit gas, voute bon fial est venut, li tchi s'est adoué avec d'o femelles et tchi a gacillée tout son bien avec que lé, vé zêtes ébougé à tuer noutre beudet.

Tas trejou recheté ci en dedans té mon faïl li disit son père et tout tchieu qui avons est a té.

Mé ton pauvre frère avait trépassé et le valla renaissut; je l'avions écar-

viteur lui répondit : c'est que votre frère est revenu, et votre père a tué le veau gras parce qu'il le revoit en santé.

Ce qui l'ayant mis en colère, il ne voulut point entrer, mais son père étant sorti, commença à l'en prier.

Sur quoi, prenant la parole, il dit à son père : voilà déjà tant d'années que je vous sers, et je ne vous ai jamais désobéi en rien de ce que vous m'avez demandé, et ce-pendant vous ne m'avez jamais donné un chevreau pour me réjouir avec mes amis.

Mais aussitôt que votre autre fils qui a mangé tout son bien avec des femmes perdues est re-venu, vous avez tué pour lui le veau gras.

Alors le père lui dit : vous êtes toujours resté avec moi et tout ce que j'ai est à vous.

Mais il fallait faire fes-tin et nous réjouir parce que votre frère que voici

té et je venons de le retrape o l'est ben de juste a voure, que je resunions et que je nous dévartissions.

était mort, et il est ressuscité ; il était perdu et il est retrouvé.

Il n'y a pas dans le langage du saintongeais, une expression dont l'analyse ne découvre l'origine prise dans une des langues que nous avons citées plus haut. Assaisonné de ces jurons qui lui impriment une grossière énergie, ce langage est intelligible dans toute la France, tandis que le plus grand nombre des autres patois ne le sont pas. Cette circonstance est caractéristique des habitants de la Saintonge. Il se publie actuellement encore des journaux illustrés ou non et se joue des pièces de théâtre en Saintongeais.

Costumes

Il n'y a pour ainsi dire aujourd'hui plus de différence entre les costumes et la manière de s'habiller dans toute la France. Il en est de même pour la Saintonge, hommes et femmes se soumettent ou à peu près, à la mode, que les couturiers et tailleurs de Paris lancent chaque année, laquelle est suivie avec plus ou moins de goût.

Autrefois, il n'en était pas de même, chaque province avait ses costumes particuliers et la Saintonge n'a pas échappé à cette loi générale.

Il y avait peu de variété dans la coupe et la couleur des vêtements, et la seule différence marquée qui distinguait les habitants de chaque arrondissement, consistait dans la manière de se coiffer chez les femmes.

Cependant, dans les arrondissements de La Rochelle, et de Rochefort, les habitants du marais, s'habillaient communément d'une grosse étoffe de laine brune : la veste à courtes basques, le gilet à boutonnières en fil rouge, la culotte courte, les bas de laine grise, le chapeau à larges bords et les souliers ferrés.

Ceux de la plaine se mettaient avec plus de soin ; leurs vêtements offraient des formes et des couleurs plus variées.

Les femmes portaient de longues camisoles ou brassières, qui leur prenaient toute la taille, et un jupon qui leur descendait jusqu'à mi-jambe ; un bourrelet qu'elles se mettaient au-dessus des hanches aurait servi parfaitement à faire ressortir les avantages de la taille, s'il n'avait été ordinairement placé presque au milieu du dos.

Elles avaient une coiffe à barbes attachées sur le devant.

Les toiles du pays, les cadis de Montauban, les draps de Châteauroux et de Lodève, les indiennes, les basins, les siamoises, étaient employés suivant les âges, les saisons, les fortunes et les solennités. Le droguet était particulièrement en usage. On s'en habillait durant l'hiver.

Les villageois de l'île de Ré marchaient ordinairement jambes et pieds nus ; mais hors du travail, ils étaient assez proprement vêtus. Leur habillement avait beaucoup d'uniformité dans les couleurs comme dans la forme, ainsi que dans la qualité des étoffes qu'on y employait : le bleu était la couleur dominante pour les gilets et les vestes ; pour les pantalons, on se servait d'une espèce de cotonnade rayée rouge et bleu.

Les femmes portaient une coiffe qui encadrait tout le visage. Une bride ou mentonnière retenait cette coiffe qui n'avait rien que de très simple.

Dans l'arrondissement de Saintes, les femmes portaient une sorte de mante à laquelle tenait un capuchon qu'elles rabattaient sur la tête quand il pleuvait ; on pense que ce capuchon était une imitation de l'ancien *Bardo-Cucullum* que portaient les Santons.

Dans les communes qui bordent la Gironde, les femmes avaient adopté la coiffure des Bordelaises, c'était le mouchoir façon madras noué négligemment avec une longue oreille pendant du côté droit. Ailleurs, c'était une coiffe plissée dont les barbes descendaient jusque sur les épaules.

Dans l'arrondissement de Jonzac, il existait deux divisions bien tranchées entre les habitants des landes et ceux des parties cultivées. Les premiers portaient la veste courte de bure, de couleur brune, noirâtre ou rougeâtre ; le gilet rouge du Blayais ; le pantalon de serge grossière ou de toile grise ; la cravate roulée en corde et le chapeau à larges bords en hiver, le chapeau de paille en été ; les sabots en hiver et les souliers, les escarpins ou la sandale en été. Pour les femmes, le jupon de serge, le tablier bleu ou rouge, le corset montant jusqu'au cou, la coiffe plate, ou le bonnet blayais et la cape de diverses couleurs parmi lesquelles la brune était la plus commode.

Dans les autres cantons les habits du paysan étaient moins grossiers, la couleur en était d'un blanc grisâtre, et la classe dite des artisans, portait en outre l'habit-veste, le chapeau rond bourgeois et parfois les bottines.

Dans une réunion au chef-lieu d'arrondissement, on distinguait sans peine, à leur costume les habitants des divers cantons : quel contraste entre le costume brillant d'un riche vigneron qui ne différait de celui des bourgeois que par la forme et non par la finesse du tissu, et les habits mesquins et misérables du pauvre habitant des Landes ! Les riches vigneronnes surtout portaient la dentelle, les robes de draps légers et étaient couvertes de bijoux, tels que croix, cœurs en or, boucles d'oreilles, de souliers et de ceinture.

Dans l'arrondissement de Saint-Jean-d'Angély, les femmes étaient coiffées d'une espèce de *Toquet* à fond large, rond et plat, garni tout autour de courtes barbes.

Cette coiffure était assez gracieuse et plus ou moins riche suivant la qualité de la dentelle qu'on y employait.

Parmi toutes ces coiffures il en était une qui mérite de fixer l'attention ; c'était celle des femmes de l'arrondissement de Marennes et de l'île d'Oléron.

Rien de plus riche et de plus élégant que cette coiffure appelée vulgairement *Capot*.

C'est une coiffe dont le fond très élevé et large de 15 à 16 pouces, est soutenu par un bonnet piqué et dont les pans d'une mousseline très fine fortement empesée et garnis de belles dentelles se relèvent sur le devant du bonnet. Les plus coquettes rehaussaient encore l'éclat de cette coiffure par une large rosette de ruban blanc satiné placée sur le fond, et par une épingle en or fichée sur le devant. Leurs cheveux étant cachés sous ces coiffes, se divisaient et se lissaient sur le front et par derrière formaient un large chignon.

Dans les campagnes de cet arrondissement, les femmes se servaient d'une espèce de voile taillé en coiffe, qui prenait la forme de la tête, s'étendait sur les épaules, se relevait par devant ou se baissait par derrière, de manière à ne pas cacher la figure. Il se faisait en nanquinet ou en paille des Indes et on le bordait d'un ruban noir. On appelait cela, une *Caline* ; les femmes en portaient le jour pour se garantir de la pluie ou de l'ardeur du soleil, la nuit pour être plus chaudement ; elles les portaient à la main quand, dans les jours de fête, elles voulaient faire paraître l'élégance ou la richesse de leur coiffure.

Botanique de la Saintonge

Le département de la Charente-Inférieure, situé entre le 45e et le 46e degré de latitude, également éloigné des chaleurs et des sécheresses du Midi et des froids du Nord, ne peut manquer, par son heureuse position, d'offrir une belle et riche végétation qui appartient plus à la France méridionale qu'à celle du Nord. Il fait partie sur la carte botanique de cette région du Sud-Ouest comprenant une partie du Languedoc et s'étendant jusqu'à l'embouchure de la Loire. Son sol, moins élevé que celui de la Vendée et des Deux-Sèvres, dont il est séparé en grande partie par une lisière de marais qui borde la Sèvre Niortaise, présente une flore bien différente de celle de ces départements. Un certain nombre des plantes rares de son littoral ne croissent pas sur les côtes granitiques de la Vendée.

Tandis que la flore des départements qui bornent la Saintonge au Midi, a les plus grands rapports avec celle de ses côtes et de la partie méridionale de l'arrondisement de Jonzac, dont le terrain tertiaire est fréquemment sablonneux. Les plantes de l'intérieur du département sont les mêmes qui croissent dans les départements qui l'avoisinent à l'Est, lesquels renferment beaucoup moins de plantes du Midi.

Si, après cet exposé, on considère qu'une différence de huit jours dans la maturité des fruits entre le nord et le midi du département, que la proximité ou l'éloignement de la mer doivent avoir la plus grande influence sur la végétation dans les différents sols, on sera persuadé qu'une simple nomenclature des plantes qui y croissent ne pourrait donner qu'une idée très inexacte du pays. Il est donc plus utile de faire connaître leur distribution suivant les localités. Un grand nombre de plantes croissent à peu près par toute la France dès qu'elles trouvent le sol qui leur est convenable. Celles-ci ne peuvent nous fournir les points de comparaison qui caractérisent ce département et qui sont l'objet spécial de la notice que nous présentons.

Pour remplir ce but, nous croyons donc devoir indiquer de préférence celles de ses plantes qui appartiennent à la France méridionale, dont plusieurs ont ici leur limite de végétation, et feront mieux apprécier notre position climatérique.

C'est un fait bien remarquable, que les îles de Ré, d'Oléron et d'Aix, ainsi que tout le littoral et surtout les pointes de la côte (y compris les hauteurs du Vergerou qui formaient également un promontoire avant que la mer se fut retirée comme on la voit à présent) de même que la côte de Royan et les bords de la Gironde fournissent bon nombre de plantes appartenant plus ou moins aux régions méridionales de la France, dont la plupart n'existent pas dans la Gironde et ne se retrouvent que sur les bords de la Méditerranée.

PLANTES CARACTÉRISTIQUES DU LITTORAL

Ranunculus monspeliacus, à Fouras et le Vergeroux.

Acer monspessulanum, commun dans les haies et les bois.

Erodium moschatum, à l'île d'Oléron, et près Rochefort.

Cistus salviæfolius, à Fouras, la Tremblade, forêt d'Arvert, île d'Oléron.

Dianthus gallicus, les îles de Ré, d'Oléron, les sables d'Angoulins, dunes d'Arvert.

Frankenia lœvis, toute la côte, Châtelaillon, île d'Oléron, etc.

Spergula glabra, dans les dunes à la Tremblade, forêt d'Arvert.

Silene uniflora, (*silene inflata var, fabaria*), les sables maritimes.

Arenaria montana, les sables à la Tremblade, Arvert, Royan.

Arenaria mucronata, Royan.

Tribulus terrestris, les sables à la Tremblade, à Royan, Arvert.

Cheiranthus sinuatus, les sables à Angoulins, Châtelaillon, Saint-Denis d'Oléron et île de Ré.

Cheiranthus littoreus, Châtelaillon, Fouras, l'île d'Oléron.

Hesperis maritima, Fouras.

Brassica cheiranthos, la Tremblade, les sables de l'île d'Oléron et à l'île de Ré.

Sisymbrium taraxifolium, les vieux murs à La Rochelle et à l'île de Ré.

Ononis Cherleri, à la pointe des Minimes, très-rare.

Lupinus angustifolius, la Tremblade, Arvert.

Trifolium irregulare, les marais desséchés et les bords de la mer près La Rochelle.

Trifolium stellatum, trouvé par M. Bonpland, aux environs de La Rochelle.

Trifolium ressupinatum, aux environs de La Rochelle et la Tremblade.

Melilotus parviflorus, la pointe des Minimes et du Chai, Fouras, l'île d'Aix, Mortagne, l'île d'Oléron.

Melilotus sulcata, la pointe des Minimes, Mortagne.

Medicago tornata, l'île d'Aix.

Medicago marina, les sables maritimes de toute la côte.

Medicago littoralis, les sables de Châtelaillon et de l'île d'Oléron.

Trigonella monspeliaca, au Vergerou, très-rare (M. Faye).

Trigonella prostrata, très-rare, un champ près le platin d'Angoulins.

Lotus hispidus, le Vergerou (M. Faye).

Astragalus bayonensis, l'île d'Oléron, la Tremblade, Arvert dans les sables.

Astragalus hamosus, Fouras (M. Faye).

Lathyrus sphæricus, Fouras et près de Rochefort.

Lathyrus angulatus, la Tremblade.

Diotis candidissima, très-rare, les sables de Châtelaillon, Fouras.

Inula viscosa, île d'Oléron.

Inula montana, la côte près La Rochelle, la forêt de Benon et quelques bois en Saintonge.

Elychrisium stœchas, tous les sables de la côte et même dans l'intérieur.

Sonchus maritimus, les lieux humides peu éloignés de la mer.

Zacintha verrucosa, très abondant dans les sables d'Angoulins, Châtelaillon, île d'Oléron et la Tremblade et même dans les champs.

Barkhausia suffreniana, les sables d'Angoulins.

Momordica elaterium, Fouras, Royan.

Arbutus unedo, la forêt d'Arvert.

Erica vagans, Royan.

Cytisus sessilifolius, forêt de Benon.

Cytisus supinus, forêt de Benon et bois de Surgères.

Trifolium parisiense, Saint-Porchaire, à Cercoux près du Lary.

Trifoliumhybridum, près la rivière à Tonnay-Charente.

Astragagalus purpuréus, près Saint-Jean-d'Angély, La Rochelle.

Astragalus monspessulanus, les bords des chemins de La Rochelle.

Dorycnium suffruticosum, les hauteurs de Meux, près Jonzac et près Archiac.

Coronilla minima, forêt de Benon, les bois de Taillebourg.

Ornithopus scorpioïdes, les environs de La Rochelle.

Vicia onobrychioïdes, les champs près Rochefort.

Orobus niger, les bois.

Lathyrus bithynicus, La Rochelle, Rochefort.

Lathyrus nissola, Fouras, et le Breuil près Rochefort.

Umbilicus pendulinus, les murs à Tonnay-Charente, Marennes et à l'île de Ré.

Coriandrum testiculatum, les champs près La Rochelle.

Rubia lucida, les bois, Saint-Jean, la Rochelle, Charente et autres.

Rubia peregrina, les bois, Saint-Jean-d'Angély, La Rochelle.

Centranthus ruber, les remparts de La Rochelle, Charente, le château de Taillebourg.

Senecio doronicum, la forêt de Benon, les bois de Surgères.

Micropus erectus, les champs de La Rochelle, Montlieu, Saint-Jean-d'Angély.

Erigeron acre, La Rochelle, Rochefort.

Andryala integrifolia, les îles d'Aix, d'Oléron, près Pons, Montlieu, Jonzac.

Podospermum subulatum, forêt de Benon, près Rochefort et à Esnandes.

Scorsonera hirsuta, les prés près La Rochelle.

Catananche cœrulea, près Saint-Jean-d'Angély, La Rochelle, Jonzac, près de Tonnay-Boutonne et à Esnandes.

Campanula erinus, près Saint-Jean-d'Angély et à Jonzac.

Erica tetralix, Montendre, Montlieu, Mirambeau, etc.

Onosma echioïdes, les environs de La Rochelle, Fouras et Surgères.

Stachys heraclea, forêt de Benon, près Courçon, et près Saint-Jean-d'Angély, la Repentie.

Salvia verbenaca, le bord des chemins près La Rochelle.

Phyllirea latifolia, le marais de la Rochecourbon.

Pinguicula lusitanica, à Saint-Symphorien, entre Clérac et Cercoux.

Euphrasia lutea, St-Jean-d'Angély-Montileu, Pons.

Chenopodium ambrosioîdes, les rues et les jardins à la Rochelle.

Aristolochia rotunda, près Pons.

Urtica membranacea, Saint-Denis-du-Pin, près Saint-Jean-d'Angély.

Fritillaria meleagris, les prés humides.

Asphodelus ramosus, les bois sablonneux de la Saintonge.

Allium ampeloprasum, les vignes aux environs de La Rochelle et Rochefort.

Juncus ericetorum, près Jonzac, et l'île d'Aix.

Arum italicum.

Cyperus longus, assez commun dans les marais.

Andropogon gryllus, la forêt de Benon.

Cynanchum monspeliacum, les sables d'Angoulins, Fouras, Royan.

Chironia maritima, Arvert, Fouras, Martrou et Soubise.

Chlora sessilifolia, côte de La Rochelle et pointe de Mue-de-Loup, entrée de la Seudre.

Convolvulus lineatus, pointe des Minimes, l'île d'Aix, près Chassiron et Royan.

Echium pyrenaîcum, les glacis de La Rochelle, Angoulins, l'île de Ré.

Lithospermum apulum, la pointe du Chai, Fouras.

Cynoglossum linifolium, Fouras.

Phyllirea angustifolia, dunes de Châtelaillon, l'île d'Aix.

Bartsia bicolor, près la tour des Baleines (anéantie).

Lysimachia linumstellatum, Fouras, très rare.

Plantago pilosa, les dunes d'Angoulins.

Salicornia fruticosa, les marais salants.

Salsoka kali, les dunes de la Tremblade.

Atriplex rosea, pointe du Chai, Fouras, l'île d'Oléron, la Tremblade.

Atriplex portulacoïdes, le marais et le bord des ruisseaux salés.

Chenopodium fruticosum, mêmes lieux.

Daphne gnidium, l'île d'Oléron, les dunes d'Arvert.

Osirisalba, la Tremblade, et entre Soubise et Martrou.

Iris graminea, sur toute la côte depuis Esnandes jusqu'à l'île d'Oléron.

Gladiolus communis, les champs près la pointe de Chef-de-baie.

Scilla autumnalis, les sables d'Angoulins, de la Tremblade et de l'île d'Oléron.

Pancratium maritimum, les dunes de l'île de Ré.

Muscari botryoïdes, à l'île de Ré, et près de Saint-Jean-d'Angély.

Allium roseum, sur les remparts de l'île d'Aix, dans les champs près La Rochelle et entre Martrou et Soubise, et dunes de l'île de Ré.

Polypogon maritimum, les marais près La Rochelle, et île de Ré.

PLANTES DE L'INTERIEUR du DEPARTEMENT

QUI SONT LE PLUS OU MOINS MÉRIDIONALES

Ranunculus trilobus, environs de Rochefort.

Nigella damascena, près Saint-Jean-d'Angély, près Saintes et Montlieu.

Delphinium peregrinum, près Saint-Jean-d'Angély.

Helianthemum alyssoïdes, près de Montendre.

Biscutella lævigata, près La Rochelle, Saint-Jean, Jonzac, etc.

Viola lancifolia, marais de Nuaillé près La Rochelle

Dianthus caryophyllus, sur les murs du château de Taillebourg.

Althea cannabina, dans les haies, assez rare.

Althea hirsuta, les champs.

Ruta graveolens, le Douhet, près Saintes.

Corriaria myrtifolia, près Soubise.

Genista anglica, les landes du midi du département.

Genista ischœmum, la forêt de Benon et les bois près Saintes.

Cynosurus echinatus, près Marennes.

Echinaria capitata, les environs de La Rochelle.

Ægylops ovata, les champs aux environs de La Rochelle, Saint-Jean-d'Angély.

Ægylops triuncialis, près Saint-Jean-d'Angély.

Rottbolla incurvata, les lieux humides et sablonneux sur le bord de la mer.

Rotbolla erecta, les lieux humides et sablonneux sur le bord de la mer.

ESSENCES DE BOIS LES PLUS COMMUNES DU DEPARTEMENT

On sait que ce département renferme très peu de futaies ; les bois taillis occupent en général les arrondissements de Saintes et de Jonzac, celui de Saint-Jean n'en possède que dans une faible partie de son étendue, celui de La Rochelle n'a, à proprement parler, que sa forêt de Benon, dont une partie dépend de l'arrondissement de Rochefort. L'arrondissement de Marennes est également peu boisé.

Les espèces d'arbres qui y croissent sont peu nombreuses et se composent principalement de :

Le Chêne sessile (chêne noir) *Quercus sessiliflora*.
Le Chêne à grappe (chêne blanc) *Quercus recemosa*.

L'Aulne ou Vergne	*Alnus glutinosa.*
Le Saule blanc	*Salix alba.*
Le Saule marsault	*Salix caprea.*

Hors des forêts, on trouve encore, mais par l'effet de la culture :

L'Erable-Sycomore	*Acer pseudoplatanus.*
Le Maronnier d'Inde	*Esculus hyppocastanum*
Le Peuplier d'Italie	*Populus fastigiata.*
Le Charme commun	*Carpinus betulus.*
Le Hêtre des forêts	*Fagus sylvatica.*
L'Erable champêtre	*Acer campestre.*
L'Erable de Montpellier	*Acer monspessulanum.*
Le Peuplier noir	*Populus nigra.*
Le Peuplier tremble	*Populus tremula.*
Le Peuplier blanc	*Populus alba.*
L'Alizier	*Cratægus torminalis.*
Le Sorbier-Cormier	*Sorbus domestica.*

On voit sur le bord des eaux :

Le chêne tauzin	*Quercus toza.*
Quelques chênes verts	*Quercus ilex.*
Le Chêne-liège	*Quercus suber.*
L'Ormeau	*Ulmus campestris.*
Le Frêne	*Fraxinus excelsior*
Le Pin maritime	*Pinus maritima.*

On y trouve également, soit dans les taillis, soit à l'entour des haies :

Le Châtaigner	*Castanea vulgaris.*

Pêche maritime

Cette sorte de pêche se divise en quatre classes :

1° Celle à la mer, proprement dite, qui se fait au moyen de barques pontées, de 8 à 20 tonneaux, avec des filets nommés Chaluts, de 6 à 8 mètres de gueule et de 31 millimètres de maille ;

2° Celle sur la partie du rivage qui découvre à marée basse, avec des filets nommés Courtines, que l'on tend à mer retirante au moyen d'*Acons* (bateaux plats glissant sur le vase) et que l'on va lever lorsque la mer les ayant couverts s'est retirée de nouveau ;

3° Celle des écluses; enceintes circulaires, elliptiques ou carrées, entourées de murs en pierres sèches de 1 mètre à 1 mètre 30 d'élévation, dans lesquelles le poisson entre *au flot*, et se trouve captif *au jusant*, lorsque la mer a baissé au-dessous du niveau de ces murs d'enceinte.

Les produits de ces trois sortes de pêches sont des soles, des plies, des merlus, des grondins, des mégras ou bars, des barbarins ou rougets, des meuils (mulets), des loubines, des congres, des anguilles et une multitude d'autres espèces qu'il serait trop long d'énumérer.

A cette nomenclature, il faut ajouter plusieurs espèces de crustacés, telles que les crabes, les araignées de mer, les homards, et enfin les chevrettes ou crevettes.

La 4e sorte de pêche est celle des coquillages, huîtres, moules, palourdes, petoncles, jambles, benicles, sourdons, guignettes, etc., etc., à part les moules et les huîtres dont l'éducation forme de véritables branches d'industrie, cette pêche de coquillages ne constitue pas un commerce bien important comme valeur numérique, mais elle est extrêmement précieuse parce qu'elle occupe et nourrit toute la population pauvre qui borde le littoral.

ROYAN

Royan autrefois bourg sans importance est aujourd'hui une ville de 8297 habitants au dernier recensement, et une station balnéaire de premier ordre, qui reçoit chaque année environ 200,000 baigneurs.

Ses deux Casinos sont les plus beaux et les plus grands de France. Sa célébrité comme cité de bains dtae des temps les plus reculés et depuis la Restauration, son port fut relié à celui de Bordeaux par un service régulier de bateaux à vapeur.

Les productions de Royan consistent, en grains, vins et bois. L'air de la contrée y est extrêmement pur et l'on y rencontre de fréquents cas de longévité.

Si Royan est une ville de plaisir où l'on trouve toutes les distractions que la richesse peut procurer, au point de vue médical c'est une station qu'envient beaucoup de villes d'eaux renommées. Ses plages multiples, la combinaison chimique de ses eaux, son climat, sa forêt ou plutôt ses forêts aux essences diverses, sont des facteurs puissants dans la guérison : du lymphastime, des scrofules, des maladies des os et des articulations, de l'ophtalmie, l'ozène, les écoulements muqueux, l'anémie, les maladies de la matrice, l'hystérie, la stérilité, l'âge critique, la faiblesse générale, etc.

« On n'y meurt pas » disait Michelet, en écrivant

son beau livre — *La Mer* — tant il était enthousiasmé du beau temps presque continuel qui y règne. L'air y est sain et sec, les courants du fleuve et de la mer ayant une grande influence sur l'atmosphère, sont pour une large part dans cet état de choses, aussi les épidémies sont-elles inconnues à Royan.

C'est à Royan que se pêchent les premières sardines, poisson si recherché dans sa primeur.

On dit qu'il descend régulièrement des rivages d'Espagne, file le long du littoral français, et que plus il s'avance au Nord, plus il vieillit et perd de sa qualité ; mais les pêcheurs de Royan le prennent encore jeune et il fait les délices des gourmets.

Cinq plages ou conches tapissées de sable d'une extrême finesse, sans un seul galet, dépendent de Royan. Ce sont : la conché de Royan ou Grande Conche, d'une étendue de quatre kilomètres, qui affecte la forme d'un croissant au milieu duquel se développe la merveilleuse façade du Casino municipal.

La conche de Foncillon, dominée par la façade ou boulevard et le Casino du même nom ; de là, le spectacle est féerique. Devant soi, la pointe de Grave, l'Océan à perte de vue et au lointain le phare de Cordouan ; à gauche, le port, l'estuaire de la Gironde, la grande conche avec ses villas princières et la forêt qui la borde, le promontoire de Vallières et ses roches déchiquetées ; à droite, l'avenue de Pontaillac et un fort qui croise ses feux avec les forts de Suzac et de la pointe de Grave :

Puis vient la conche du Chay entourée de falaises ; la conche du Pigeonnier ou de Robinson, dans un bouquet de verdure ; et enfin le jolie plage de Pontaillac.

Des installations balnéaires ont été établies sur ces cinq plages ; chacune a sa clientèle, mais celles de Pontaillac et de la Grande Conche sont les plus fréquentées.

Nous devons du reste, reconnaître qu'elles justifient cet engouement et par leur beauté et par la facilité qu'on a de s'y baigner à toute heure. Leur aspect est incomparable ; entourées de hauteurs boisées et de falaises qui leur servent d'encadrement, elles présentent la forme de grands hémicycles.

Le port de Royan protégé par une jetée, est à la fois un port de pilotage très important et un port de pêche qui donne en abondance un poisson délicieux.

Une nouvelle jetée débarcadère permet d'embarquer ou de débarquer à toute heure les milliers de passagers qu'amènent de Bordeaux et des villes environnantes les bateaux à vapeur.

Royan renferme de très belles maisons et de grands hôtels. Le long du quai de la Grande Conche, sur les boulevards, sur la terrasse plantée d'arbres qui s'étend du port à la plage de Foncillon, au Chay, à Pontaillac, on voit de nombreuses et luxueuses villas.

Rien ne peut donner une idée de ces constructions de styles différents, entourées de verdures, qui se dressent au milieu des pins et des chênes verts, et dominent les plages, dont l'animation ne s'arrête ni matin, ni soir.

Tout Royan est organisé pour recevoir les étrangers, aussi ceux-ci n'éprouvent jamais le moindre embarras quand il s'agit de choisir un logement. Les offres abondent, et, en somme, les prix sont modérés, étant donné le confort qu'on trouve presque partout. Il va sans dire que les loyers sont beaucoup plus élevés au mois d'août que pendant les autres mois. Le prix moyen d'une maison de 5 ou 6 pièces est de 350 francs en juillet, de 750 à 800 en août et de 400 francs en septembre. Nous n'avons pas besoin d'ajouter que les belles villas coûtent beaucoup plus cher, et que souvent leur loyer dépasse 2.000 francs. Point à noter : les propriétaires ne fournissent généralement à moins de convenances contraires, ni le linge de table, ni celui de cuisine, ni l'argenterie.

Dans la ville, les appartements meublés sont en

nombre suffisants pour répondre à toutes les demandes.

Royan ne compte pas moins de trente-cinq hôtels, et Pontaillac en a trois. Le prix des chambres varie dans ces établissements de 2 fr. 50 à 8 et 10 francs par jour, selon l'importance et la situation des appartements. Quant au prix de la pension, il est aussi très variable.

Quelques hôtels ne prennent que 6 fr. 50, et dans d'autres, il faut s'attendre à payer jusqu'à 12 francs, si pas plus.

Comme on a le choix entre les maisons de différents ordres, il s'ensuit que les petites bourses, aussi bien que les grandes, peuvent trouver leur satisfaction. Plusieurs restaurants et de nombreux cafés donnent la possibilité aux personnes qui habitent des villas ou des appartements, et qui veulent se débarrasser des soucis du ménage, de prendre leurs repas au dehors.

Royan est pourvu, depuis quelques années d'une eau de table excellente, provenant de sources abondantes captées à Pompierre près Saujon.

Les excursions forment une longue série de distractions pour les baigneurs.

Nous citerons parmi celles qui se font en bateau : le phare de Cordouan, la pointe de Grave, le Verdon, Soulac-les-Bains, le ponton feu électrique de Talais et les localités qui bordent la Gironde jusqu'à Bordeaux : et parmi celles qui se font soit à pied, ou en voiture ou en chemin de fer : Les galeries de la Conche de Vaux, Saint-Palais, le phare de Terre-Nègre, le rocher percé du puits de Lauture, la Grande Côte, la forêt de la Coubre, à l'extrémité de laquelle se dresse le feu de 1er ordre du même nom, le Galion d'Or, Ronce-les-Bains, la Tremblade, Marennes, la pointe du Chapus, son fort en mer, l'île d'Oléron, la Seudre et ses parcs à huîtres, ses salines, Arvert, l'Aiguille, Saujon, puis la côte de la Gironde, Saint-Georges-de-Didonne, Meschers et ses grottes, Talmont, sa vieille église, monument historique du XIe siècle, ses ruines romaines disséminées dans la campagne, puis Saint-Seurin-d'Uzet avec les ruines de son vieux château féodal et enfin Mortagne-sur-Gironde, ses souvenirs historiques et son vieux monastère avec sa chapelle dédiée à Saint-Martial, le tout taillé dans le roc et dominant la rivière. On trouve à louer à Royan, avec la plus grande facilité, tous les moyens de transport : voitures, chevaux, ânes, bateaux.

Un tramway à vapeur circule régulièrement entre Royan et Saint-Georges-de-Didonne d'un côté, entre Royan, Pontaillac et la Grande Côte de l'autre, en desservant les couches du Chay, du Pigeonnier, de Pontaillac, de Nauzan et du Bureau. Plusieurs bateaux font le service entre Royan et le Verdon trois fois par jour.

Tous les jours, a lieu un départ de Royan pour Bordeaux, service fait par bateau à vapeur.

ROYAN – HISTOIRE

VOIES ROMAINES

La trace des anciennes voies romaines est toujours facile à distinguer, lorsqu'il en est resté quelques vestiges. Elles étaient communément formées de quatre couches ou assises superposées, sur une largeur de quinze ou vingt pieds. La première se composait de grosses pierres posées à plat, souvent unies avec du ciment, c'était le *stratumen* ou fondement de l'édifice ; la seconde appelée *ruderatio*, était formée de pierres concassées : la troisième, le *nucleus*, se composait d'un lit de chaux, mêlé de briques pulvérisées ou de sable ; enfin la quatrième *summa crusta* qui exigeait plus de soins, était tantôt un pavé de pierres cubiques ou polygonales, tantôt une assise de cailloux non taillés mais fortement tassés, ou simplement un lit de gros sable, *glarea*. Quelquefois, cette croûte supérieure était pavée en pierre de taille avec beaucoup d'art et de magnificence.

Sur toute la longueur des voies romaines se trouvaient, à des intervalles égaux, des colonnes milliaires sur lesquelles était gravée, en lieues gauloises ou en milles romains la distance de chaque colonne avec la métropole du pays, avec l'indication, en style lapidaire, des noms et des titres des empereurs, sous le régime desquels ces pierres avaient été érigées. Elles étaient tantôt cylindriques, tantôt carrées et avaient de cinq à six pieds de hauteur. L'usage de ces colonnes qui faisaient l'office de nos bornes actuelles, remontait à l'an 183 av. J.-C., époque à laquelle il avait été établi en vertu d'une loi proposée par C. S. Gracchus. Cet usage, d'abord propre aux routes de l'Italie et de la province romaine, fut bientôt appliqué à celle du reste des Gaules.

Il y avait dans les Gaules sous la domination romaine, deux mesures itinéraires, le mille romain composé de mille pas, (environ 756 toises, soit 1470 m.) et la lieue gauloise, formée de 1500 pas (environ 1104 toises, soit 2147 mètres).

On comptait par *milles* dans la province romaine et par *lieues* dans le reste des Gaules.

Cette différence d'unités de mesure itinéraire est attestée par *Ammien Marcellin* qui dit positivement (Lib. XV) qu'à partir de la Saône, on ne comptait plus par *milles* mais par *lieues*, (exinde non millemis passibus, sed leucis itinera metientur). Ce témoignage est confirmé par la carte de *Peutinger* où l'on voit près de Lyon, une note avertissant que, de ce point à l'extrémité nord et ouest de la Gaule, les distances sont indiquées en lieues gauloises. Mais cette dernière unité de mesure est fréquemment désignée par les anciens géographes sous le nom de *millia* contre lequel il faut se tenir en garde : dans le nord et l'ouest de la Gaule on employait souvent ce mot pour exprimer des lieues gauloises, et c'est en ce sens qu'il faut comprendre l'inscription de la colonne milliaire d'Aulnay de Saintonge, près de Saint-Jean-d'Angély.

(*Cours d'antiquité monumentale* de M. de Caumont. — 2e partie, page 27 et suiv. — 90 et suiv. 98 et suiv.)

DES ORIGINES DE ROYAN

La voie romaine qui venait de Burdigala (Bordeaux) à Médiolanum (Saintes) par Blaye, est tracée sur la carte de Peutinger et indiquée, avec exactitude par l'itinéraire d'Antonin.

Partant de Blaye, elle se dirigeait vers le Nord-Ouest, sur la rive droite de la Gironde, jusqu'à Tamnun (Talmont-sur-Gironde) écrit *Lamnun* sur la carte de Peutinger. De là prenant sa direction dans le Nord, elle gagnait Novioregum, que Dom Bouquet, Damville et d'autres placent à Royan, mais qu'avec plus de raison, il faut placer sur le côteau de Saint-Romain-de-Benet au pied duquel était le Portus Santonum.

De ce point, elle se dirigeait vers l'Est jusqu'à Mediolanum.

Nous disons que la station militaire appelée Novioregum, qu'on a, jusqu'à présent supposée à Royan, doit, avec plus de raison, être placée sur le côteau de Saint-Romain-de-Benet. Nous nous fondons sur ce qu'il n'existe à Royan aucun vestige de la voie romaine sur laquelle se trouvait cette station, tandis qu'on en trouve des traces certaines dans la commune de Saint-Romain, près du village de Toulon.

On suit, en effet, cette ligne itinéraire de Blaye à Saintes en passant par le hameau de Fontclair, commune de Saint-Sorlin-de-Cônac, canton de Mirambeau, par la deuxième station appelée Tamnun, aujourd'hui Talmont, canton de Cozes, par les communes d'Arces et de Semussac-en-Didonne, même canton, par Médis, canton de Saujon, où elle laisse Royan à une grande lieue sur la gauche, par le village de Toulon, commune de Saint-Romain-de-Benêt, où elle arrive après avoir traversé le ruisseau de la Seudre au-dessus de Saujon, et d'où elle se rend directement à Saintes en passant au pied de la pyramide itinéraire de Pyrelonge.

Selon nous, la troisième station militaire appelée Novioregum n'était autre que l'enceinte retranchée, surmontée d'une tour quadrangulaire, qui se trouve au sommet du côteau de Saint-Romain.

Là était casernée une légion pour protéger le Portus Santonum qui s'étendait au pied de la colline, baigné par un prolongement de la Seudre dont on distingue encore le bassin.

Le Portus Santonum de Ptolémée était le grand établissement commercial des Santones sur l'Océan.

La garnison de Novioregum était donc commise à la garde du vaste entrepôt maritime qui se trouvait au bas de la colline, elle était retranchée dans un fort d'où la vue se projetait au loin sur l'Atlantique, et où l'on pouvait courir aux armes à l'approche du moindre danger.

Ausone (1), (Décimus, Magnus, Ausonius), préfet des Gaules et l'un des plus beaux génies du IVe siècle, parle souvent dans ses lettres à ses amis, de sa villa, située près de Saintes.

Totque mea in Novero sibi proxima prœdin pago.
Te propter campos incolo Santonicos.
Cur me propinquum santonum moenibus
Declinas.
Vinum cum bijugo parabo plaustro.

---

(1) Decimus Magnus Ausonius. — Poète et grammairien latin né à Bordeaux vers l'an 309, mort vers 394. Il fut précepteur de Gratien et successivement comte de l'Empire, questeur, gouverneur de Gaule, de Lybie et du Latium ; puis consul en 379.

Ses poésies licencieuses se distinguent par la redondance et la recherche des ornements. Il a laissé des épigrammes, des Idylles, des Eglogues et des Epitres. Ses œuvres ont été éditées par Souchet, Paris (1730), in 4°. Elles ont été traduites par l'abbé Jaubert (1789), Corpet, Paris (1843) 2 vol. in 8° ; Demogeot, Toulouse, (1837), in 8° et dans la bibliothèque de Panckouke, deuxième série.

Primo tempore Santonos vehendum.
Santonicamque urbem vicino accessimus agro, etc.

(AUSONII, Epist. passim.)

et dont il fait les plus riantes descriptions.

Nous n'avons à nous occuper ici que de la position géographique de cette délicieuse maison de plaisance.

Scaliger, dans ses annotations sur Ausone, Ortellius, la Martinière et la Sauvagère placent le Pagus Noverus près de la station romaine appelée Novioregum, et qui, selon eux n'était autre que Royan. Elie Vinet, le plus savant commentateur d'Ausone, et après lui l'antiquaire Bourignon combattent cette opinion, et cherchent le Pagus Noverus dans la paroisse des Nouillers, près de Saint-Jean-d'Angély, appelée Novalarii. Ecclisia sancti Petri de Novalariis, dans les Chartes et diplômes du moyen-âge.

Ils se fondent sur ce que la description que fait le poète bordelais de sa villa, avec ses côteaux tapissés de vignes, ses champs fertiles, ses prés verdoyants, ses fraiseombrages, sa douce température égalemeut exempt des rigueurs de l'hiver et des ardeurs de la canicule.

Otiaque inter
Vitiferi exercent colles, lactumque colonis
Uber agri, tum prata virentia, tum menus umbris
Mobilibus, celebrique frequens ecclesia vico :
Egelidae ut tepeant hyemes, rabidosque per œstus
Adspirent tenues frigus subtile aquilones

(AUSONII, Epist. XXIV. Paulino).

convient beaucoup mieux au bourg des Nouillers, situé dans un pays gras et fertile, qu'à Royan qui, à l'époque était un simple village, assis sur une côte sablonneuse, battue par les tempêtes l'hiver, brûlée par le soleil l'été. Ils s'appuient encore sur deux vers d'Ausone dans lesquels le poète dit que sa villa était séparée de Bordeaux par trois fleuves,

Ter juga Burdigalae trino me flumina cœtu
Secernunt turbis popularibus.
(AUSONII, Epist. XXIV. Paulino).

vraisemblablement la Charente; la Dordogne et la Garonne, ce qui s'applique parfaitement aux Nouillers et nullement à Royan, qui n'est séparé de Bordeaux que par la Gironde.

Enfin, ils citent deux autres vers où Ausone dit que pour faire transporter son vin à Bordeaux, il le faisait passer par Saintes, ce qu'il n'eut pas fait si sa villa eut été à Royan, le trajet le plus direct, dans ce cas étant de gagner Blaye par la voie romaine qui passait par Talmont.

Vinum cum bijugo parabo plaustro
Primo tempore Santonos vehendum.
(AUSONII, Epist. XI. Paulo).

Cette dernière citation n'est pas exacte, Ausone ne dit pas que pour faire transporter son vin à Bordeaux, il le faisait passer par Saintes.

Il invite son ami Paulus à un banquet dont il se charge de fournir le vin, lui recommandant de se munir d'une coupe appelée *ovum passerus marini*, afin qu'ils puissent *cupâ potare magistra*.

Sans adopter positivement cette opinion, qui nous semble toutefois plus rationnelle que la précédente, nous ferons remarquer qu'elle pourrait encore être appuyée sur d'autres textes d'Ausone. Par exemple, le poète écrivant à son ami Axius Paulus, qui habitait le Bigorre (Bigerritanus), l'invite à venir le voir en Saintonge et lui indique, comme moyen de transport, un char traîné par des mules,

Tandem, eluctati retinacula blanda morarum,
Burdigalae molles liquemus illecebras,
Santonicamque urbem vicino, accessimus agro.
Quod tibi, si gratum est, optime Paule, proba.
Cornipedes raptant imposta petorita mulae,
Vel cisio trijugi, si placet, insilias.

(AUSONII, Epist. VIII — Axio Paulo).

lorsque pour venir de Bordeaux à Royan le trajet par mer eut été, ce semble, plus prompt et plus facile.

Il est vrai que dans une autre lettre où il informe Paulus qu'il ira à sa villa après les fêtes de Pâques et l'invite à venir l'y trouver, il lui indique, tout à la fois, un char et un navire :

Te quoque ne pigeat consponsi fœderis, et jam
Citus veni remo aut rotâ.
Œquoris undosi qua multiplicata recursu
Garumna pontum provocat :
Aut iteratarum quà glarea trita viarum
Fert militarem ad Blaviam
Nos etenim primis sanctum post Pascha diebus
Avemus agrum visere

mais le navire était pour traverser la Gironde et le char pour faire le trajet au Pagus Noverus par la voie romaine de Blavium a Mediclanum (Blaye à Saintes). Dans une troisième lettre au même Paulus, il lui mande qu'il a quitté pour lui les bords de la Garonne et l'invite à venir le voir dans les champs de la Saintonge, où il s'est rendu exprès pour le recevoir :

Œquoream liqui te propter, amince, Garumna ;
Te propter campos incolo santonicos.
Congressus igitur nostros pete, si tibi cura,
Quae mihi, conspectu jam potière meo.

(Ejusd, Epist. XIV eid.).

il n'eût pas quitté les bords de la Garonne pour se rendre à sa villa, si cette demeure eût été à Royan situé à l'embouchure de la Gironde, qu'Ausone, comme tous ses contemporains, confond souvent avec la Garonne.

(MASSIOU. Hist. de Saintonge et d'Aunis.

Les origines de Royan, sont donc très discutées par les historiens, mais il est un fait certain, c'est qu'à l'endroit où se trouve le Royan actuel, il a existé depuis des temps fort reculés, une station gauloise d'abord, romaine ensuite qui commandait l'entrée de la Gironde et dont le nom s'est perdu, si ce n'était pas le Novioregum.

Le premier seigneur dont il est fait mention dans l'histoire et qui posséda Royan, est Hugues de Lusignan, comte de la Marche.

Royan lui fut donné en 1222 par Philippe-Auguste.

En 1228, hommage est fait à Hugues de Lusignan, comte de la Marche et d'Angoulême, le 3 avril, pour le château de Montendre, par Hugues de Tonnay-Charente, auquel il avait déjà donné les seigneuries de Royan et de Didonne.

Le roi d'Angleterre Henri III laissant le gouvernement de son royaume à l'archevêque d'York, primat d'Angleterre, s'embarqua à Portsmouth, le 15 Mars 1242, avec la reine son épouse, le comte Richard son frère, sept autres comtes et seulement trois cents chevaliers, mais emportant une somme considérable (trente tonnes d'argent) prise sur les revenus de son domaine privé. Il fit voile sur la Guienne, et vint débarquer à Royan, petit port de Saintonge situé à l'embouchure de la Gironde. Sa mère Isabelle, qui l'attendait sur le rivage, *le baisa moult doucement*, et lui dit : « Beau fils, vous êtes de bonne nature, qui venez secourir votre mère et vos frères, que les fils de Blanche d'Espaigne, veulent trop mollement défouler et tenir sous les pieds ». (*Chronique de France*).

Toute la Haute-Saintonge, soumise à Hugues de Lusignan, comte de la Marche qui avait épousé Isabelle d'Angoulême, veuve en premières noces de Jean, roi d'Angleterre, se déclara soudain pour le roi d'Angleterre.

De Royan, Henri se rendit à Pons, noble et riche manoir dont le seigneur Renauld, homme-lige de Hugues de Lusignan, vint au-devant du monarque et le reçut avec magnificence. Tous les barons, châtelains et chevaliers de la contrée imitant le sire de Pons, accoururent aussi faire hommage de beauté au roi d'Angleterre et lui offrir l'appui de leur épée.

Enfin le comte de la Marche vint lui-même se joindre au Prince, avec plusieurs barons de l'Aquitaine.

Il fallait trouver un prétexte à cette levée de boucliers. Henri publia à Pons, le 30 Mai 1242, des lettres patentes dans lesquelles il annonça : « qu'il ne déclarait la guerre au roi de France que parce que ce Prince s'était emparé durant la dernière trêve, de l'héritage de Savary de Mauléon, et qu'il ne déposerait les armes qu'après que Loys aurait restitué la terre usurpée avec tous les fruits perçus depuis l'usurpation (Rapin Thoyras. *Histoire d'Angleterre*, liv. VIII).

Ne trouvant pas, comme il devait s'y attendre, le roi de France disposé à lui donner satisfaction sur ce prétendu grief, Henri quitta le château de Pons et vint à Saintes, dont les bourgeois reconnaissaient aussi la suzeraineté du comte de la Marche. Ce fut de cette ville qu'il écrivit le 8 juin à Hugues évêque d'Ely, pour informer ce prélat de son heureuse traversée, et justifier autant que possible aux yeux de l'Angleterre la guerre qu'il allait entreprendre (Rymer act. publ. tome I, p. 403). Guerre qui se termina par la bataille de Taillebourg et Saintes, 22 et le 24 juillet 1242, où le roi de France Louis IX le vainquit.

Le 20 Mai 1259, Loys IX confirma au fils de Jean sans Terre la souveraineté de la Gascogne, en y joignant le Limousin, le Périgord, le Quercy et l'Agénois, et comprit tout ce territoire sous le nom de duché de Guienne, qu'il conserva depuis comme un démembrement du grand duché d'Aquitaine. (Rymer act. publ. tome Ier, p. 676).

Par le même traité, le roi de France donna au roi d'Angleterre — toute la terre que le duc d'Aquitaine tenait en Saintonge, à titre de fief ou de domaine par delà la Charente.

(Li roy de France donra al roy de Angleterre la terre que li cuens de Poitiers tient ores en Xanton, outre la rivière de Charente, en fiez et en domaines, etc.) — (Rymer Acta publica. tome I, p. 676).

Par ce traité, la Saintonge se trouva scindée, du levant au couchant, en deux territoires dont la Charente devint la ligne de séparation.

Le roi d'Angleterre eut le Midi avec l'île d'Oléron ; le roi de France conserva le Nord avec l'île de Ré. La Rochelle, Taillebourg, Saint-Jean-d'Angély demeurèrent sous son obéissance ; mais Saintes, Pons, *Royan*, Blaye, Barbezieux et toutes les places fortes situées au sud de la Charente passèrent au pouvoir de Henri III.

Conformément aux règles du droit féodal, qui ne séparait pas l'homme de la terre, le roi Loys céda à la fois le territoire et les habitants ; il y eut néanmoins en Saintonge quelques fiefs du Sud qui ne furent pas compris dans le traité, et plusieurs barons de cette contrée, conservant leurs terres sous l'obéissance du roi de France, demeurèrent indépendants du roi d'Angleterre. — Multa tamen erant in Xanton, ultra flumen Carantonae, quae regi Angliae non fuerant deliberata,etc. (Pax Philippi regis. ap Louvet Hist. d'Aquit. 2e part, p. 25).

Toutefois malgré cette singulière exception, le traité de 1259 demeura si impopulaire dans la Saintonge méridionale que plus de trente ans, lorsque le roi Loys fut canonisé par l'Eglise, les hommes de cette contrée, refusèrent par ressentiment, de reconnaître et de fêter son anniversaire. (Sismondi. Hist. des Français, tome VIII).

1244 — 1247

Abandon par Geoffroi de Taunay, seigneur dudit lieu et de Didonne à Renaud, seigneur de Pons, de ses droits sur la coutume du Port de Royan. Vidimus original en parchemin délivré le 28 août 1461 par Jean Gilart, clerc-garde du scel royal établi aux contratz en la ville de Saint-Jean-d'Angély pour le roi de France, de (*deux petites lettres attachées ensemble d'un lacz de fil de chanvre et soubz aucun scel lequel, en cere blanche, est choit et tombé saines et entières et sans aucune suspection avoir en elles... desquelles la teneur s'ensuit.*)

Gaufridus de Talniaco (1) dominus ejusdem loci

---

(1) Geoffroy de Didonne, second fils d'Hélie de Didonne, eut deux filles, Jeanne et Marguerite. La première épousa en 1251 Aimery IX vicomte de Rochechouart, qui fut la souche des princes de Tonnay-Charente de ce nom.

La seconde épousa Geoffroy, vicomte de Thouars.

et de Dydonnia, omnibus presente slitteras inspecturis salutem.

Cum debeamus nobili viro Reginaudo, domino de Ponte (1), et suis, sepites viginti et octo libras turonenses de arrerragiis, quadraginta librarum annui redditus, quas debet annuatim percipere in portu de Roiano jure hereditario quas per manum servientes nostri incipit recipere in crastinum Pentecostis annuatim et quicquid provenit de portu continue recipit, donec habuerit dictam summam XLa librarum, et preterea debeamus eidem nobili centum libras turonenses quas debebat dominus Hugo de Talniaco defunctus, quondam frater noster, burgensibus suis de Ponte, nos pro hac pecunia supradicta bradidimus eidem portum nostrum de Roiano tenendum in hunc modum, videlicet quod serviens dicti R de Ponti per manum servientes nostri tam diu continue et sine aliqua diminucione recipiet quidquid proveniet de cosdumpna dicti portus, donec de tota dicta peccunia integre sit paccatus et interim serviens dicti R. erit ad exponsas nostras. Nichilominus preter dictam summan debet paccari de XLa libris quas in dicto portu debet percipere in instanti festo Pentecostes. Hec pacta predicta debemus servare inviolabiliter et tenere. Et Oudonius de Lorvila, miles noster, et Villelmus Arribat, serviens noster, juraverunt in anima nostram pro his pactis inviolabiliter observandis. In cujus rei testimonium prefato nobili has nostras dedimus patentes litteras

---

(1) La généalogie et l'Histoire des sires de Pons n'existe nulle part, ou bien existe avec des fautes déplorables. Le donjon du château qui existe encore, est mentionné dans une charte du 28 août 1083. La sirerie de Pons comprenait 36 paroisses relevant directement et 11 relevant médiatement, c'est-à-dire dont les seigneurs devaient l'hommage.

L. de Richemont (Archives départementales.)

nostro sigillo sigillatas. Facta autem solutione tocius peccunie surpadicte debent littere iste reddi nobis vel de mandato nostro, et ex tunc littere he nullius erunt valoris.

Actum die veneris ante Privicarnium, anno Domini MCCXLIIIJ.

S'ensuit la teneur de l'autre lettre dont dessus fait mencion.

Die veneris ante Puriffîcacionem anno Domini MCCXL° septimo, interfuerunt apud Gemondac pro domino Gaufrido de Talniaco, dominus Gaufridus Vigerii de Faia, dominus Oudonius de Lorvilla, et pro domino R. de Ponte, Lambertus et Willelmus Aymo, et fuit ita computatum inter eos, de mandato dictorum nobilium, quod illa die debebat dictus Gaufridus de Talniaco, domino R de Ponte, de arreragiis XLa librarum annui redditus quas dictus R. habet in portu de Roiano et de centum libris quas dibebat dominus centum et XXti VIIem libras et VII solidos. Huic computacioni interfuerunt, dominus Hélias Tizos de Rossilio, dominus P. Gilberti, Rigaudus de Bello, Aymo de Didona milites, Hélias Paliers, Villelmus Mornellus, Stephanus Juliani, burgenses de Ponte, Richardus Anglicus.

(CHARTRIER DE THOUARS),
Taillebourg.

TRADUCTION

Goeffroy de Taunay, seigneur dudit lieu et de Didonne : à tous ceux qui les présentes lettres verront, salut.

Comme nous devons à noble homme Renaud, seigneur de Pons, et aux siens, sept vingt et huit livres tournois d'arrérages, quarante livres de rente annuelle à percevoir sur le port de Royan par droit héréditaire qu'il a commencé à recevoir des mains de notre serviteur le lendemain de la Pentecôte chaque année et tout le produit du port, il l'a reçu constamment jusqu'à concurrence de ladite somme de quarante livres et nous devons en outre audit noble homme cent livres tournois que devait monseigneur Hugues de Taunay, décédé, jadis notre Père, à ses bourgeois de Pons, nous, pour cet argent susdit, nous lui avons donné notre port de Royan qu'il tiendra de cette manière, c'est à savoir que le serviteur dudit Renaud de Pons recevra par les mains de notre serviteur, aussi longtemps, continuellement et sans aucune diminution, tout ce qui provient de la coutume dudit port, jusqu'à ce que dudit argent il soit intégralement payé et cependant le serviteur dudit Renaud sera à nos frais. Néanmoins, outre ladite somme, il doit être payé des quarante livres qu'il doit percevoir sur ledit port, à la prochaine fête de la Pentecôte. Nous devons garder inviolablement la présente convention. Et Oudon de Lorville, notre écuyer et Guillaume Arribat, notre serviteur, ont juré sur notre âme d'observer inviolablement ce présent pacte. En témoignage de quoi, nous avons donné audit noble nos lettres patentes scellées de notre sceau. Payement fait de toute la somme susdite, ces lettres doivent nous être rendues ou à notre ordre et dès lors, elles deviendront de nulle valeur.

Fait le vendredi, avant le carême de l'an 1244.

S'ensuit la teneur de l'autre lettre dont dessus fait mencion.

Le vendredi avant la purification de l'an du seigneur 1247, furent présents à Gemondac pour Monseigneur Geoffroy de Taunay, le seigneur Geoffroy viguier de Faye, le seigneur Oudon de Lorville et pour monseigneur Renaud de Pons, Lambert et Guillaume Aymon et fut ainsi convenu entre eux, du mandat desdits nobles que ledit jour ledit Geoffroy de Taunay devait à Monseigneur Renaud de Pons des arrérages de quarante livres de rente annuelle que ledit Renaud a sur le port de Royan et des cent livres que devait son père Hugues de Taunay, six cent vingt-sept livres et sept sols. A ce compte assistèrent seigneur Hélie Tizon, de Rossel seigneur P. Gilbert, Rigaud de Bel, Aimon de Didonne écuyer, Hélie Paliers, Guillaume Mornel, Étienne Julien, bourgeois de Pons, Richard l'Anglais.

1321

Quittance à Monseigneur de Didonne (1) comment il paye XXX livres tournois aux enfants de Raymond de Rionlz partionniers sur la coustume de Royan (texte gascon).

A totz aquetz qui aquestas presentz letras veyran e audiran, Ramon de la Roqua de Riontz ,Daudet, tutres testamentaris deus enffantz de N'Uc de Riontz Daudet qui fit, salutz e dar ffé a las presentz letras. Sapiatz tot que io reconoc en verta coffessi en nom e en loc e en persona e cum tutres testamentaris deus medis enffantz que lo nobles bars lo senhor N' Arnaud Bernard de Preyssac, cavoys, senhor de Didona m'a pagat e rendut be e integrammentz, en deners contatz, totas aqueras trenta livras de tornés petitz, las quaus son degudas cada an de renda aus avandeitz enffantz sobre l'arqua de Royan.

So es assaber aqueras XXX libras de tornes de renda qui eran a terme de pagar a la ffesta Nostra Dona Candelor qui plus pres es passada, de las quaus

---

(1) Les possesseurs de la châtellenie de Didonne portaient pour armoiries un écu gironné d'argent et de gueules. Cette seigneurie comprenait au XIIIe siècle, Royan, Arvert, Rioux, Thézac, en partie, Montendre, Beurlay, Richemont et Chérac.

XXX libras de tornés io m'tenc perben pagatz, en renunciay a l'excepcion de no contat et de no pagat aver e de no agudas de nos recebudas totas las avandeitas XXX libras de tornes en la maneyra que deit es, de baudia o d'engan. De las quaus avandeitas XXX libras de tornes deudeit terme pagadas en la maneyra que deit es io avandeitz Ramos de la Roqua, en nom e en loc e perssona e cum tutres deux avandeitz enffantz quiti et clami quiti l'avandeit senhor N' Arnaud Bernard e sas causas per totz temps. E en testimomatge de vertat et per major ffermetat de las avandeitas causas io ey mes e pausat mon propri saget pendent en aquestos presentz letras ; Dadas e ffoytas fforen a Bordeu, lo diluns apres la ffesto sent Marc evangeliste, en l'an de Nostre Senhor mil e tres centz et XXI. (Chartrier de Thouars. — Didonne).

(Original en parchemin, scellé de cire brune sur queue simple.)

TRADUCTION

A tous ceux qui ces présentes lettres verront et liront, Raimond de la Roque de Riontz Daudet, tuteur testamentaire des enfants de feu Hugues de Riontz Daudet, salut et ajoutez foi aux présentes lettres. Sachent tous que je reconnais et confesse en vérité au nom, au lieu et en personne et comme tuteur testamentaire des mêmes enfants que le noble baron le seigneur Arnaud Bernard de Preyssac, chevalier, seigneur de Didonne, m'a payé et rendu bien et intégralement en bons deniersc omptant, toutes les trente livres de petits tournois, lesquelles sont dûes de rente annuelle aux devant dits enfants sur l'arche de Royan, c'est à savoir les trente livres tournois de rente qui étaient au terme de paiement à la fête de Notre-Dame de la Chandeleur dernièrement passée ;

desquelles trente livres tournois, je me tiens pour bien payé et ai renoncé à l'exception d'argent non compté et non payé, et non reçu pour toutes les avant dites trente livres tournois en la manière que dit est, et à la toute exception de fraude et de malengin. Desquelles devant dites trente livres tournois de rente dudit terme, payées en la manière que dit est, je dessus dit Raimond de la Roque, au nom, au lieu et en personne et comme tuteur des devant dits enfants quitte et clame quitter l'avant dit seigneur Arnaud Bernard et ses ayant cause pour tout temps. Et en témoignage de vérité et pour plus grande fermeté des devant dites choses, j'ai mis et posé mon propre sceau pendant à ces présentes lettres qui sont données et faites à Bordeaux le lundi après la fête Saint-Marc l'évangéliste, en l'an de Notre Seigneur mil trois cent vingt et un.

---

3 Mai 1338.

MANDEMENT POUR FAIRE REPARER ROYAN

Jehan, seigneur de Belleville (1), conseiller du Roy nostre sire et capitaine souverain pour ledit seigneur es parties de Xaintonge et de Poitou et es lieux voisins, à nostre ami le sire de Didonne, capitayne de Royan ou à son lieutenant, salut.

Comme ou dit lieu de Royan soit besoing et nécessité de plusieurs reparacions et ouvrages nécessaires pour la deffence et seurté d'icelle, nous vous mandons et commettons que vous, pour les reparacions dudit lieu, preignez boys, tables, chaux, sable et pierre faiz ou

---

(1) Le sceau des Belleville était gironné de douze pièces, dont six de vair.

à faire, en quelque lieu que vous les trouverez nécessaires aux reparacions dudit lieu, si comme vous verrez que a faire sera, en donnant voz lettres à ceux de qui vous pranrez pour juste et convenable pris par vous promis les chouses dessus dictes.

Et en oultre, comme nous ayons entendu que plusieurs tailhiées ont este establies par le seigneur de Mastaz (1) en la chastellenie dudit lieu, pour convertir es diz ouvrages, lesquelles ont été levées et se liewent de jour en jour par les commissaires et deputez à ce, et non convertiz es ditz ouvrages, ainssoins en ont esté et sont encore negligens, et refusent lesdits commissaires de le faire. Pourquoi, nous vous mandons et commettons que vous contraigniez lesdiz commissaires établiz à recevoir les dictes tailhées par prise de leur corps et biens, à nous admener les diz corps et biens et arrestez ou chastel de Ponz, à faire et accomplir lesdictes reparacions et ouvrages dudit lieu par la manière que par ledit seigneur avoit esté establi. Et aussi contraingnez et parforcez les habitants

---

(1) Le chartrier du comté de Matha, donné aux Archives départementales de la Charente-Inférieure par M. Paul Normand d'Authon, ex-conseiller général, nous apprend que le seigneur de Matha était en 1331, Robert de Matas qui eut pour successeur noble homme Foulques de Matas, chevalier, seigneur de Royan, auquel le roi Jean par des lettres patentes du 5 mars 1354, pour reconnaître ses bons services, assigna 500 livres tournois de rente à prendre sur la recette de Poitiers. Ancienne châtellenie relevant du château de Saint-Jean d'Angély, Matha appartint d'abord à la maison d'Angoulême, puis entra dans la maison de Montberon par le mariage du fils de Robert de Montberon avec Yolande, dame héritière de Mastas et enfin par le mariage d'une fille de Montberon, Mastas est tombé dans la maison de Bourdeilles (Maichin);

L. de Richemont (Documents historiques de la Charente-Inférieure)

dudit lieu et de ladicte chastelenie à payer les dictes tailhées par la manière que vous verrez que sera à faire ; et nous donnons mandement par ces présentes à touz sergens et officiers du Roy nostre Sire qu'ils vous donnent confort et aide, si mestier en avez, et touz les subgiez et somis du Roy nostre Sire ; requérant touz autres que ilz vous hobeissent diligemment et entendent.

Donné à Pons, le IIIe jour de May, l'an de grâce mil CCC trente et huit.

CHARTRIER DE THOUARS

(Original en parchemin jadis scellé sur queue simple).

---

14 Janvier 1339

Lettre du roi Philippe VI (de Valois), par laquelle à la requête du Soudan de Preissac, il mande au sénéchal de Saintonge de faire rapporter à Mons (près Royan) jusqu'à la fin de la guerre, le coffre contenant le produit de la Grande Coutume de Royan, qu'il avait à tort, rétablie dans ce dernier lieu, trop exposé par le voisinage de la mer aux surprises des Anglais.

Philippe, par la grâce de Dieu roy de France, au seneschal de Xanctonge ou à son lieutenant, salut. Nostre amé et féal Soudan de Preissac (1), seigneur de Didonne, nous a montré en complaignant que jà soit ce que l'Arche le Grant Coustume a accoustumé de lever au lieu de Royan, en laquelle coustume Nous,

---

(1) Fils d'Arnaud Bernard, deuxième du nom, (qui paraît avoir porté le premier le surnom de Soudan, il fut père du plus illustre membre de cette famille qui fut appelé le Soudan de la Trau et qui mourut en ou vers 1394.

ledit Soudan et plusieurs autres sommes parconniers, eust été remuée dudit lieu et mise au lieu appelé de Mons, pour raison de nostre présente guerre et ycelle durant, pour eschiver le péril qui en peust advenir pour ce que ledit Royan est près de la mer et de noz ennemis, et ladicte est plus seurement, au proffit de nous, dudit Soudan et les autres parconniers, audit lieu de Mons, nient moins vous, sanz l'assentiment dudit soudan et sanz li appeler, avez ordené que ladicte arche soit retournée audit lieu de Royan, en nostre grand grief et dommage et dudit Soudan, combien que la cause pour laquelle ladicte arche fut remuée ne cesse ancorre, si come dit y celui Soudan, qui nous a supplie que nous y veillons pourvoer de remède convenable. Pour quoy nous vous mandons et commandons que, se il en est ainsi, vous ladicte arche faites estre et remanoir ondit lieu de Mons, jusques à tant que ladicte guerre soit finée ; et tout ce que aurez fait au contraire, faites retourner au premier estat.

Donné au boys de Vincennes le XIVe jour de janvier, l'an de grâce mil CCC trente et nuef.

Par le roy à vostre relacion (1).

BÉRANGER.

(Chartrier de Thouars, original en parchemin, jadis scellé en cire jaune sur queue simple. (Archives hist. d'Aunis et de Saintonge).

---

21 Février 1398

Institution de Regnaud de Pons comme garde et gouverneur au nom du roy de France, des châteaux

---

(1) A la fin des actes royaux, vostre et vous désignent le chancelier.

de Royan et Mornac, appartenant à Louise de Matha, comtesse de Périgord.

A touz ceulx qui ces présentes lettres verront et orront, Helies Guibourg, clerc, guarde du sceël royal establi sur le pont de Xaintes pour le Roy de France nostre Seigneur, Louyse de Mastatz comtesse de Perregort, dame de Mastatz, de Royan et de Mornac (1), et Regnault, seigneur de Pons (2) salut en Dieu pardurable.

Sachent touz que comme lesdiz chasteaux de Royan et de Mornac et autres lieux et terre appartenans a nous ladicte comtesse, soyent a présent et aient esté par aucun temps mis et tenuz en la main du Roy et par monseigneur le mareschal de Boussicaut, et par ses gens guardez et gouvernez soubz la main du Roy, et pour ce nous, ladicte comtesse, aions impétré du Roy certain mandement adroissant audit monseigneur le maréchal ou son lieutenant comme il baille en guarde soubz la main du Roy nostrediz chasteaux de Royan et Mornac, et autres lieux et terres, à noble homme messire Regnault seigneur de Pons, par ainsi que ledit seigneur de Pons les doit guarder soubz la main du Roy et les doit rendre et restituer au Roy et à son exprès commandement, et non à autre ; nous ladicte comtesse aujourd'huy avons prié, o grant instance, ledit seigneur de Pons qu'il en voulait prendre ladicte guarde, pour la grande confiance que le Roy et nous avons en ly, et aussi quar il les puet guarder a trop

---

(1) Elle avait épousé Archambaud V comte de Périgord, qui du chef de sa femme rendit en 1365, hommage de ces seigneuries au prince de Galles.

(2) Renaud VII, sire de Pons, vicomte de Turenne, seigneur de Carlux, de Plassac, des îles de Marennes et d'Oléron, etc., époux : 1° de Marguerite de Périgord ; 2° (1411) de Marguerite de la Trémoïlle, dont il eut Jacques, sire de Pons, et 3° de Catherine de Montberon. (Courcelles, tome IV, p. 39, Pons).

mendres fraiz et missions que non faisoit monseigneur le mareschal.

Lequel seigneur de Pons a aujourd'hui, à nostre grande prière et requeste et pour oubéir à la volonté du Roy, pris la guarde desditz chasteaux, lieux et terres de la main de messire Jehan de Bobigné, chevalier, lequel par vertu dudit mandement lui a baillez iceulz chasteaux, lieux et terres à tenir, guarder et gouvernier par ledit seigneur de Pons ou par ses commis et depputez soubz la main du Roy (1) ; et nous ladicte comtesse avons promis et juré que nous serons bonne et loiable audit seigneur de Pons tant comme il y aura la garde desdiz chasteaux et lieux et jucques à ce que le Roy l'en ait deschargé, et ne procurerons ne ferons, ne pourchasserons ne suffrerons par autres estre procuré, fait ne pourchassé que ledit seigneur de Pons ou ses commis en ladicte guarde aict aucun empeschement ni destorbier en la guarde susdicte,

(1) A la faveur de la guerre contre les Anglais et de l'arrêt qui avait banni Archambaud VI, comte de Périgord, fils de Louise de Matha, en confisquant ses biens, le seigneur de Pons, et son fils Jacques restèrent en possession de Royan et Mornac jusqu'à la conquête de la Guyenne par Charles VII. Ce prince en fit prendre possession par lettres patentes datées de Saintes le 12, février 1441, puis il les donna en mariage à la seconde des filles qu'il avait eues d'Agnès Sorel, Marie de Valois quand elle épousa Olivier de Coëtivy, seigneur de Taillebourg, le 25 novembre 1458 ; et il se les fit délivrer les 27 et 28 décembre suivant. Dès son avènement à la couronne, Louis XI, poussé par la haine de ceux qu'avaient aimé et qui avaient fidèlement servi son père, admit en novembre 1461, la réclamation de Royan et de Mornac, faite par Jacques de Pons, fils de Renaud, comme étant son domaine propre.

Cette prétention combattue notamment par la pièce ci-contre, ne fut cependant réduite à sa juste valeur que par un arrêt du Grand Conseil, en date du 17 octobre 1468.

sinon que soit tant seulement devers le Roy pourchacer notre délivrance. Et aussi nous ladicte contesse volons et donnons en commandement à touz noz hommes et subgiez de noz terres qu'ilz facent serement tiel qu'il appartient en tiel cas audit Seigneur de Pons ou autre tel commé a lui plaira sur c'est fait; et si nous povoiont savoir n'y sentir que autres procurassent, feissent ou pourchassent aucun touchant au fait de ladicte guarde, nous lui promettons et jurons de lui faire assavoir, ou à ses commis chose contre ledit Seigneur de Pons ou ses commis, le plus tost qu'il viendra à nostre notice et l'empescher à tout notre pouvoir.

Item nous ladicte contesse voulons et consentons que ledit Seigneur de Pons mectet en la guarde de Royan six hommes et à Mornac quatre hommes, ou plus s'il estoit nécessaire, lesquelz nous voulons que soyent à noz propres guages, despens, mises et missions, eulx et leurs chevaultz. Item que nous ladicte contesse ne nous croistrons de gens dedans ledit chastel de Royan et autres lieux susdiz, fors que ceulx que nous avons aujourd'hui en nostre compagnie, sanz congie et licence dudit seigneur de Pons. Item que en cas que nous fussions defaillans de paier lesdiz guages, froiz, despens et missions susdiz, nous voulons et consentons que ledit Seigneur de Pons, ou ses commis, puisset et doyet prendre de fait tant de noz biens, quelcunque part que ilz les trouveront, pour accomplir ce qui dit est; et en oultre, volons et consentons que ledit Seigneur de Pons puisset et doyet tenir et detenir nostres diz chasteaux, lieux et terres jusques à ce qu'il en soit du tout satisfait, tant par lui que par ses commis et tant de ce qu'il ou ses commis auroit mis et fraié pour ladicte guarde, gages desdiz gens ordonnez èsdiz lieux ou par les despens, cousts et missions d'iceulx, comme dit est, et par reparacions necessaires desdiz chasteaux et forteresses qui par lui auroient esté faictes, on cas que nous fussions défaillens de les faire ou faire faire. Item de ledit Seigneur de Pons, ne nous soit tenuz rendre n'y restituer nostrediz chasteaux, lieux et terres jucques à ce qu'il et ses commis seront de tout ce que dit et enterinement satisfait et accompliz, tant du principal que nous eussons délivrance et mandement du Roy de nostrediz chasteaux ; et de ce que nous volons croire ledit Seigneur de Pons par sa simple parolle et foy, sans nul autre serement.

Et pour tenir guarder et accomplir toutes et chascunes les choses susdictes, et pour non venir encontre en aucune manière nous, ladicte contesse, avons obligée et obligeons audit Seigneur de Pons et à ceulx qui de lui aurons cause sous noz hoirs et successeurs et touz et chascuns nos biens meubles et immeubles, presens et advenir; et renoncions de nostre certaine science en cestui nostre fait à tout droit, usaige et coustume de païs et à tout establiment de roy et de pape fait et à faire, à toute cause de ignorance, à toute exeption de mal, de fraude, de barat et d'une chose faicte et autre escripte, et par especial a l'exeption de cestui, contraint non fait, non accordé, non passé, non receu, a tout droit introduit en faveur de fammes de nobles et de quelzconques personnes, et à la loi autentique *si qua mulier*, et à tout droit disant generalle renonciacion non valoir sinon en tant comme elle soit expressée et generaument à toutes autres excepcions de droit escript et non escript, canon et civil, cavillacions, raisons et deffenses par lesquelles nous pouroyons venir au contraire. Et avons juré aux saints euvangiles Nostre Seigneur, corporelment touché le Livre, tenir guarder et accomplir toutes et chascunes les choses dessus dictes et encontre non venir par nous ne par autres, taisiblement ou expressément.

Et nous ledit guarde dudit séel royal, ouy la confesse de ladicte contesse de et sur les choses susdictes, icelle presente et personnellement establie par devant nous, icelle voulent et consentent et recognoissant les choses susdictes estre vrayes, par le jugement de la court dudit séel royal l'avons condempné a tenir guarder et accomplir les choses susdictes, et ledit séel royal, que nous avons en guarde, a ces presentes lettres, à la prière et requeste de ladicte contesse. avons mis et apposé en tesmoing de vérité des choses susdictes.

Et nous ladicte contesse à ces présentes lettres nostre propre séel avons mis et apposé, à majour valour et fermeté des choses susdictes.

Fait à Royan-sur-Gironde, presens messire Bertrand de Montleon, chevalier, Guillaume Dyers, escuier et Jehan Ferme, clerc, tesmoings à ce appelez et requis ; et donné le XXIe jour du moys de Février, l'an mil troys cens quatre vingt-dix-huit.

Ainsi signé : GUILLAUME RYMER, clerc.

Vidimus original en parchemin, scellé sur double queue et délivré le 22 Mai 1439, sous le sceau établi aux contrats à Saint-Jean-d'Angély pour le roy de France. — (Chartrier de Thouars).

(Archives hist. de Saintonge et d'Aunis).

---

5 avril 1431

Les relevailles de Madame de Matha et de Royan, et le devoir du seigneur de Fouilloux d'Arvert.

A tous ceux que les présentes lettres verront et oiront, Ranulphe Peyron, chevalier et seigneur du Fouilloux et d'Arvert, salut éternel en Notre Seigneur. Sachent tous que je, ledit Ranulphe, tiens et reconnais tenir de noble et puissant seigneur Foucault de Mastas, chevalier, seigneur de Royan, à foi et hommage-lige et au devoir dessous déclaré toutes et chacunes les choses ci-dessous décrites, c'est à savoir tout ce que j'ai et tout ce qui est tenu de moi dans la paroisse de Saint-Augustin et d'abord ma maison ou mon hébergement de Charasson avec les hommes et habitants dudit lieu, et toutes ses appartenances et dépendances quelconques, soient terres, vignes, prés, bois, pâcages, et toutes autres choses : tenant d'une part au vivier de Charasson, lequel vivier est situé entre les terres du seigneur du Breuil et mes terres de Charasson, et dudit vivier, s'étend jusqu'au chemin par où l'on va dudit lieu de Charasson à Saint-Palais, et dudit chemin s'étend à Monchantereau, comprenant ledit mont et dudit mont allant le long des Gords de Corles. Item tient de mondit seigneur et reconnais tenir tout mon bois de Moulinvois, sans exception, et tient ledit bois d'un côté audit Gords de Corles en allant le long de la Montaille jusqu'au petit cours du Moulin, lequel cours et à la sortie dudit bois du moulin, et la tête dudit cours d'eau est à l'entrée de l'Epinay de l'abbaye de Vaux. Item reconnais tenir de mondit seigneur mon étang de Tantenet, qui est situé sur le grand Montmoulin d'un côté et de l'autre aux eaux claires de Saint-Augustin, lesquelles claires sont de la châtellenie de Mornac.

Item reconnais tenir de mondit seigneur tout le marais situé entre mondit étang et ledit Montmoulin en retournant le long des fossés du prieur de Saint-Augustin ; lesquels fossés s'étendent jusqu'au ruisseau venant de Saint-Augustin et dont la tête touche à mesdites terres de Charasson et de là retournant le long du marais jusqu'au passage de la Lourade du prieur de l'île d'Arvert et dudit passage allant le long du marais qui se rend audit vivier de Charasson ; lequel vivier le seigneur de la Mothe tient de moi dit Ranulphe avec toutes ces autres choses. Lesquelles toutes choses susdites et chacune d'elles, je ledit Ranulphe reconnait tenir de mondit seigneur, tant pour moi que pour ceux qui de moi, sous moi ou avec moi tiendront fief, avec la juridiction de soixante sols et un denier et le droit de prison, et le pouvoir d'incarcérer tous les délinquants dans les limites susdites et de les garder l'espace de neuf jours pendant lequel temps je suis tenu d'en informer mondit seigneur.

Si le cas est criminel et n'a pas été jugé dans ledit temps de neuf jours par mondit seigneur, je puis en disposer sans aucun empêchement. Item reconnais tenir de mondit seigneur, l'usage dans toute sadite forêt de Royan et les autres bois de sadite chatellenie savoir depuis l'orme de Virson jusqu'à la chatellenie de Didonne, lequel usage j'ai et je dois avoir de la même manière que mondit seigneur en use, exceptéque je ne puis rien vendre, ni donner; et je dois être franc de tout péage, coutume et autre devoir, sur terre ou sur mer.

Item, je tiens de mondit seigneur, mon usage dans toutes les eaux douces et salées de ladite châtellenie, comme dit est.

Lesquelles toutes choses et chacune d'elles, je ledit Ranulphe tiens et reconnais tenir de mondit seigneur à foi et hommage-lige et sous le devoir suivant, savoir : *que chaque fois et toutes les fois que l'épouse dudit seigneur aura accouché et fera ses relevailles des couches d'un enfant mâle dans l'intérieur de ladite châtellenie de Royan, je suis tenu conduire ladite dame à l'église le jour où elle se lèvera pour la purification et la soutenir sous l'aisselle droite et la ramener ainsi dans son logis ; moyennant quoi, je dois manger avec elle au haut de sa table.*

Et ce fief ou aveu, je le délivre audit seigneur, avec faculté d'ajouter, de diminuer, de changer, de corriger, de spécifier et plus amplement déclarer, si cela est nécessaire et parvient à ma connaissance, parce qu'il n'est pas dans mon intention de soustraire quoi que ce soit à mondit seigneur ; mais si quelque chose venait à m'échapper, qu'il daigne m'en informer et aussitôt je le déclarerai.

Et je certifie les présentes à tous ceux qu'il appartient ou pourra appartenir, par ces présentes lettres scellées à ma requête du sceau de mondit seigneur, en témoignage de vérité. Donné et fait en présence du seigneur Geoffroi Dossure et du seigneur Geoffroy Jourden, chevaliers. Donné le 5e jour du mois d'Avril de l'an de l'incarnation de N. S. (1431)

N. DURAND

Pour collation faite avec l'original.

L'original est en latin, Chartrier de Thouars, copie sur papier.

La miniature intitulée le cortège de la jeune mère, dans le volume publié par MM. F. Didot en 1871, sur les *Mœurs, usages et costumes du Moyen-Age*, se rapporte complètement au devoir du seigneur du Fouilloux envers la dame de Matha.

(L. de Richemond. — Documents historiques de la Charente-Inférieure).

1450 (1)

Détails sur le siège de Royan. Fragment d'un mémoire remis par les assiégeants au maître de l'ar-

---

(1) Cette date résulte d'un compte original de Jean Harsenet, maître d'hôtel du seigneur de Taillebourg, pour l'année 1450-1451 ; *Item* pour huit bœufs que j'ai bâillé à Taillebourg, hérault du seigneur dudit lieu emprès le siège de Royan, XL escuz. Le chroniqueur Jean Chartier, (édition Vallet de Viriville, vol. II, pages 241-243) ne cite pas Royan parmi les places attaquées par les troupes du roi de France, en Saintonge et en Guyenne. Entre autres chefs qui les commandèrent, il nomme Pierre de Louvain et Jean Bureau, mais non le sieur du Plessis.

tillerie (Jean Burreau) qu'ils envoyaient au roi Charles VII.

Item, ce fait, le landemain vindrent tous ensemble mettre ledit siège devant ceste place de Royan, auquel lieu ont tousjours esté depuis, pour ce que tous leurs bonbardes et canons se rompirent, réservé l'Oultrageux seulement.

Item dira que hier arrivèrent ycy Mongommery, Pierre Louvain et des gens de Brissac, accompagnez de soixante-quinze lances et VII ou VIIIJxx hommes de trait (1), et ont laissé tous leurs gens de là la Charente et encores s'en retournera ; le tiers desquels ont amené ycy pour ramener leurs chevaulx.

Item dira pareillement que mondit sieur du Pleissiez s'en vouloit en aler, pour cause que le roy l'avoit mandé, et que sur ce les cappitaines ont tous parlé ensemble et ont regardé que, s'il en aloit, qu'ils estoient trop peu à demourer ycy, considéré que ceulx dedans, se aident des Anglais, et sont des Anglais avecques eulx dedant et vont et viennent tous les jours à Madoc par mer quérir des vivres ; et aussi que tous les brigans d'entour Pons, Plassac, et Le...re se assemblent tous les jours avecques les Anglaz pour détrousser les chevaulx qui sont demourez entre la Charente et la Gironde, et desjà en ont destroussé bien cent soixante chevaulx en deux ou trois logis. Pour lesquelles choses ilz ont tous ensemble prié à mondit sieur du Plessiz qu'il ne bougast jusques à ce que ledit maistre de l'artillerie fust retourné, lequel pour ceste cause ils envoient devers le roy ; et mondit sieur du Plessis a esté content de ce faire d'ycy à huit jours, moyennant que on luy baille une partie de l'argent contant maintenant et que l'on se soit obligé à lui du remenant.

Item dient que Loys Pigneau, qui naguères est venu de devers monseigneur de Pons et de la Mote

---

(1) Cent quarante ou cent cinquante hommes.

avecques les Anglois, fait toute sa diligence pour trouver façon devers lesdiz Anglois de garder ledit siège.

(Chartrier de Thouars ; feuillet de papier, dont l'écriture effacée en partie, se rapporte au milieu du XVe siècle).

1458

Le 18 décembre 1458, la princesse Marguerite deuxième fille d'Agnès Sorel et de Charles VII épousa Olivier de Coëtivy, frère de Prigent, sénéchal de Guienne. Par des lettres données à Vendôme le 18 octobre 1458, Charles VII avait reconnu Marguerite pour sa fille et l'avait autorisé à prendre le nom et les armes de Valois — *en barrant l'écu de famille, ainsi qu'enfans naturels ont accoutumé de le porter.*

En faveur de son mariage avec Olivier de Coëtivy, Charles VII donna à sa fille les seigneuries *de Mornac et Royan.*

De ce mariage naquirent, Charles de Coëtivy, comte de Taillebourg, qui épousa Jeanne d'Orléans, tante de François Ier et trois filles dont une Marguerite de Coëtivy, épousa François de Pons, premier du nom, comte de Montfort et de Brouage, Marguerite dite de Valois mourut en 1473.

En 1468, le roi Louis XI fit un échange avec Olivier de Coëtivy devenu son chambellan.

Il lui céda la chatellenie de Rochefort-sur-Charente, qu'il détacha de son domaine, en échange des terres de *Royan et de Mornac*, que Charles VII avait données en dot à Marguerite de Valois.

---

24 juillet 1460

Coppie de la complaincte de Mademoiselle de Villequier à cause de sa terre d'Arvert, contre Monseigneur le seneschal de Guienne à cause de sa seigneurie de Royan.

Charles, par la grâce de Dieu, roy de France, au premier huissier de nostre Parlement ou nostre sergent qui sur ce sera requis, salut.

De la partie de nostre bien amée Anthoinecte de Maignelais, damoiselle vicomtesse de la Guerche et de Saint-Sauveur-le-Viconte, Dame d'Olleron, Marempnes, Arvert, et dudit lieu de Maignelais, tant en son nom que comme ayant bail, gouvernement et administration de Artus et Anthoine de Villequier, ses enfants, Nous a esté exposé en complaignant qu'elle est dame de la chastellenie, terre et seigneurie dudit lieu d'Arvert, laquelle, est de belle et grande étendue, et à cause d'icelle, a plusieurs beaux droiz, nobleces, prééminances et prérogativee comme droiz de chasteau, chastellenie, justice et jurs diction haulte, moyenne et basse, estancs, peschereis nauffrages, costes de mer et de rivières et autres à déclairer en temps et en lieu. Et ce commance d'un bout à la chenau de Chailleneude, en alant tout droit au long de ladite chenau jusques au pont de Feussaz et dudit pont au long des foussez jusques au pas de la mere et dudit pas jusques au long de la courze de Brèze et de ladite courze tout droit en elevant le boys de Brèze jusques à la laurède et de ladite laurède tout droit au long de la paluz jusques à la goule de la courze de l'estang de Barbereau, au travers de laquelle courze à l'issue dudit étang a une petite chaussée où l'on passe par dessus à pié et à cheval ou chemin par lequel l'on va dudit Arvert à Royan, laquelle course est de présent tellement occupée, tant par ladite chaussée que par les sables qui y sont, que l'ayve dudit estang qui soulait aller par ladite course à l'estang de Aiguedoulx, et de là à la mer de Gironde n'y puet de présent courir comme anciennement soulait faire, nonobstant que le chenau ou fousse de ladite courze de Barbereau, soit toute évidente et apparente, et de ladite courze de Barbereau en alant tout le long de ladite courze quequessoit du fousse d'icelle jusques à l'euze Brisson et dudit euze Brisson au travers de la fourest jusques audit estang d'Aiguedoulx que les sables venans de la mer de Gironde ont aussi octuppé depuis certains temps, et dudit estang en alant au travers desdits sables qui ont octuppé ledit estang d'Aigueldoux jusques au lieu où estoit anciennement le rivau de Breiaz qui soulait descendre dudit estang en ladicte mer de Gironde qui de présent est aussi octuppée desdits sables, en tirant d'ilec tout droit jusques à ladicte mer de Gironde et dudit lieu où estoit anciennement ledit rivau de Breiaz en alant a la coste de ladite mer de Gironde jusques à Maumusson et dudit Maumusson jusques à la moitié de Seudre, en retournant contrairement sur devers soulail levant par le meilleu dudit Seudre jusques à ladit chenau de Chailleneude.

Au dedans desquelles limites et confrontacions par-dessus déclairées ledit estang de Barbareau, appartenant à ladite exposante à cause de sadite chastellenie, terre et seigneurie dudit lieu d'Arvert, est situé et assis, onquel estang de Barbereau et à ladicte coste de la mer et partout ailleurs au-dedans des fins et metes et confrontations pardessus déclairées de ladicte chastellenie, terre et seigneurie dudict lieu d'Arvert, le tout à déclairer plus applain se mestier est, ladicte exposante a droit et en bonne possession et saisine de pescher et faire pescher, prandre et recueillir les nauffrages et faire touz autres exploiz quelz conques comme dame de ladicte terre, chastellenie et seigneurie dudit lieu d'Arvert, et autrement en possession et saisine d'en prendre et recevoir touz les droits, prouffiz, revenus et émoluments, les aspliquer à son proufist et en faire et disposer à son plaisir et volonté en possession et saisine que nostre et féal chevalier Olivier de Coëtivy, nostre seneschal de Guienne, ung nommé Guillaume Guillem, ne autre quelconque fois ladicte exposante, ses gens ou officiers au autres de par elle n'ont aucun droit de faire aucun exploiz ne aussi que veoir ny que cougnoistre esditz estangs de Barbereau costedemerne ailleurs au dedans, des fins et metes et confrontacions dessusdites en possession et saisine, que si lesdits chevalier et Guillem ou autre quelconque faisoit ou s'efforçoit faire le contraire, de le réparer et admander par justice et remettre tantost et sans delay au premier estat et deu tout ce qui aurait esté fait au contraire desditz droiz, saisines et possessions et autres à ce pertinants et afférens à déclairer plus asplain quant mestier sera. Ladite exposante a toujours joy et use plainement et paisiblement tant par elle que par ses prédécesseurs seigneurs dudict lieu d'Arvert, leurs gens, officiers et autres dont ladicte complaignante a droit et cause en ceste partie par tel et si long temps qu'il n'est mémoire du contraire quequessoit qui vault et souffit quant à bonne possession et saisine desdites choses avoir acquise, garder et retenir et par les ans et exploiz derreneris au droit et sceu de touz ceulx qu'ils ont voulu veoir et savoir, néantmoins ladicte complaignante estoit espossession et saisine devant dites et autres à déclairer plus asplain si mestier est, ledit Guillem accompaigné d'un compaignon que l'on dit estre portier dudit lieu de Royan, ayant avec lui une couleuvrine, environ Noël dernier passé ou autres desquelz ledit chevalier a eu et a le faict pour agréable, de leur auctorité privée et oultre le gré et voulonté de ladicte complaignante, se sont transportez ondit estang de Barbereau aspartenant à la complaignante à cause desdites terres et seigneuries dudict lieu d'Arvert avec une petite gabarre et ilec presens, reaument et de fait environ XIJ ou XIIJ retz ou filletz à prandre poisson appelés vernoux qui estoient à Nicolas Marteau et à Arnault Martin pescheurs de ladicte complaignante et depuis en May dernier passé, lesgens dudit chevalier lors estoit en sa compagnie jusques au nombre de XIIIJ chevaulx ou environ à la dite coste de la dicte mer de Gironde par de là le lieu où est ladicte course de Brèze en tirant vers ledit Maumusson en ladite terre d'Arvert. Ostent reaument et de fait present ledit chevalier ungs grans fillatz a pescher poisson appelé trainail a ung nommé Guillon Raymond homme et subject de ladicte complaignante à cause de sadite chastellenie, terre et seigneurie d'Arvert, jasoit ce qu'il ne fust aucunement en ladite terre de Royan par delà ledit lieu ou estoit autciennement ladite courze de Brèze et lesdits vernoux et trainail ont emporté et fait ce que bon leur a semblé, sans en avoir depuis volu faire aucune restitucion en eulx efforcent ou voulent efforcer par ce moien ou autrement étendre les limites de ladite terre de Royan, au dedans des fins, metes et confrontacions de ladite terre d'Arvert, jasoit ce que ladicte terre de Royan ne se puisse aucunement estandre ou dit estang ne paluz de Barbereau ne oultre ladicte courze d'icellui et dudit heuze Brisson que ledit estang d'Aicquedoulx ne aussi ledit rivau de Breiaz en tirant vers ladite terre d'Arvert, mais seulement se doit estandre ladicte terre de Royan depuis la cornière de la laurède qui est devers les terres estans devers l'ance en venant de ladite cornière de la Laurède lelong de ladite paluz de Barbereau, sans plus avant entrer par dedans ladicte paluz de Barbereau, tirant droite jusques a ladicte goule de ladicte courze dudit estang de Barbereau où est ladite petite chaussée actendu mesmement que les confrontacions dudit Royan ne s'estendent sinon en venant de la courze de Brèze au travers de la paluz tout droit à ladite laurède, toute ladite laurède enclouse et de ladite laurède icelle enclouse qu'il conviant prendre à ladite cornière d'icelle venant lelong de ladite paluz à ladite goule de ladicte courze de Barbereau sans plus avant entrer en ladite paluz, et de ladite courze de Barbereau a ladite heuze Brisson, et dudit heuze de Brisson tirant droit audit estang d'Aiquedoulx et que ledit sable a octupé et d'ilec audit lieu où estoit anciennement ladicte courze du rivau de Breiaz, tirant droit à ladite mer de Gironde, sans plus avant entrer ne aler du cousté de ladite terre d'Arvert. Et ont fait lesdits chevalier Guillem et autres ses gens et officiers desquelz il a eu et a le fait pour agreable plusieurs autres exploiz, le tout desdites chouses a déclerer plus applein en temps et en lieu quand mestier sera contraires et préjudiciables es dits droiz, saisines et possessions de ladite complaignante, en troublant et empeschant ladite complaignante, en ses ditz droiz, saisines et possessions à tort, sans cause, indeument et de nouvel et puis an et jour en ça on très grant grief, préjudice et dommaige de ladite complaignante. Et plus pourroit estre se par nous n'estoit sur ce pourveu de remède convenable, si comme elle dict humblement requerir icellui. Pourquoy, nous les choses dessus dites considérées, et mandons et requerrons que appelez nostre dit chevalier, ledit Guillem et autres qui pour ce seront a contraindre rigoureusement et sans deport par toutes voyes et manières deues et raisonnables et se suite naist, debat ou opposition, le debat, choses contencieuses prises et mises en notre main, comme souveraine la nouvelleté ostée verbaument et sans demolicion et retablissement fait premièrement et avant tout euvre des choses prises et levées, actendu que de cas de nouvelleté la congnoissance appartient premièrement à nos juges et officiers et que les choses contencieuses sont assises en nostre seneschaucée de Xainctonge, à donner les oppositions en faisant ledit debat acertain et compectant jour par devant nostre seneschal de Xainctonge ou son lieutenant à son siège de Xainctes, pour dire les causes de leur opposition, respondre à ladicte complaignante sur les choses dessus dites, leurs circonstances, et deppendances, proceder et aler avant en oultre selon raison en certifiant souffisamment audit jour nostre dit seneschal ou son dit lieutenant de tout ce que fait aura sur ce auquel nous mandons et pour les causses dessus dites commettons que aux parties icelles oyes, facent bon et brief droit et accompliment de justice de jour en jour en assise et dehors par briefs et complets intervalles et sans attendre d'assises. Car ainsi nous plaist il estre faict non obstant us, stile et coustume de pais griant a attendre d'assise et lectres subreptices impectrées ou a impectrer à ce contraires. Mandons et commandons à tous nos justiciers, officiers et subgiectz que à toy en ce faisant obeissent et entendent déligemment Donné à Blerc, le XXVIJ· jour du moys de Juin l'an M.C.C.C.C. soixante et de nostre règne le XXXVIIJ. Ainsy signé. Par le roy à la relacion du conseil : Daniel. Donné pour coppie et collacion faite à l'original par moy Nau Erouart, sergent général du Roy nostre Sire, en la ville et gouvernement de La Rochelle, le XXIIIJ (23e) jour de juillet l'an mil C.C.C.C. soixante.

(Signé) : N. EROUART.

Parchemin, scellé d'un sceau en cire rouge brisé.

CHARTRIER DE THOUARS

L. de Richemond. Documents historiques de la Charente-Inférieure).

---

10 Octobre 1486.

On lit dans le livre de Dépenses de l'Hôtel du Comte de Taillebourg, à la date du 10 octobre 1486.

Ce jour a été envoyé ung grant poisson appelé

Morhoux, prins à l'entrée des douhes de Royan par le capitaine et officiers dudit lieu et envoyé à Monsieur le comte Charles de Coëtivy, comme son droit d'aventure de couste. Et estoit ledit poisson de forme de doulphin réservé la teste, et plus grand deux fois, et a esté donné et departy en plusieurs lieux par mondit seigneur, comme de chose nouvelle.

A propos de ce poisson furent faites les dépenses suivantes : « A Michau serviteur du sieur de Beautreuil, capitaine de Royan pour avoir apporté le Morhours déclaré de l'autre part à mond. seigneur avec II autres compaignons en sa compagnie et II flur treet a eulx donné par mond. seigneur Lvs. »

« A Nicolas Martineau pour despences par lui faite à Coignac où Mademoiselle (la comtesse Jeanne d'Orléans) l'a envoyé porter à Madame la Comtesse d'Angoulême sa mère, la moitié dudit Morhours et en sa compaignie Jehan Lorens, cousturier, et deux chevaulx, VIIs. VIs.

« Aud. — Jehan Lorens, pour la salaire de luy et de son cheval, d'avoir mené ledit Morhours audit Coignac en la compaignie dudit Nycolas, oultre ses dépens Vs.

(Arch. Hist. du Département de la Charente-Inférieure).

---

24 Octobre 1498

Arrêt du Conseil d'Etat conternant le sauvetage d'une horque (navire) d'Allemagne par des marchands et mariniers de Royan.

Loys par la grâce de Dieu roy de France, au sennechal de Xainctonge ou son lieutenant, salut. L'umble supplicacion de nos amez Jehannot Esmes et Micheau Mosnier, marchans, demeurans à Royan, consors en ceste partie, avons receue, contenant que dès l'an qu'on comptoit mil IIIJ c III Jxx et dix, certaine horque d'Allemagne arriva à la grant mere d'Espaigne, hors l'île de Cordouan, laquelle fut habandonnée par les maistres mariniers et marchands et laissée à la mere toute entière, garnie de ses apareilhz, où elle demeura certains jours.

Quoy voyans, lesditz supplians se esquipèrent deux pinasses à eulx appartenant et aultres jucques au nombre de cinq, avecques gens et compaignons mariniers, lesquels trouvèrent ladicte horque à la mere, sans garde de personnes quelconque, par quoy considérans lesdits supplians le dicte horque estre abandonnée et en danger de perdicion et qu'elle pouvait estre à eulx comme premiers occupans et à l'Admiral, si levèrent et firent lever les ancres d'icelle et conduisirent devant le havre de Royan, où elle demeura à l'ancre certains temps, pendant lequel elle fut pillée par les Bretons de certains apareilhz et depuis le maistre a ladicte horque se arriva audit lieu de Royan avecque Guillaume Lalouenne, nostre sergent, et aultres officiers, par commandement desqueulx et après que ledit maistre eut fait apparoir que ladite horque lui appartenait, la lui rendirent et restituèrent et la conduisirent jusques au port et havre de nostre ville de Bourdeaux, où ilz la luy délivrèrent et en eurent leur descharge et acquit. Et jaczoit ce que en ladicte horque nostre très chier et amé cousin le conte de Taillebourg n'eust droyt que veoir ne que congnoistre, et qu'elle n'eust esté prinse ne récouverte en aucun lieu de ses seigneuries, néanmoings à l'occasion de ce que dit est, il fit prendre et constituer prisonnier par un sien serviteur, nommé Hélies du Reffuge, lesdits suppliants et les fit par longtemps detenir prisonniers, l'un ès prisons sur les ponts dudit Taillebourg et l'autre en la tour de Melle, et cependant Pierre Vallant, marchant, demeurant audit Royan, et feu Jehan le Paludier furent devers ledit comte de Taillebourg et pour délivrer et mectre hors desdictes prisons lesdicts supplians, luy offrirent entrer pleges (otages garants), pour eux, mais avant qu'il les voullust à ce recevoir, lesditz supplians furent contraintz confesser ladicte horque avoir appartenu audit comte de Taillebourg et avoir été prinse en sa seigneurie, jaczoit ce que le contraire de tout soit vérité, et eulx obliger pour raison de ce envers lui en certaine grant somme de deniers à eulx impossible et très difficile de payer, en leur disant que de la matière ne seroit jamès parlé.

Et combien que ladicte confession et déclaracion ayt este faicte par lesdits suppliants contre vérité et affin d'estre delivrez desdictes choses, aussi ladicte obligacion ait esté passée sans cause et pour craincte et doubte desdites prisons et pour en estre delivrez et au moyen des promesses que ledit comte de Taillebourg faisoit que jamès de ladicte matière ne seroit parlé, par quoy en cuy doyent estre lesdits suppliants quietes et que jamès question ne leur en seroit faicte, aussi que ne icelle obligacion faisant et passant ilz ayent esté très énormément de ceuz, toutefois, soubz umbre d'icelle et à l'occasion de certaine hayne et malveillance que ledit comte de Taillebourg a concueue sans cause ne matière, à l'encontre desdits suppliants, mesmement dudict Esmes, si leur adonné ou fait donner depuis menasses de les contraindre, ensemble leur plèges à payer ladite somme, qui seroit en leur très-grant grief, préjudice et dommage, et humblement requérant sur ce nous y faire provision.

Pour ce est-il que Nous, ces choses considérées, qui ne voulons tielz contraitz deuplifz et frauduleux sourter effectz, vous mandons et pour ce que de telles matières la congnoissance en appartient à nos juges et officiers et que lesdites parties sont demeurans en vostre dicte seneschaucée et que ladicte obligacion ait esté faicte sans cause et par crainte et double desdictes prisons esquelles lesdits suppliants estoient détenuz sans matière soufisante, et que en icelle obligacion faisant et passant ilz aient estre (esté) très normément de ceuz, ou de tant que souffire doye, en ce cas cassés, rescindez, annullez, et mectez du tout au néant ladicte obligacion et comme cassée nulle et de nul effect à valoir, la faicte rendre et restituer aux dicts suppliants et ad ce faire contraignez tous ceux pour qui ce seront à contraindre par toutes voyes et manières deues et raisonnables, en faisant, en cas de débat, ausdictes parties oyes raison et justice, car ainsi nous plaist-il estre fait nonobstant ladicte obligacion ainsi faicte et passée depuis dix ans en eza et à quelconques autres obligacions ou renonciations sur ce faictes et passées par foy et serment, que ne voulons ausdits suppliants nuyre ne préjudicier en aucune manière, ainsi que par tant que mestier est, les avons relevé et relevons de puissance spéciale par ces présentes de rigueur de droit, us et style et lettres subreptices à ce contraire, pourveu que desdits foy et serment lesdits suppliants ayent dispensacion de leur prélat ou d'autre ayant pouvoir ad ce.

Si donnons en mandement par ces mêmes présentes au premier huissier de ladicte court ou nostre sergent sur ce requis que ledit comte de Taillebourg et autres qu'il appartiendra, il adjourne à certain compestant jour par devant vous où voustre lieutenant pour procéder sur l'entérinement de cestez noz presentes, respondre, procéder et faire en oultre comme de raison, en leur faisant expresse inhibicion et deffense de par nous sur certains grans peines à nous à appliquer, que cependant et juiques ad ce que par nous et justice autrement en soit ordonné ils ne vengent, travaillans ou molestans pour raison de ce qu'il est en corps ou en biens lesdits suppliants ne leur pleges en aucune manière.

Mandons et commandons à tous noz justiciers et subgectz que ausdit huissier ou sergent en ce faisant sans Pareatis soit obey.

Donné à Bordeaux, le XXIIJJ[e] d'octobre l'an de

grâce mil quatre cens quatre vingt dix-huit, et de nostre règne le premier.

Ainsi signé : Par le Conseil,
PÉCHOT.

Et scellé à queuhe large simple en cire jaulne.

(CHARTRIER DE THOUARS)

Copie en forme sur papier qui fut signifiée au comte de Taillebourg par Jean David, sergent royal de las sénéchaussée de Saintonge, le 30 octobre 1498.

(L. de Richemond. — Documents historiques de la Charente-Inférieure).

---

30 Décembre 1505

Munificences du Comte de Taillebourg, seigneur de Royan, envers ses vassaux.

Aujourd'hui, pénultième jour du mois de décembre l'an 1505, par devant nous Pierre Vallée et Charles de Carneville, notaires royaux, personnellement établi noble Guillaume Gua (1) écuyer, seigneur de la Touche, lequel en nom et comme l'un des exécuteurs testamentaires de feu très haut et très puissant messire Charles, en son vivant comte de Taillebourg, seigneur de Coetivy, prince de Mortaigne-sur-Gironde et chevalier de l'ordre du Roy notre sire, a dit et déclaré es manants et habitants de la ville et chastellenie de Royan que ledit feu mondit seigneur le Comte avoit, par son dit

(1) Cette famille saintongeaise fut illustrée par Pierre du Gua, seigneur de Mons, fondateur d'Annapolis ou Port-Royal dans la Nouvelle Ecosse sous le règne de Henry IV.

L. DE RICHEMONT (Documents hist. etc.).

testament, codicille et ordonnance, pour certaines causes, voulu et ordonné que ceux qui aucune chose devoient du doublement des cens et rentes en deniers qu'il avoit commandé du être levé sur ses hommes et tenanciers par un an entier, en demourassent quittes. Et en tant que touchoit ceux qui avoient payé ledit que ledit doublement n'eut ne n'ait été levé sur lesdits habitants de ladite chastellenie sauf sur certains tènements d'une partie du fief de Messire Guillaume de Rioux, alias de Didonne, lesquels auroient payé ledit doublement. A été donné ce qu'ils pouvoient devoir de leurs cens et rentes à cause dudit fief et ordonné en récompense de ceux qui l'ont payé qu'ils demoureront quittes et déchargés desdites rentes pour un an entier, commençant à la fête de Noël dernière passée et finissant à même fête, la dernière desdites fêtes excluses.

Et a été déchargé le receveur de Didonne qui a accoutumé de lever les deniers dudit fief, de tenir aucun compte desdits deniers pour ladite année.

Et au surplus, en tant que touche le guet que lesdits habitants auroient et ont accoutumé faire à ladite ville de Royan, parce que aucunes clameurs ont été faites de la forme de faire le guet, a été ordonné que, les Rôles de la taille des paroisses de ladite chastellenie de Royan vus, ledit guet, sera fait et continué en la forme que par ci-davant a été : c'est assavoir qu'il y aura toutes les nuits huit desdits habitants pour faire ledit guet ou chasteau et sur la muraille de ladite ville, auxquels sera pourvu par le capitaine ou lieutenant dudit chateau, de logis pour faire ledit guet ; lequel capitaine ou lieutenant sera tenu tous les soirs établir le lieu et place esdits huit habitants ordonnés pour faire ledit guet, et paravant ladite établée crier par trois fois à l'Establye. Et (dans le cas) où aucun deffaudroit de se rendre au jour qu'il devra faire fedit guet, sera tenu ledit capitaine ou lieutenant ou portier mettre ou louer un homme en son lieu et faire payer au défaillant dix deniers pour ledit défaut. Et par le précompte du nombre desdits habitants, en regard au nombre de huit hommes par nuit, a été trouvé que le dit guet sera fourni en le faisant par chacun desdits habitants de quarante en quarante jours, en ce non compris les habitants du Broil de Pas et certain petit nombre d'hommes demourant sur le marais de Mornac, lesquels ont accoutumé par ci-davant être quittes dudit guet en payant audit capitaine ou lieutenant certain avenage.

Et touchant la clameur des biańs et corvées que les gens de bras disoient être contraints à faire quatre fois par chacun an, et ensuivant la forme que ledit bian, a été ordonné que lesdites gens de bras feront ledit bian lorsque l'on fera charroyer les bleds de ladite seigneurie et couper le bois nécessaire pour le chateau seulement, sans que l'on puisse traire à autres bians faire. Et au regard des laboureurs ayant charrue de six bœufs (ils) feront lesdits bians quatre fois l'an, en la manière accoutumée, et (dans le cas) ou chacun desdits laboureurs n'auroit que deux bœufs ou quatre qui ne seroient suffisants pour faire un bian, sera baillé aide convenable et nécessaire.

Et au regard de la garde porte que les habitants de ladite ville de Royan ont par ci-davant accoutumé à faire, a été ordonné, en sensuivant certaine ordonnance sur ce faite par mondit seigneur, que mondit seigneur fournira d'un homme à ladite porte et lesdits habitants d'un autre, lesquels feront résidence à ladite porte depuis qu'elle sera ouverte jusqu'à ce qu'elle soit close.

Et (au cas) où aucun desdits habitants défoudroit à faire ladite (garde) porte, pourra ledit homme commis par mondit seigneur y en fournir un pour le défaut, et lever ou faire lever sur lui dix deniers pour ledit défaut.

Desquelles choses et chacune d'icelles a été donné acte ou lettre testimoniale, auxdits seigneur de la

Touche et habitants icelui requérants pour valoir et servir en temps et lieu et pourra et devra de raison.

Fait sous nos seings manuels, les jour et an que dessus.

P. VALENT,
Carneville.

(Original sur papier. Orthog. rectif.)

CHARTRIER DE THOUARS

Du 12 au 20 Novembre 1548.

Inventaire des cloches, batons d'armes et pièces d'artillerie apportées au chateau de Royan, en vertu des ordres du Roy (1), par les habitants des paroisses de Breuillet, le Chay, Cozes, Dercie, Médis, Meschers, Mornac, Saint-Georges-de-Didonne, Saint-Palais, Saint-Sulpice, Saujon, Semussac et Vaux.

A. — Extraict des cloches misses en chasteau de Royan, par commandement du Roy, le XII je de novembre mil cinq cens quarante huict.

Premièrement de la paroisse de Sainct-Sulpice a esté amené ondict chasteau le nombre de quatre cloches, dont il y en a deulx grousses et deulz moyennes, que Liot Bronchart, Jehan Norment, André Marie, Jehan Vouillac l'esné, habitans dudit Sainct-Sulpice, ont mis audit chasteau.

Plus le XII je dudit moys, Bernard Barbier, Martin Frezil, Jehan Grousseau, Estienne Garin,

---

(1) Ce désarmement fut motivé par la célèbre insurrection causée par l'établissement de la gabelle et la rigueur avec laquelle on percevait cet impôt.

L'enlèvement des cloches avait pour but d'empêcher de sonner le tocsin.

Estienne Cousturier, Jehan Graton et Pierre Binault ont mis au chasteau de ceste ville deulx cloches moyennes, de la paroisse de Saincte-Pallaye-de-Royan.

Item ledit jour, Arnauld Betis, Pierre Billon, Masé de la Gorse et Pierre Robin, habitans de la paroisse de Sainct Martin du Chay, ont mys aud. chasteau de Royan le nombre de trois cloches, dont l'une grousse et deux moyennes.

Plus le XIIIe jour dudit moys, Jehan Delidon, François Boutecore, Jacques Jucail, Raoullet Thouzeau, Philipon Monhomme, Jacques Bigot, Raoullet Auguet. François Texier et Guillaume Besson. habitans de la paroisse Saint-Jean et Saint-Martin de Saujon, ont mis et délaissé on chasteau de Royan le nombre de huict petites cloches, dont les deux plus grandes sont rompues dixpersées et lesdictes piesses enffoncées en une barricque, sont les testes desd. deulx cloches rompues, avecques quatre eschilles (clochettes) servent pour aller en prossession, qu'ilz ont enfonsé en une barricque et icelle délaissée aud. chasteau.

Ledit jour et an que dessus, Mathurin Leclerc et Jehan Morlon, habitans de la paroisse de Saint-Augustin de Royan ont mis et délaissé audit chasteau de Royan deulx petites cloches, entournées, lesquelles ont leur tour.

Plus ledit jour Thomas Horry, habitant de la paroisse de Saujon, a mis et délaissé au chasteau de Royan deulx cloches petites, lesquelles ont leur tour.

Plus le XIIIe jour dudit moys... les habitans de Semussac ont mis et délaissé audit chasteau deulx grousses cloches et deulx moyennes.

Plus le XIIIe jour dudit moys les habitans de la paroisse de Darcye ont mis et délaissé au chasteau deulx cloches moyennes.

Item, le XXe jour de novembre, les habitans de la paroisse de Cozes ont mis et délaissé on chasteau de ceste ville de Royan le nombre de sept cloches. Y en a quatre grousses, dont la seconde des deulx grousses est rompue en deulx pièces, et les autres sont petites.

Item ledit jour... les habitans de la paroisse de Saint-Pierre de Médis ont mis et délaissé audit chasteau de Royan, le nombre de quatre cloches, dont y en a deulx grousses et deulx moyennes, avecques une petite enquore en son feuz et deulx eschilles que on porte en procession.

Item. ledit jour... les habitans de Meschiers ont délaissé ond. chasteau le nombre de quatre cloches, deulx grandes et deulx moyennes.

Plus ledit jour, les habitans de la paroisse de Sainct-Pierre de Royan ont mis et délaissé en la ville de Royan quatre cloches dont deulx grousses et deulx moyennes, et une roue garnie de onze petites eschilles.

Plus ledit jour, les habitans de la ville de Royan ont mis deulx petites cloches ond. chasteau.

Plus, les habitants de la paroisse de Vaulx ont laissé quatre cloches moyennes en la basse court de Royan.

Plus les habitans de la paroisse de Sainct-Georges-de-Didonne ont laissé en la basse court de Royan troys cloches, deulx moyennes et une petite.

Plus, les habitans de la paroisse de Mornac ont laissé en la basse court devant le chasteau six cloches moyennes.

Plus le XXe jour dudit moys, les habitans de la paroisse de Breuillet ont laissé troys cloches, une moyenne et deulx petites.

LOUBEST DU GUA

Ecuyer, seigneur de Mons, capitaine du chasteau de Royan pour François de la Trémoille (1).

(1) La Trémoille, famille noble, qui tirait son nom d'une terre du Poitou et dont les principaux membres furent : 1° Guy de la Trémoille, mort en 1398. Il défendit Troyes contre les Anglais (1380) ; accompagna Louis XII de Bourbon en Afrique, fut fait prisonnier à la bataille de Nico-

B. — Inventaire des armes, bastions aportés au chasteau de Royan par les habitans de la chastellenie dudit Royan.

Et premièrement treze douzaynes harbalestre.

Plus douze arquebuses.

Plus cincq esquailles.

Plus troys brigandynes.

Plus quatre vingt onze espées, dont il n'y a plusieurs qui n'ont poinct de foureaulx, tielles quielles.

Plus vingt-quatre demyes espées, tielles quielles.

Plus vingt-deulx dacques, tielles quielles.

Plus trente-deulx picques, tielles quielles.

Plus cincq douzaines et demyes tant javellynes et bastons à deulx bous que dardilles.

LOUBEST DU GUA.

C. — Inventaire des pièces d'artillerie, bastions d'armes et aultres des paroisses de Meschiers, Sainct-

---

polis (1396) et mourut en revenant en France ; 2° Georges de la Trémoille, comte de Guines, de Boulogne et d'Auvergne, favori de Charles VII, mort en 1446. Il assassina le comte de Giac dont il épousa la veuve et entra dans la Praguerie ; 3° Louis, sire de la Trémoille, vicomte de Thouars et prince de Talmont né en 1460, mort en 1525. Pendant la minorité de Charles VIII, il commanda les troupes royales, remporta sur le duc de Bretagne, François la bataille de Saint-Aubin-du-Cormier (1488) et y fit prisonnier le duc d'Orléans (depuis Louis XII). Il assiégea Rennes (1492) obtint le gouvernement du Poitou et de l'Angoumois, fut mis par Louis XII à la tête de l'armée qui occupa le Milanais (1500) ; contribua à la victoire d'Agnadel (1509), perdit contre les Suisses la bataille de Novare (1513) et fut sous François Ier l'un des héros de Marignan (15 5). Il fut tué à la bataille de Pavie (1525) ; 4° Henri-Charles duc de la Trémoille, né à Thouars en 1620, mort en 1672. Il a laissé des mémoires publiés par Griffot-Liège 1767, (in-12). Cette famille existe encore et le duc de la Trémoille actuel est membre de l'Institut.

Georges-de-Didonne et Semussac aportés par les habitans d'icelles paroisses ou chasteau de Royan.

Et premièrement dud. Meschiers : deulx faulconneaulx garnis de chasses et montés sur roues, plus deulx harquebustes à croc ; le tout en fonte .

Plus quatre pièces de fer, garnies de onze boytes.

Plus dix-neuf que picques que demyes picques, tielles quielles.

Plus trente huict que javellynes que dardes, et tout tiel quiel.

Plus dix-huict fourches de fer.

Plus quarante-neuf que voulques, bastons à deulx bous et petites dardilles, desquelx bastons à deulx bous en y a qui n'ont que ung fer ; le tout tiel quiel.

Plus vingt-deulx meschans bastons ferrés d'ung bout seulement de meschans fers.

Plus harbalestre six vingt-six, dont n'y a plusieurs qui n'ont noix ne bandages ; et n'y en a trois rompues.

Plus vingt-sept harquebustes, que grandes que petites.

Plus soixante et seze espées, que longues que courtes et une partie rompue, presque toutes sans fourreau.

Plus soixante que mandoses que dagues, le tout rouillé et de peu de valeur.

Plus troys rondelles.

Plus quatre broches de fer.

Plus deulx halebardes.

De la paroisse de Médis.

Premièrement soixante et dix harbalestre, dont n'y a plusieurs qui n'ont noix ne cordes.

Plus douze que harquebustes que pistolles.

Plus vingt-neuf que javellynes, demyes picques et dardilles ; le tout tiel quiel.

Plus vingt-sept espées, tielles quielles.

Plus vingt-huit que petites espées que dagues.

Plus vingt-neuf que voulgues, que bastons a deulx bous, dont n'y a partie qui ne sont ferrés que d'ung bout.

Plus vingt-sept fourches de fer.
Plus deulx halebardes.
Faict le prézent inventayre ondit chasteau de Royan, le vingtième jour, du moys de novembre l'an mil cinq cens quarante huict.

CHARTRIER DE THOUARS LOUBEST DU GUA
(Archives hist. d'Aunis et de Saintonge).

---

30 Avril 1559

Le 30 Avril 1559 intervint, entre le vicomte de Bourdeilles, au nom de son épouse, et le seigneur d'Availles, une transaction par laquelle celui-ci se démit, en faveur de Jacquette de Montberon, de tous ses droits sous la seigneurie d'Archiac.

De son côté, la vicomtesse de Bourdeilles céda à son frère tout ce qui lui appartenait dans les paroisses et seigneuries de Barret et de la Garde, en Saintonge, à condition qu'il tiendrait le tout à foi et hommage de la seigneurie d'Archiac, et (au devoir d'un épervier ou d'une maille d'or valant vingt cinq sous).

(*Brantôme, édit. in*-18. *La Haye*, 1740, *tome XV*, *p*. 148).

La maison de Bourdeilles orginaire du Périgord était depuis longtemps naturalisée dans la haute Saintonge. Jean, fils aîné de François II de Bourdeilles était prieur de Royan et de Saint-Vivien de Saintes. Plus tard, il quitta la professisn ecclésiastique pour celle des armes, et acquit quelque réputation sous le nom de capitaine Bourdeilles.

En changeant d'état, il se démit de ses prieurés de Royan et de Saint-Vivien au profit de son frère qui devint célèbre depuis sous le nom du sieur de Brantôme

Pierre Bourdeilles, Prieur de Royan, seigneur et abbé de Brantôme. — Chroniqueur et écrivain, né à Bourdeilles (Périgord) entre 1527 et 1540, mort le 15 juillet 1614. Pourvu dès sa jeunesse de la riche abbaye de Brantôme, il mena une existence mondaine à l'armée et à la cour, se mêla à toutes les intrigues de son époque et se retira dans ses terres en 1582, à la suite d'une chute de cheval qui le rendit impotent. Il consigna les souvenirs de sa vie dans ses écrits d'un style naïf et piquant mais souvent cynique ou scandaleux. Ecrivain sans préjugé et sans passion, il a jugé, avec impartialité, les hommes et les événements de son siècle.

Ses fameux « Mémoires du Seigneur de Brantôme » ont été souvent réimprimés. Les œuvres de Brantôme comprennent : Vies des hommes illustres et des grands capitaines français ; Vies des grands capitaines étrangers ; Vies des Dames illustres ; Vies des Dames galantes ; Anecdotes touchant les duels ; Rodomontades des Espagnols.

Il a été publié plusieurs éditions collectives des œuvres de Brantôme avec des biographies par Monmerqué (1822) Merimée et Lacour. — Brantôme avait deux sœurs et trois frères, dont le plus éminent fut André de Bourdeilles, conseiller privé et gouverneur du Périgord en 1572 jusqu'à sa mort en 1582. Sa vie, ses écrits militaires et sa correspondance, forment le huitième volume de l'édition de Brantôme par Monmerqué.

1569

En 1569, pendant les guerres de religion, le chef catholique La Rivière Puytaillé s'empara du château de Mornac, faillit surprendre Talmont sur la Gironde, et occupa Royan sans coup férir. De là, se repliant sur les îles de Marennes, il enleva la Tremblade et attaqua le fort d'Arvert où il fut blessé.

(De la Villegombelain. — *Troubles civils de France sous Charles IX, An* 1569).

1570

En 1570, le chef huguenot, le comte de la Rochefoucault, après la prise du château de Soubise, ayant mis une garnison dans cette place, se porta rapidement sur la Seudre à la tête du reste de ses gens. Tout le littoral de l'Océan, depuis la Charente jusqu'à la Gironde se soumit à son pouvoir, sauf Brouage et Royan.

(*Mémoires de Castelnau, liv. VII, chapitre II*).

Vers le même temps, le baron de la Garde étant sorti de la Gironde avec ses galères, vint prendre terre à Royan et pensa surprendre le régiment d'Asnières, cantonné près de ce bourg. Pendant que les calvinistes opéraient leur retraite vers Saujon, le porte-enseigne d'Aubigné, avec trente arquebusiers à cheval, vint donner sur les avant-postes catholiques avec tant de vigueur, qu'il arrêta quelques instants la marche du baron de la Garde, et donna à son régiment le temps de s'emparer d'une position avantageuse où l'ennemi n'osa venir l'attaquer. Mais il déploya dans cette action une telle impétuosité, qu'il fut atteint presque aussitôt, d'une fièvre continue qui fit craindre pour ses jours. Se croyant près du tombeau, il confessa, en présence des capitaines qui entouraient son lit (les excès et les pillages) qu'il avait commis en divers lieux avec ses soldats.

Cette confession comme il l'écrit lui-même était

de telle nature qu'elle fit dresser les cheveux à ceux qui l'entendirent.

(*Hist. secrète de d'Aubigné, en tête des Aveux du Baron de Fœneste*. Cologne 1729, p. 19.)

Théodore Agrippa d'Aubigné, compagnon d'armes de Henri IV, écrivain satirique protestant, né à Saint-Mauris, près de Pons (Saintonge) en 1550, mort à Génève en 1630. Le roi de Navarre, charmé de sa bravoure, de l'originalité de son esprit et de la noblesse de son caractère, lui voua une amitié que n'altérèrent jamais les écarts d'une franchise souvent imprudente. Disgracié lorsque Henri fut devenu roi de France, il se retira dans son gouvernement de Maillezais et consacra ses loisirs à composer une « Histoire universelle de 1550 à 1601. (Maillé, Saint-Jean-d'Angély (1616-20) ; 3 vol. in fol.), ouvrage plein de détails piquants. Le troisième volume de cette histoire fut brûlé par ordre du parlement, et l'auteur qui s'était déjà enfui à Genève, fut condamné à l'échafaud (1620).

Il fut encore condamné à mort, quelque temps après, pour avoir employé à la réparation des bastions de Genève, les matériaux d'une ancienne église. C'était la quatrième fois qu'il encourait cette peine, pour son honneur et plaisir. disait-il.

Il montra le cas qu'il faisait de cette sentence, en se remariant presque aussitôt, à l'âge de 72 ans.

Ses œuvres comprennent : « Les Tragiques »; sept satires passionnées : « Les Aventures du baron de Fœneste»; «la Confession catholique du sieur de Sancy»; «des lettres»; «un Libre discours»; «des Petites œuvres» en prose et en vers ; et son autobiographie, sous le titre d'Histoire secrète de Théodore Agrippa d'Aubigné.

D'un premier mariage avec Suzanne de Lezay, il avait eu entre autres enfants : Nathan d'Aubigné de la Fosse, médecin à Genève, auteur d'une Bibliotheca chemica (1654) ; et Constant d'Aubigné qui fut père de Mme de Maintenon.

— 1573 —

Le capitaine calviniste Compet depuis appelé Saujon, s'empare du château de Royan, dont il fut bientôt dépossédé par les royalistes ayant Biron à leur tête (Brantôme, *Hommes illustres, art. Biron*).

— 1574 —

Dans la Saintonge, l'Aunis, le Poitou, la Guienne et les provinces voisines, les huguenots sous les ordres de La Noue et de ses lieutenants se saisirent de plusieurs places mal gardées par de faibles garnisons. La ville et le château de Pons furent livrés au sieur de Plassac par les habitans, Royan fut pris par escalade et Talmont se rendit. Une bicoque sans nom coûta plus au parti protestant. Un de ses chefs les plus aimés, Pontus de Pons, sieur de la Case, brave, lettré, généreux, digne ami de La Noue, fut tué d'un coup d'arquebuse pendant qu'il parlementait pour éviter l'effusion du sang.

(*D'*Aubigné. *Hist. univ. tome II; liv. II, p.* 4).

— 1577 —

En 1577, Condé avait détaché le capitaine Arnaud avec un vaisseau et trois pataches pour aller reconnaître la flotte catholique. Ce capitaine étant entré dans la

Gironde, fut attaqué par quatre navires auxquels il échappa, non sans peine, à l'exception d'une de ses pataches qui fut livrée par un basque qui la commandait. Arnaud vint ensuite mouiller en vue de Royan, à l'embouchure de la Gironde. Ce château appartenant à la maison de la Trimouille, était occupé pour le prince de Condé, par Compet, baron de Saujon. Arnaud prit terre sous les murs de cette place avec une partie de ses gens, au moment où le duc de Mayenne, dont l'armée était déjà entrée en Saintonge, venait, accompagné de Puygaillard en reconnaître les approches.

Le général catholique s'apprêtant à descendre en Aunis, aurait bien voulu ne pas laisser derrière lui le château de Royan, seule place dont il ne fut pas en possession dans la haute Saintonge.

Mais les murs en étaient forts et Saujon faisait bonne garde. Après une légère escarmouche, qui se passa sous les yeux du capitaine Arnaud, Mayenne recula devant les difficultés de l'entreprise.

(*D'Aubigné. tom. II, liv. III. p.* 16. — *De Thou, trad. in* 4 *tom. VII, p.* 514).

Mayenne passa la Seudre à Saujon et alla mettre le siège devant Brouage. Le baron de Saujon délivré de la présence de l'armée royale, sortit du port de Royan, avec quelques barques chargées de vivres et fit voile vers Brouage, où il entra sans difficulté. Là, il apprit des commissaires du Roy, amenés de Saint-Agnant par Valzerque de Seré, que les compagnies de Philibert de la Guiche et, de Jacques de Lévy, sieur de Quélus étaient logées dans son bourg de Saujon. Sortant aussitôt de Brouage, sans être aperçu des Papistes dont les lignes n'étaient pas encore formées, il se porta rapidement sur la Seudre, avec deux cents arquebusiers et trente gendarmes.

Arrivé le soir, près de Ribérou, qu'il trouva gardé par quatre compagnies de mousquetaires, il évita ce poste, et, traversant le canal à l'aide des intelligences qu'il avait dans le pays, peuplé de ses vassaux, entra dans Saujon au milieu de la nuit. Les deux compagnies royalistes dormaient profondément, se reposant sur la vigilance du poste de Riberou.

Les Huguenots pénétrèrent jusqu'au logis de Quélus et de la Guiche qu'ils firent prisonniers.

Ils tuèrent Messelière, un de leurs lieutenants, au moment où il montait à cheval pour donner l'alarme, et se retirèrent aussitôt, craignant que la marée montante ne vint à remplir le canal qu'ils devaient repasser, et ne leur coupa pas la retraite.

Mais au moment où ils atteignaient l'autre bord du canal, ils furent chargés tout à coup par les quatre compagnies de Ribérou.

Saujon avec ses deux frères et cinquante hommes d'élite, soutint, bravement le choc des Papistes pendant que le reste de ses gens défilait en bon ordre.

Tout en reculant, il essuya quatre charges successives en moins d'une lieue de chemin. A la dernière qui fut donnée près du bois de Mornac, il fut blessé, un de ses frères tué, et l'autre estropié pour le restant de ses jours. Mais il fut si bien secondé de ses gens, qu'il ne laissa ni morts ni blessés sur sa route et n'abandonna point ses prisonniers.

Dans cette habile retraite, quatre-vingts hommes furent tués du côté des Papistes et onze du côté des Protestants.

(*D'Aubigné, tome II, liv. II , p. 17 — De Tho, trad. in 4 , tom VII, p.* 517).

— 1585-1586 —

En 1585, Royan retombé au pouvoir des catholiques fut pourvu d'une forte garnison.

En 1586, le sire de Plassac, gouverneur de Pons

pour le roi de Navarre, marcha contre Royan, accompagné des capitaines Candelay, Limaille et Pontdemille. Après de longs efforts, le 23 février 1586, ils réussirent à escalader pendant la nuit, la muraille qui défendait la place du côté de la mer, bien qu'elle fût bâtie sur la crête d'une falaise escarpée à plus de soixante pieds de hauteur. Maîtres de cette position, où ils ne trouvèrent pas même une sentinelle, tant le château était réputé inaccessible, de ce côté, ils s'emparèrent aisément du reste et rendirent ainsi à leur parti une des places les plus importantes de la HauteS-aintonge par sa position sur la Gironde et sur l'Océan.

(*D'Aubigné, Hist. univers, tome III, liv. I, chap. I*^er^).

Royan retomba au pouvoir des catholiques à la suite de la conversion et de l'avènement au trône du roi de Navarre devenu Henri IV.

— 1621 —

En 1621, Soubise ayant investi le château de Royan, s'en empara par (l'infidélité) des bourgeois, qui (étant quasi tous de la religion prétendue réformée) l'introduisirent dans la place, après avoir appliqué des échelles aux murailles pour faire croire à une surprise. Cette nouvelle qui fut apportée à Louis XIII le 12 décembre jour de la prise de Monheur, l'affligea beaucoup, car la citadelle de Royan était une des plus importantes de la Saintonge et la saison était trop avancée pour tenter de la reprendre. Le sieur de la Chesnaye, chassé de Royan dont il était gouverneur, alla rejoindre le roi en Guienne, pour écarter de sa personne tout soupçon de complicité dans la défection de cette ville.

(*Mém. du Cardinal de Richelieu, loc. cit. p.* 182)

— 1622 —

Au commencement de Mai 1622, Louis XIII vint assiéger Royan en personne ; on montre encore la maison que ce prince habitait alors au hameau de Châtelars; ce siège fut marqué par la longue résistance des assiégés, commandés par le maire Gombaud. Cependant réduits à la dernière extrémité, ils parlèrent de se rendre ; le roi leur fit dire qu'il ne capitulait pas avec ses sujets, mais qu'il leur ferait savoir les conditions de leur grâce, conditions qui furent acceptées ; la ville se rendit le 11 Mai.

Les habitants ne tinrent pas compte de la clémence du monarque ; après qu'il se fut retiré pour se porter devant La Rochelle dont l'armée royale avait formé le blocus, ils surprirent la garnison catholique qui avait été laissée dans leurs murs, et arborèrent de nouveau l'étendard de la rébellion. Mais l'année suivante, le duc d'Épernon, à la tête d'un corps de troupes de huit mille hommes, vint mettre le siège devant la place de Royan et l'emporta d'assaut.

Tous les habitants, pris les armes à la main, furent passés au fil de l'épée, et leurs maisons réduites en cendres ; la forteresse fut rasée, les fortifications démantelées et les fossés en partie comblés. Il paraît que les restes de la population abandonnèrent alors ce pays, qui devint presque désert à quelques cabanes près, situées dans un faubourg qui s'est successivement agrandi jusqu'à son état actuel.

ROYAN en 1694, D'APRES LE MEMOIRE SUR LA GENERALITE DE LA ROCHELLE

C'était anciennement une ville considérable, mais elle a été ruinée par le roi Louis XIII, de manière qu'il n'en reste plus que le faubourg qui est bâti dans un fort beau pays sur le bord de la mer ; le terroir est très abondant.

Cette terre appartient à M. le duc de Châtillon (1) et a le titre de marquisat. C'est un petit port de mer très commode pour les barques qui entrent et qui sortent de la rivière de Bordeaux.

Il y a un couvent de Récollets et des sœurs de la Charité pour l'instruction des petites filles.

La plus grande partie des habitants font profession de la Religion prétendue réformée et ils dépendent du gouvernement de Brouage, quoique la paroisse ne soit pas située dans l'abonnée de Marennes.

— LA TOUR DE CORDOUAN EN 1694 —

Cette tour est magnifique, elle est bâtie à l'embouchure de la Gironde, dans la paroisse de Royan sur une pointe de rochers qui est le reste d'une île que la mer a abîmée.

Louis de Foix la commença par l'ordre du roi Henri III, et elle n'a été achevée que sous le règne de Henri IV. Elle a, depuis sa fondation jusqu'à l'obélisque, 150 pieds de hauteur ; elle est divisée par étages, tribunes et corridors. L'empâtement qui compose le premier corps est un môle de plus de vingt pieds de haut et de soixante de diamètre,

---

(1) Paul Sigismond de Montmorency-Luxembourg, duc de Châtillon, souverain de Luxe, marquis de Royan, comte d'Olonne, marié le 6 Mars 1696, à Marie-Anne de la Trémoille, marquise de Royan, fille unique et héritière de François, marquis de Royan et comte d'Olonne. (Anselme III-591).

différent de son talus par une diminution d'un tiers de sa pente. Ce corps est massif ; il n'y a qu'une petite cave au milieu, et à ses côtés deux citernes. L'ordre de l'architecture approche du Toscan. Il est fermé d'un parapet qui en fait une terrasse ronde avec quatre guérites à cul de lampe ; sur cette terrasse s'élève la tour, dont le premier étage est de près de vingt pieds de hauteur et de trente-neuf à quarante de diamètre. Il y a tout autour un rang de pilastres doriques, et son portail a des colonnes de même façon portant une architecture avec des corniches et des frises enrichies de guirlandes et de festons.

Les frontispices sont de même ordre, et les tympans sont ornés de trophées et de feuillages et autres ouvrages de basse taille (bas relief) très proprement travaillés ; aux deux côtés du portail sont deux bustes de marbre blanc des rois Henri III et de Henri IV. Cet étage finit par un corridor hors d'œuvre de quatre pieds de large tout autour et d'un ordre dorique.

Le second étage étage est à la corinthienne. Il semble par le dehors être divisé à l'endroit où est la seconde et principale galerie qui est à balustres. Il va néanmoins jusqu'au haut de la première voûte, tout cela faisant une tribune de cinquante pieds de hauteur et trente-quatre de diamètre.

L'escalier est en épargne dans l'épaisseur des murs, qui se rend par dedans à une niche, et se rapporte à une autre qui lui est opposée ; aux deux côtés, il y a deux cabinets voûtés prenant leur jour par dehors avec une belle proportion et un entier rapport de toutes les autres vues du bâtiment.

Le bas de cet étage est carré, jusqu'au commencement de la voûte qui le couvre ; là, s'élève un grand dôme soutenu de huit lucarnes si ingénieusement posées qu'elles servent d'arcs-boutants à la voûte qui, en haut, a encore une galerie comme les autres étages. Il y a ici une tribune d'ouvrage mêlé par dehors, le dedans est corinthien. La voûte sphérique est à cul de four. Le bas est pavé d'un marbre à parquetage mêlé, par compartiments d'une pierre de taille très dure et très belle. Cet endroit a son corridor comme les autres, dont le parapet taillé à jour représente le chiffre de nos deux rois. Au dessus de tout cela est le fanal où pendant la nuit, on fait les feux pour empêcher les vaisseaux de se perdre sur les bancs dont cette tour est environnée. Il est d'ouvrage corinthien avec un dôme et un obélisque d'une pierre longue de dix--sept pieds et creusée tout au long pour servir de conduit à la fumée. Au haut il est couronné d'un vase à l'antique avec quelques inscriptions qui commencent à s'effacer. Tout ce bâtiment est artistement travaillé et est fait d'une très belle pierre.

Le Roi y fit faire de grandes réparations en 1665, et il y a un fonds réglé pour son entretien.

Il y a un gouverneur de cette tour, dont les appointements sont assignés sur un droit qui se lève à Blaye, sur tous les vaisseaux qui entrent à la rivière.

(Archives Hist. d'Aunis et de Saintonge).

En 1824, Royan qui n'était encore connu que par la pêche des sardines, établit des bains de mer, pave ses rues, plante des promenades, devient une ville.

Fragment de (l'Histoire des Réfugiés Huguenots en Amérique après la révocation de l'Edit de Nantes par Ch. W. Baird (1886). (Toulouse, Société des livres religieux, 17, rue Romiguières). Traduit de l'anglais par MM. A. E. Meyer et de Richemond.

..... Sur la rive de la Gironde, dans la région

méridionale de la Saintonge, sont les ports et villages de Royan, Meschers, Saint-Palais et Saint-Georges de Didonne.

Royan, aujourd'hui ville de 8297 habitants, est le berceau des *Lavigne* et des *Quantins*. « *Les Lavigne*, fugitifs de Royan « (Arch. nat.) » *Charles Lavigne*, matelot, fugitif de Royan, parti en 1684, lieu de retraite Virginie « (Ibid.) *Estienne La Vigne*, un des colons français de Marragansett, 1686, était membre de l'église française de New-York, 3 avril 1692, et obtint des lettres de naturalisation dans la province de New-Yorki, le 6 Février 1696.

« *Les Quantins* », fugitifs de Royan (Arch. nat.).

Isaac Quantin ou *Cantin*, habitait New Rochelle en 1702 et New-York en 1721.

Auprès du village de Chatelas est Jenouillé, le lieu natal de *Jacques Fontaine*, ancêtre des familles américaines *Fontaine et Maury*. Des réfugiés de New-York, *Daniel Lambert* et *André Jolin* étaient natifs de Saint-Palais.

Daniel Lambert, natif de Saint-Palais, épousa *Marie Trébaux* le 8 novembre 1691, dans l'église française de New-York. *Lambert*, probablement le même, avait été l'un des colons français de Narragansett.

André Jolin obtint les petites lettres de naturalisation à New-York le 6 août 1686, et fut naturalisé le 15 avril 1693. Il était membre de l'église française de New-York en 1688. Il épousa *Madeleine Poupin*. Une bible de famille, entre les mains de T. S. Drake Esq., New Rochelle (N. Y). porte le nom de *Guis Jolin*. *Guy Jaulin*, natif de Vaux' paroisse de Saint-Palais-en-Saintonge, qui était à la fin du XVIIIe siècle, l'un des réfugiés de Bristol.

Elie Badeau, chef d'une famille établie dans le comté de Westchester (New-York) vint de Saint-Georges-de-Didonne, et *Jean Coudret* et sa femme *Marie Guiton*, membres de l'église française de New-York, étaient originaires de la même localité.

Elie Badeau, natif de Saint-Georges-de-Didonne-en-Saintonge, fils de *Pierre Badeau* et de *Marie Triau*, épousa à Bristol en Angleterre, le 3 août 1696, *Claude* fille de *Daniel Fumé* et veuve de *François Blondeau* (Reg. de l'Église Franç. de Bristol). *Elie*, fils d'*Elie Badeau* et de *Claude Fumé*, né le 29 octobre 1698, fut baptisé à l'Eglise française de New-York. La famille se fixa à New-Rochelle, et le nom est encore représenté dans le Westchester County.

Daniel, fils de *Jean Coudret* et de *Marie Guiton*, de Saint-Georges-de-Didonne, fut présenté au baptême à l'église française de New-York, le 7 juin 1691.

Meschers, village de onze cents habitants, était le lieu d'origine d'*André Lamoureux*, maître de navire, de *Jacques Many* et de son frère *Jean*, capitaine de marine, de *Gilles Lieurre*, de *Daniel Fumé* et de *Jeanne Couturier*, femme de *Daniel Bonnet*.

André Lamoureux, maître de navire, cy-devant demeurant à Meschers-en-Saintonge, où il était pilote, et *Suzanne Latour*, sa femme présentèrent leur fils *Daniel* au baptême dans l'église française de Bristol (Angleterre), le 7 janvier 1693. Leur fils aîné *Jacques* était mort en 1689. *André* et sa famille vinrent à New-York dès le 15 Mai 1700, et ses descendants habitèrent cette ville et New Rochelle.

Jacques Many de Meschers-en-Saintonge, fut reçu membre de l'église française de New-York le 9 novembre 1692. Il épousa *Anne*, fille de *François-Vincent*. *Jean*, frère de *Jacques*, connu sous le nom de *capitaine Many*, épousa *Jeanne*, fille aînée de *Jean Mochet*.

« *Les Lieure fugitifs de Meschers* » *Archives nat.*)

Pierre Lieure, sargettier, de Meschers en Saintonge, se maria à l'église française de Bristol, le 20 mai 1688. *Gilles Lieure* signa au mariage de *Jean Lieure*, marinier de Saintonge, à l'église française de Crispin street (Spitafields, Londres), 26 janvier 1704. *Gilles Lieure*, habitait New-Rochelle en 1743.

David Fumé, tisserand demeurant ci-devant à Meschers en Saintonge, était membre de l'église française de Bristol dès 1688. Il vint à New-York, probablement avec sa fille *Jeanne*, qui épousa *Isaac Quintard*, et fut assisté par l'église française de New-York le 13 septembre 1698.

Jeanne Couturier, native de Meschers-en-Saintonge, était à Bristol avec son mari en 1693. Elle était membre de l'Eglise française de New. York en 1717.

A une petite distance de la côte, sont plusieurs villages qui ont également fourni des réfugiés à l'Amérique.

Le plus grand Saujon, fut le berceau d'*Elie Chardavoine* dont les descendants s'établirent à New-York et dans l'Alabama.

Au sud-ouest de Saujon est le village de Médis, où naquit *Jean Boudin ou Bodin*, l'un des colons français de Staten Island. Le petit hameau de Musson, paroisse de Médis, était la résidence de *Daniel Gaillard*, émigrant huguenot à New-York, D'Arces à 9 kilomètres de Meschers, vinrent *Jean Pelletreau* et ses deux neveux *Elie* et *Jean*, qui se réfugièrent en Amérique, peu de temps après la révocation de l'édit de Nantes, et s'établirent à New-York comme fournisseurs de navires. Trois familles fixées à New-Rochelle (Weschester County, New-York), — *les Forestiers, les Raynaud et les Suire*, paraissent originaires de la même portion de la province. *Charles-Jean et Théophile Forestier* venaient de Cozes. *Daniel Raynaud* était natif de Chenac, et *Jean Suire* de Saint-Seurin, villages voisins, sur les rives de la Gironde où les doctrines de la réforme pénétrèrent de bonne heure et qui eurent des églises florissantes. Le temple de Saint-Seurin, fut démoli quatre ans avant la révocation de l'Edit de Nantes, et celui de Mortagne eut, peu après le même sort. Mais les protestants continuèrent à tenir leurs assemblées religieusns la nuit, dans les bois ou plus souvent dans les caverees (celles de Meschers principalement) et sur les rochers au bord de la mer, où le bruit des vagues pouvait empêcher leurs persécuteurs d'entendre les prières et le chant des psaumes.

SAINT-GEORGES-DE-DIDONNE

Saint-Georges-de-Didonne est situé à 4 kilomètres de Royan et compte 1398 habitants.

La gare la plus proche est Royan, des voitures font le service entre le bourg de Saint-Georges et la gare ; de plus, un tramway à vapeur relie Saint-Georges à Royan, Pontaillac et la Grande Côte.

Un excellent médecin, M. le Docteur Camus exerce à Saint-Goerges et l'on trouve chez M. Querouil, pharmacien, tout ce qui est nécessaire.

Saint-Georges est situé à l'embouchure de la Gironde et possède un petit port protégé par une jetée, où les pilotes viennent se réfugier.

La commune de Saint-Georges-de-Didonne se compose de son chef-lieu placé au bord de la côte, de deux villages et de trois hameaux, son étendue est d'environ mille hectares.

La nature du sol est assez variée et peut se diviser ainsi :

300 hectares d'une terre grasse pierreuse, très propre à la culture des céréales ; 60 hectares d'une terre argileuse dont une partie est plantée en vignes.

200 hectares de prés marais de mauvaise qualité, sol tourbeux.

150 hectares de bois, ajoncs, brandes et pinades.

Le reste du terrain en propriétés bâties, dunes de sables sur lesquelles on a planté des vignes, et laisse de mer.

Deux ruisseaux qui débouchent dans la mer, servent de canaux de desséchement aux marais.

L'église de Saint-Georges a été ruinée pendant les guerres de religion, une église moderne avec un joli clocher en pierre a été construite sur l'emplacement de l'ancienne.

Dans la partie nord de ce bourg, et au bord du marais, il y avait autrefois une espèce de retranchement formé d'un carré long flanqué de quatre tours bastionnées et entouré de fossés.

Au village de Didonne, on voit des vestiges d'un ancien château fort qui appartenait au duc de la Trémoille. Un pan de muraille d'un mètre et demi d'épaisseur, de larges et profonds fossés, voilà tout ce qui reste de cette antique demeure.

L'abbaye de Cluny bâtit à Saint- Georges un prieuré, sous l'invocation de Saint-Georges.

A la fin du XVIe siècle, l'abbaye tombant en ruines, le prieur aliéna à un gentilhomme du Médoc nommé Corberan Dahons une certaine quantité de terre, à l'ouest du prieuré, à charge de lui payer une rente annuelle et de réparer l'église. Ce fut l'origine de la seigneurie de Lussinet, qui avait son siège, à quelques centaines de pas de l'église actuelle de Saint-Georges, dans ce grand corps de logis occupé par une ferme où l'on distingue encore un pavillon carré, au toit en poivrière et un portail qui porte la date de 1766. Pendant deux siècles, les seigneurs de Lussinet agrandirent leur domaine par des acquisitions ou des échanges avec les prieurs de Saint-Georges et leurs puissants voisins de Didonne. Mais la Révolution leur fut funeste. Elle balaya à la fois la seigneurie et le prieuré.

Il a été raconté dans un ouvrage dont le titre nous échappe comment le maire d'alors, le père Chappe, braconnier incorrigible, enleva au baron de Saint-Légier, seigneur de Didonne, ses titres et ses papiers féodaux. Le récit est à peu de chose près la vérité.

Mais le baron était une baronne, Hector de Saint-Légier étant mort depuis plusieurs années, et il était seigneur de Lussinet-Saint-Georges et non de Didonne. Ce qui est tout à fait exact, c'est que le père Chappe emporta les monuments de la tyrannie, comme on disait alors. Il les enferma avec le papier censif du prieuré, dans un tonneau de goudron, suspendit le tonneau au bout d'une perche, et le promena ensuite à son de caisse dans l'unique rue du village. Après la procession, il alla planter le trophée au milieu de la Conche ; on jeta au pied une charretée d'ajoncs, et le père Chappe alluma de sa main l'auto-da-fé de la noblesse et du clergé. La population dansa la *Carmagnole* autour du feu de joie, ainsi qu'il résulte du procès-verbal précieusement conservé à la mairie.

Sur une partie de la côte appelée pointe de *Vallières*, subsistaient encore, il y a quelques années, quelques fragments de fortifications qui remontaient au XVIe siècle, époque qui pourrait faire croire que ces ouvrages défensifs avaient été construits pour garantir cette partie du littoral des attaques des Anglais. La pointe de *Vallières* est très pittoresque, la mer y a creusé de nombreuses cavernes et par suite d'éboulements une partie se dresse à marée haute à l'état d'îlots escarpés et inaccessibles.

Au sud de la Conche de Saint-Georges est une autre pointe nommée de *Suzac*, aussi fort élevée et garantie par un escarpement de rochers de 50 à 60 pieds de hauteur. Autrefois vers le milieu et dans la partie la plus avancée dans la mer, on voyait quelques vestiges et de gros murs bâtis en briques. La tradition prétend qu'il y avait là une ville qui s'appelait *Gériost*. On rapporte aussi que le peuple d'alors croyait que les étrangers qui buvaient du bouillon de moules provenant du rocher de Suzac, ne pouvaient plus abandonner le pays.

Pendant les guerres de l'empire on avait établi à la pointe de Suzac, une batterie de douze pièces de canon.

Au mois d'avril 1814, les Anglais firent une descente sur ce point et la renversèrent de fond en comble. Elle fut reconstruite pendant les Cent-Jours et de nouveau démantelée par les Anglais peu après la bataille de Waterloo.

Actuellement, il existe un fort moderne, et une belle villa, sur la pointe de Suzac.

On a assigné à l'étymologie du nom de Didonne, les mots *Dit* et *Don*, qui en langage celtique, ont signifié *jour, élévation.*

Saint-Georges est recherché par les amateurs de la solitude et du silence. Parmi les hôtes illustres qu'a compté ce charmant petit port, il faut citer Michelet, qui y a écrit la *Mer et la Femme.*

C'est, du reste, un endroit bien agréable, il n'y fait ni trop chaud, ni trop froid, grâce au beau soleil du Midi, dont les ardeurs sont tempérées par la brise de mer et l'ombrage de la belle forêt de pins maritimes, chênes verts, etc., qui s'étend de Royan à Meschers, sur une longueur de douze kilomètres.

La plage de Saint-Georges s'étend sur près de trois kilomètres et sépare la forêt de la mer.

Saint-Georges possède deux magnifiques phares, celui qui domine le port et la haute mer, et, *La Tour des Lapins* ou *Jeu de Suzac*, sis en pleine forêt, charmant but d'excursion.

Saint-Georges est trop près de Royan, ville élégante et mondaine, pour avoir conservé les prix des petites plages. Néanmoins ceux-ci ne sont pas exagérés. Dans les trois hôtels du bourg, on peut être nourri et logé à raison de six francs par jour environ. Chez les habitants, on trouve des appartements à louer à partir de cent francs par mois. Enfin, les villas et les châlets ont des prix variables, suivant leur confort et leur importance. Saint-Georges a de nombreux fournisseurs et pendant la saison, le poisson y abonde, la vie est très abordable, et il y a marché tous les jours.

HISTOIRE

7 septembre 1232

Transaction entre Hugues de Taunay, seigneur de Didonne et de Taunay et les frères de la commanderie du Temple des Epaux (1), par laquelle ledit Hugues reconnaît le droit d'hébergement desdits religieux, réserve faite à l'avenir des hommes de sa seigneurie, et leur donne un cens annuel et perpétuel de dix sols, ainsi que le droit d'usage des pâcages, des bois, des eaux et de la terre des communaux.

Hugo de Talniaco, dominus Didonie et Talniacy (2) Universis presentem cartulam inspecturis in eo qui est vera salus im perpetuam salutem. Noverint universi presentes pariter et futuri quod cum controversa esset inter nos ex una parte et fratem P Bos, tunc temporis preceptorem domus fratum milicie templi des Espaux, qui generalem habebat procurationem et mandatum a fratre G de Brees, tunc temporis

---

(1) La commanderie des Epaux (Ordre des Chevaliers du Temple ou Templiers) était située sur la paroisse de Meursac, canton de Gemozac (Archives départementales E 10).

(2) Hugues de Tonnay, seigneur de Didonne, de Tonnay-Charente et de Royan, fils aîné de Hélie de Didonne, avait en 1227, rendu hommage au comte de la Marche, comme seigneur de Montendre, Royan et Didonne. Il scella cet hommage d'un sceau armorial, gironné de douze pièces, portant pour revers : un lion passant, sur un semé de fleurs de lys. (Archives nationales. Collection des sceaux 3715). En 1232, il fit des donations au prieuré conventuel de Trizai. M. l'abbé Th. Grasilier a publié dans le cartulaire de Saint-Etienne-de-Vaux, une charte du 6 mai 1236, de nobilis vir Hugo Talniaci, Didonne et Roiani.

magistro in Aquittania in omnibus negociis et causis expediendis que in ballia des Espaux acciderint, prout per patentes litteras ejusdem magistri nobis constitit evidenter, super eo videlicet quod nos decibamus dictum preceptorem et fratres nobis injuriosos plurimum existere et molestos eo quod reciepiebant et hospitabantur indifferenter homines ecclesiarum et clericorum terre nostre in domo sua et in terra de Baloire (1) quia (ou quare) nos dicebamus multum juris habere in eisdem hominibuz et contrario dicto preceptore et fratribuz dicentibuz se nobis nullam injuriam in hoc facere ; cum alia vice inter nos et ipsos super quibusdam dampnis et injuriis a nobis eisdem illatis amicabiliter intervenarit composicio de prudentium virorum consilio, cum super illa composicione nos eisdem dederimus cartam nostram sigillatam quod licitum esset eis hospitari et recipere homines uniuscumque, exceptis hominibuz et hominum nostrorum de fiodo nostro, tandem ut eadem carta eisdem fratribus et hominubuz ibidem comorentibuz continebant nos eisdem consesserimus pro salute anime nostre et parentum nostrorum, omne jus et omnem libertatem pendendi tam temporis quam animalibuz corumdem utendi et explectandi qui a jus in pascuis in nemoribus, acquis, terris planis et rebuz alliis communibuz in perpetuum pacifice et quiete qui buz proprii mei et corum animalia utuntur et promisi etiam eisdem fratribuz quod ipsis vel eorum rubus nullam injuriam inferam de cetero vel gravamen. Dedi insuper fratribuz eisdem deum solidos in censu meo (de) Didonia eisdem fratribuz vel eorum nuncio in festo sancti Michaelis apud Didoniam singulis annis in perpetuo, persolvendos et si dicto die non persolverentur quinque solidorum gorgiarentur. Cum autem super hospitacione et recepcione hominum tam inter nos et

(1) Beloire (commune de Meschers).

ipsos esset contensio orta, tandem ipsi condescendentes preceptor et fratres voluntati nostre de consilio amicorum suorum et nostrorum condescenderunt quod ipsi de cetero nullos homines de terra nostra licencia vel nostrorum ; sed habebunt de cetero illlos quos jam receperunt : maniamentum dederunt pacifice et quiete.

Nomina autem hominum sunt hec : Guillelmus Maners et filii sui ; P. Joceps et filii sui ; B Guichars et filii sui ; Guillelmus Brus et filii sui ; P. Forans et filii sui ; Brimotz et filii sui ; Benedictus Maners et filii sui ; B. Désert et filii sui ; Guillelmus Andréas et filii sui . Frater Maners et filii sui ; G. Donat ; Gombaus Vivenz ; P. Guichars ; P. Baucher ; G. Achars ; P. Raemuns et frater suus ; G. Faber ; G Désert et filii sui ; Guillelmus Prezant, prepositus de Mescher. Et ut hoc in perpetuam vobis obtineat firmitatem presentem paginam feci sigilli mei munimine roborari. Hujus rei testes sunt magister P, Brito clericus ; Guillelmus Vigier ; Hélias de Ponte ; GombausVivenz ; Hélias de Richemont milites ; P. Prezant prépositus de Meschier et plures alii Datum apud Villam novam anno ab incarnacione domini milesimo CCme XXXme secundo in vigilia sante Marie septembris.

Extrait de l'original par moy THIBAULT R. P.

CHARTRIER DE THOUARS
(Original sur parchemin)

TRADUCTION

Hugues de Taunay, seigneur de Didonne et de Taunay, à tous ceux qui la présente charte verront, salut en celui qui est le vrai salut à perpétuité. Sachent tous présents et à venir que comme une contestation s'était élevée entre nous d'une part et frère P. Bœuf, alors commandeur de la maison des frères de la commanderie du Temple des Epaux qui avait une procuration générale et un mandat de frère G, de Brees, alors grand prieur de la province d'Aquitaine, pour toutes les choses qui pourraient survenir dans ladite commanderie des Espaux, ainsi que cela est résulté évidemment pour nous des lettres patentes dudit prieur, sur ce que nous disions que ledit commandeur et les frères nous avaient fait beaucoup de tort en recevant et hébergeant indifféremment les hommes des Eglises et ceux des clers de notre terre dans sa maison et terre de Baloire parce que nous disions avoir plusieurs droits sur lesdits hommes et au contraire ledit commandeur et lesdits frères disant ne nous avoir fait aucun tort et comme d'autre part entre nous et eux, au sujet desdits torts et dommages il était intervenu une transaction, de l'avis d'hommes prudents sur ladite transaction, nous leur avions donné une charte scellée les autorisant à recevoir et héberger tous les hommes indistinctement excepté les nôtres et ceux des hommes de nos fiefs, par la même charte nous leur avons concédé auxdits frères et aux hommes demeurant avec eux pour le salut de notre âme et celles de nos parents, tous droits et toute liberté de prendre et d'user de tous les animaux tant dans les pacages, que dans les bois, les eaux, les terres, les plaines et tous autres communs, à jamais tranquillement et paisiblement et j'ai promis auxdits frères qu'il ne leur serait fait à cause de ce droit aucun tort ni aucune difficulté. J'ai donné, en outre auxdits frères dix sols de cens perpétuel, sur Didonne, payables auxdits frères ou à leur envoyé à la fête de Saint-Michel à Didonne chaque année et si ledit jour, ils ne les recevaient pas, cinq sols en outre. Comme d'autre côté, au sujet de l'hospitalité et logement des hommes entre nous et eux contestation s'était élevée, enfin le commandeur et les frères condescendant à notre volonté et à l'avis de leurs amis et des nôtres, se sont engagés à ne recevoir aucun homme de notre terre et seigneurie de Didonne sans notre autorisation ou celle des nôtres, mais ils conserveront paisiblement et sans trouble ceux auxquels ils ont déjà donné logement.

Or les noms de ces hommes sont les suivants : Guillaume Maner et ses fils ; P. Jocey et ses fils ; B. Guichar et ses fils ; Guillaume Bru et ses fils ; F. Foran et ses fils ; Brimotz et ses fils ; Benoit Maner et ses fils ; B. Désert et ses fils ; Guillaume André et ses fils; B. Désert et ses fils ; G. Donat; Gombaud Viven ; P. Guichard ; P. Baucher ; G. Achar ; P. Raymond et son frère ; G. Favre ; G. Desert et ses fils ; Guillaume Prezen prévôt de Meschers. Et pour que cette transaction soit plus ferme, j'ai fait confirmer la présente charte par l'apposition de mon sceau. De cette transaction sont témoins : maître P. Breton, clerc ; Guillaume Vigier ; Hélie de Pont ; Gombaud Viven ; Hélie de Richemont, chevaliers ; P. Prezen; prévôt de Meschers et plusieurs autres.

Donné à Ville-Neuve l'an de l'Incarnation du Seigneur, mil deux cent trente et deux, la veille de la Notre-Dame de Septembre.

L. DE RICHEMOND.

(Documents de la Charente-Inférieure).

1299- 9 Décembre

Charte de Hélie Chayne et de sa femme Isabelle, fille de feu de Hélie Cite, contenant vente à noble homme Pierre de la Brosse, chevalier seigneur de Didonne,à raison de vingt sous en monnaie courante, reçus comptant, d'un mesnil ou mayne avec son fonds, sis dans le château de Didonne, près la maison du chapelain de Saint-Michel, et dont ils garantissent la propriété envers et contre tous, spécialement à l'égard de Aimon de l'Etang et Robert Guichard.

Universis presentes litteras inspecturis, Hélias Chaynes, Hizabellis ejus uxor, filia condam Hélie Cite deffuncti, salutem in Domino. Noverint universi quod nos dicti conjuges, non coacti, non decepti, non vi, non metu ad hoc inducti, vendimus et concedimus, et nos vendidisse et concessisse confitemur et publice recognoscimus, nobili viro domino Petro de Brossa, militi domino Didonie, et heredibus seu successoribus ejusdem, quoddam magnile una cum fondo ejusdesm quod nos habemus et habere possumus et debemus opud Didoniam, infra castrum, quod fuit Hélie Cite deffuncti situm justa domum capellani sancti Michaelis, ex una parte, et se habet et tenet cum maynili dicti domini, pro pretio viginti solidorum monete currentis, quos confitemur nos habuisse et recepisse a dicto domino in bona pecunia numerata : haendum, tenendum, possedendum et plenuis explectandum dictum maynile a dicto domino et ejus dhersibus perpetuo, libere pacifice et quiete. Promitentes nos dicti conjuges, pro nobis et heredibus nostris daturos et facturos dicto domino super premissis, versus quascumque personas, plenarium et perpetuum garimentum, et dictum maynile defendere et garire ab omni deverio et servitute, sub bonorum nostrorum mobilium et immobilium presentium et futurorum obligatione, versus quascumque personas specialiter, et expresse versus Aymonem de Stagno et Robbertom Guichardi ; et juravimus ad sancta Dei évangelia contra premissa non venire.

In cujus rei testimonium damus eidem domino hanc presentem litteram, sigillo venerabilis archidiaconi de Averto. — AD CAUSAS (1) sigillatam.

---

(1) Il résulte de ces mots que l'archidiacre d'Arvert se servait d'un sceau particulier pour les chartes d'affaires

Datum die mercurii post conceptionem Beate Marie, anno Domini M° CC° nonagesimo nono.

CHARTRIER DE THOUARS

(Original jadis scellé sur queue simple).

TRADUCTION

Hélie Chayne et Isabelle son épouse, fille de défunt Hélie Cite, à tous ceux qui verront les présentes lettres, salut dans le Seigneur.

Qu'il soit connu de tous que nous époux susnommés, librement, sciemment, volontairement, de notre plein gré, vendons et concédons, affirmons et reconnaissons publiquement avoir vendu et concédé à noble homme Pierre de la Brosse, chevalier, seigneur de Didonne, à ses héritiers et successeur, un mayne avec son fonds que nous avons, pouvons et devons avoir, à Didonne dans le château qui fut la propriété de défunt Hélie Cite, près de la maison du chapelain de Saint-Michel, d'une part, et qui se tient avec le mayne dudit seigneur et cela pour le prix de vingt sous de monnaie courante, que nous avouons avoir eus et reçus dudit Seigneur, en bon argent comptant.

Que ledit seigneur et ses héritiers à perpétuité aient, possèdent, tiennent et jouissent pleinement, librement, pacifiquement, et sans crainte, ledit mayne.

Nous époux susnommés, promettons pour nous à nos héritiers, de donner et d'accorder audit seigneur,

---

qu'il avait le droit et qu'on le priait d'authentiquer. Celle-ci prouve que sous le régime féodal le droit de propriété du sujet était parfaitement respecté par son seigneur.

(Archives hist. de Saintonge et d'Aunis).

sur nos revenus envers et contre toute personne, pleine et perpétuelle garantie de défendre et garantir ledit mayne de toute redevance et servitude sous l'obligation de nos biens mobiliers et immobiliers présents et futurs, envers et contre toute personne spécialement et expressément contre Aymon de l'Etang et Robert Guichard, et nous avons juré sur les saints Evangiles de Dieu, de ne pas revenir sur notre parole.

En témoignage de cette vente, nous donnons au même seigneur, la présente lettre scéllée du sceau du vénérable archidiacre d'Arvert, délégué aux affaires.

Donné le mercredi après la conception de la bienheureuse Marie, l'an du Seigneur 1299.

---

26 Novembre 1300

Cession perpétuelle par Pierre de la Brosse, seigneur de Didonne, à Guillaume Gartrade de Chaillonnay (1) valet, pour lui et pour ses ayants cause, moyennant un cens annuel de cinquante sous payables en deux termes, de la Garenne ou chasse ayant appartenu à Guillaume Bonneau, valet, située paroisse de Semussac, avec son fonds et ses bois. Une note au dos de cette Charte (écrite en latin) note écrite vers le milieu du XIVe siècle, porte que la Garenne appartenait alors à la femme de Beraud Gast.

Vidimus original en parchemin, jadis scellé sur queue simple, délivré par Thomas humilis archiprisbiter de Arverto ; die dominica post translacionem beati Nycholai, anno Domini MCCCXXIe.

Au dos est écrit : Vidimus vendicionis L solidorum

---

(1) Chaillonnay près Saujon.

rendalium, venditorum per Guillelmum Gardradi de Chalhones. Uxor Beraudi Gast tenet et solvit.

CHARTRIER DE THOUARS
(Archives hist. de Saintonge et d'Aunis).

---

12 mars 1315

Foi et hommage-lige rendus à Arnaud Bernard de Preissac, chevalier, seigneur d'Uzeste et de Didonne, par Hugues de Rioux, damoiseau ou écuyer, pour la rente de trente lires tournois qu'il touche sur l'arche du péage de Royan, du chef de sa mère, et pour laquelle il est dû un épervier mué à chaque changement de seigneur ou de vassal.

Voici les détails de la cérémonie :

Le chaperon ôté, le corselet quitté, les mains jointes et mises entre celles dudit seigneur, il dit qu'il devient son homme-lige et chevalier et promet et jure sur les saints Evangiles, corporellement touchés de sa main droite, d'être bon, loyal, fidèle et obéissant vassal, de bien et loyalement conseiller son seigneur, garder son secret, l'avertir du dommage qu'on veut lui faire et l'aider à s'en préserver, lui être profitable, préserver sa vie et ses membres contre tous les hommes qui peuvent vivre et mourir, et garder et tenir à son loyal pouvoir les autres conditions qui résultent ou résulteront dudit hommage-lige.

(Chartrier de Thouars, Charte en langue gasconne. Bel original en parchemin au dos duquel on lit : Al Senhor Arn. Bernard de Preychac).

Cette charte a été découverte depuis l'impression dans la Revue des sociétés savantes. 4 série : vol. 5, page 503, de celle, rédigée en langue gasconne, qui contient les foi et hommage rendus, le 12 mai 1349 par le tuteur des deux filles de défunt Hugues de Rioux, près Gémozac, nommées Aumus et Richarde.

(Archives Hist. de Saintonge et d'Aunis).

---

16 Mai 1317

Aveu et dénombrement rendu à Arnaud Bernard de Preissac, chevaliér, seigneur de Didonne, par Adélaïde Rigaude, femme de Pierre Rigaud de Favaus et fille aînée de défunt Guillaume Blanc, paroissien de Médis, des maynil, terres et bois, situés près dudit Médis et minutieusement confrontés, qu'elle et ses cohéritiers (c.-à-d. ses sœurs) tiennent de la seigneurie de Didonne à hommage plain et au devoir de cinq sous de mainmorte à chaque mutation de vassal.

Vu l'absence du seigneur, l'hommage qui doit être rendu en personne, a été précédé par ledit Aveu ou Fief, à la fin duquel sont consignés les protestations ayant pour but d'éviter un blâme pour déclaration inexacte, soit en plus, soit en moins.

Charte en latin, Chartrier de Thouars.

Original ayant, sur double queue, un sceau en cire verte, qui est presque entièrement détruit. Vers la fin du XVIe siècle, on a écrit au dos de cette Charte :

Feagium Alaydis Rigaudi, uxoris Petri Rigaudi de Favauz.

(Archives hist. de Saintonge et d'Aunis).

---

23 Avril 1336.

Lettre et instrument de ce que le prieur de Saint-Georges-de-Didonne voulut empescher que le Soudan ne fist tenir son assise à la croix de Saint-George dudit Didonne, du cousté devers l'église.

Sur quoy fut appoincté que ladicte assise serait tenue sans préjudice des droiz dudit prieur, lesquelz droiz il feroit apparoir sommairement et de plain ; en quoy faisant il enjoyrait, comme de raison seroit.

Cette analyse est empruntée à l'inventaire des titres de la seigneurie de Didonne, fol. 21, V°.

La minutieuse exactitude avec laquelle le notaire saintongeais, remplissant les fonctions de greffier de l'Assise de Didonne, raconte les circonstances du procès dans lequel le seigneur comparaît en personne et plaide lui-même sa cause, et la reproduction des paroles prononcées par le procureur de l'abbé de Cluny, puis par le juge seigneurial, donnent à ce document un véritable intérêt historique et littéraire. Il donne aussi de la justice féodale une opinion plus favorable que celle admise généralement.

En nom de Dieu, Amen.

A toutz apparesse par cest publique instrument que l'an de grâce Mil CCC trente et sis, reingnant très excellent prince Monseigneur Philippe par la grâce de Dieu très noble roy de France, le XXIIIe jour du moys d'Avril, environ més jour, près la crois Sainct-George-de-Didonne, c'est assavoir devers la partie de l'église dudit lieu de Sainct-George, en la présence des tesmoings et de moy notaire dejus escriptz personnaument establiz noble homme et puissant Soudan de Preyssac, seingneur de la Trau (1) et de Didonne, et sage homme et discret mestre Johan de

(1) Les auteurs qui ont imprimé *La Tran* se sont trompés. Les actes originaux du chartrier de Thouars portent positivement *Trau*, localité de la commune d'Uzeste (Gironde), arrondissement de Bazas, canton de Villandraut, appelée aujourd'hui *La Trave.* Le père du Soudan de Preissac était devenu seigneur de Didonne en vertu d'un échange avec Pierre de la Brosse. Près de Préchac, bourg du canton de Villandraut, sont les ruines du château fort de *la Traou.*

Champagne, sage en droit, juge soient par ledit seigneur, d'une partie, et religieus homme frère Guillaume de Moreus, moine de Cluniec (1), secrestain du prieuré Saint-George-de-Didonne et procureur de religieus homme et puyssant Monseigneur Pierres, par la divine miseration honnorable ministre du moustier de Cluniec litteratorement establi, d'autre partie, ledit procureur, en dressanz ces parolles, audit seigneur de Didonne, dist : « Mon Seigneur, ge, qui suys procureur de Mgr l'abbé de Cluniec, vous voy yci endroit soir et tenir et fazent tenir assize en ycest lieu qui est en et dedens les bonnes de la liberté St-George-de-Didonne, qui appartient à Mgr l'abbé de Cluniec par reyson de son moustier lequieulx, avecques touz ces prieurtez, mesons, granges, drois et juridictions, sont et ont esté d'ancien en la sauve et especial garde de Nostre Seigneur le roy ; par quoy vous requier, comme procureur dudit Mgr l'abbé de Cluniec, que vous levez d'iqui endroit et en fetes lever vostre juge et que, en meprisement et prejudice de la sauve et especial garde royal, gref et domage dudit Mgr. l'abbé et de son dit prieurté, vous ne veulhez yci endroit tenir ne fere tenir assize de novel et que toutz ce que vous aves fet vous metez à néent ».

Auquel procureur ledit seigneur respondit que il avoit bon droit de tenir yqui endroit s'assize, comme sires du chastel de la chastellenie de Didonne, et plus près de l'églize si il li plezet, comme ceu soit en et dedens les bonnes de sadicte chastellenie et il soit fundé de droit commun si Mgr. l'abbé de Cluniec ou autres aiant povoir de li d'allegeoient droit especial ; duquel droit dist ledit seigneur que il l'en devoyent enformer avant toute œuvre.

(1) C'est la célèbre abbaye de Cluny, diocèse de Mâcon, qui possédait plusieurs beaux prieurés en Saintonge et dont le ministère de l'Instruction publique doit faire publier le précieux cartulaire.

Et demanda lors ledit seigneur audit procureur si il avoit povoir de fere ceste requeste ; lequel répondit que oyl, par ce que il est procureur dudit Mgr. l'abbé de Cluniec. Et lors li dist ledit seigneur que il enseignast que il fust tyeulx ; et encontenant ledit procureur exhiba une procuracion scellée du séel dudit Mgr. l'abbé de Cluniec, laquelle fut leue en jugement de motz à motz si comme s'ensuyt (1).

Laquelle procuracion ainsi exhibée et leue en jugement, ledit procureur fit audit seigneur meisme requeste que dessus et adjousta : quar le prieur dudit prieurté de Saint-George avoit droit, et non auchun autre, de tenir assize yqui endroit, et que ainsi en estoient en possession et avjont esté par tant de temps que n'est mémoire du contraire.

Auquel procureur ledit seigneur lors respondit et dist que il n'entendoit riens attentir contre la sauve et especial garde dudit nostre seigneur le Roy, ne dememer le droit dudit Mgr. l'abbé de Cluniec, encès le vourroit vers toutz et contre toutz garder et deffendre a son pouvoir ; més dist ledit seigneur que le dit procureur le volloit ne povait enformer sommairement et de plain que ils eussent yqui endroit auchun droit, il preinroit voluntiers l'informacion, et ce par

(1) Il suffira d'en donner l'extrait suivant :

« Universis presentes litteras inspecturis, frater Petrus, miseratione divina Cluniacensis ecclesiae minister humilis, salutem in Domino. Noveritis quod nos in omnibus et singulis negociis que et quas, racione domus nostre S. Georgii de Didona et pertinenciarum suarum, habemus, et habituri sumus contra quascumque personas...... carissimos fratres nostros dominos Johannem Morelli, priorem domus nostre de Bruheto, et Guillelmum de Moteiis sacristam predicte domus nostre St. Georgii de Didona, et discretum virum rectorem ejusdem loci..... procuratoris nostros facimus, constituimus ad etiam ordinamus. ... Datum Parisiis, die X marcii, anno Domini MCCCXXXIV (1334).

l'informacion se trouvoit que ils eussent droit il metroit voluntiers à estat dehu ce que il fazoit et avoit fait fere.

Lequel procureur dit que il n'estoit tenuz de l'enformer desseyzi de lur possession en laquelle il aviont esté moust longuement, més si ainsi estoit que ledit seigneur se voussit lever et mettre à néant ce que il avoit fait, que il feroit bien et que emprès ce, par bien de pays, il enformeroit voluntiers sommairement et de plain ledit seigneur du droit de M. l'abbé.

Et adont ledit mestre Jehan de Champaigne, juge, dudit seigneur, dist : « Procureur, ge conseil, si Mgr. de Didone et vous me voullez croire, que ceste fetz n'aquerge à Mgr. auchun droit ne auchune possession, ne auchun préjudice audit M. l'abbé ne à son dit prieurté, et que vous enformez Monseigneur ou ses gens du droit que vous diset avoir iqui endroit à certain jour que vous en prendret ensemble : et si ainsi est que se puisse trouver per informacion vous vous y aiet droit, Mgr vous en leysse user perpetuaument pasiblement ; et si ainsi est que vous n'i aiet droit, que vous souffret et n'y metez empeschement auchun ».

Les quieulx dit seigneur et procureur, en nom que dessus et chescun d'eux, enprès pluseurs parolles, le voussirent et en furent d'assentiment. Et de toutes les chouses dessus dite et chescunne d'icelle requistrent lesdit seigneur et procureur, et chescun d'eulx, par moy notaire dejus escript, à eux et chescun d'eux estre donné et autroie publique instrument ; lequel ge lur autroyay de dehu de mon office encontenent.

Toutes les chouses dessusdites et chescune furent fetes l'an, le regne, le moys, le jour, le lieu et heure dessusdit, presens : mestre Guillaume Robbert clerc Robbert Ayndron, Guillaume de la Motta, Guillaume Achard valez, Mgr. Arnaut Solimant prestre, Guillaume Rous sergent de nostre seigneur le Roy, Aymeri Vyelh et Johan du Boys clerc, et plusieurs autres autres tesmoins à ce appellez et requis.

Et ge Guillaume Michel, clerc de la dyocese de Xainctonge, de l'auctorité nostre seigneur le Roy de France, notaire public, à toutes les chouses dessus-dites et chescune ensemblement, oub les tesmoins dessus nommet fuy presens ; et fete collacion oub lesdit tesmoins, c'est present publique instrument de ma propre main ay escript et en ceste pubblique forme l'ay mis et de mon seig acoustumé l'ay seigné, proyets et requis.

(Chartrier de Thouars. Bel original en parchemin). (Archives hist. de Saintonge et d'Aunis).

---

9 Avril 1371

Acte et instrument donné aux habitants de Didone par le Soudan (de la Trau), de ce que plusieurs Aydes et corvées qu'ils luy avoient fait pour la réparacion de son chastel (dudit Didonne), oultre celles qu'ils lui devoient de raison, ne leur préjudiciassent ou temps avenir (1).

Avec autant d'ignorance que de mauvaise foi, on a dit et l'on répète encore tous les jours que les gens des campagnes étaient corvéables à merci et devaient exécuter sans aucun salaire tous les travaux exigés par leur seigneur. Les bians et corvées, très formellement indiqués dans une foule d'actes, étaient la conséquence d'une concession de terre ou de droits fonciers depuis laquelle ils n'ont subi aucune augmentation ni aggravation.

A la preuve résultant de l'acte qui suit, nous y ajoutons deux quittances originales.

---

(1) Cette analyse est extraite de l'Inventaire des titres de Didonne, fol. 21.

En nom de Dieu, amen.

A touz apparesset par la thenour de cest present public instrument que l'an de grâce mil CCC sexante et onze, le IXe jour du moys d'avrilh, environ l'oure de ressié, dedens le chastel de Thalemon-sur-Gironde, en et dedens la meson de Pierre Babin, en la diocèse de Xanctes, regnant très excellent seigneur et prince Eddouart aisné filhs au noble Roy d'Angleterre, prince d'Aquitaine et de Gualles, en la présence de moy tabellion public et des tesmoings cy dejus escrips, personnellement establi noble et puissant baron le Soudan de la Trau, chevalier, seigneur de Didonne, lequel susdit baron, bien, adcertannez de son fet et de son droit, dist et intima a moy le dejus escript tabellion, comme a personne publique, les paroles et faiz qui s'ensuyvent.

Savoir faisons à touz que comme nous hommes et habitans de nostre chastel et chastellenie de Didone nos aient fet par le temps passé plusieurs aydes à fere et construire nostre chastel de Didonne en plusieurs et maintes manières, comme ou bian de lurs corps, de lurs bestes chevalines et âsines et de lurs buefs et charrettes et autrement, nous ledit seigneur, qui ne vorroions de riens a asserminer nostres diz hommes et habitans de nostres dicte chastellenie, voulons et octroions que ladicte ayde que ilh nous hont fet du temps passé ne leur tornet en rien à préjudice ni à conséqunce, et les en quiptons et voulons et consentons, par nous et nos héritiers et successors que dès hores en avant ilh n'i soient en riens tenuz se ceu n'estoit de lur cortoysie, non por tant que ilh n'est nostre entende de lur quipter ni remetre nostres droiz en quoy ilh nous sunt tenuz anciannement.

Et toutes et chescunes les chouses dessus dictes nous ledit seigneur de Didone voulons estre signifiés à tous aus quieux ilh appartient porra et devra appartenir, par la theneur de c'est present public instrument. Et nous avons promis et juré sur sainz Euvangelies Nostre Seigneur, de nous corporaument touché le Livre, pour nous et pour nous héritiers et successors et pour ceulz qui de nous auront en ceu cause, à nous diz hommes et habitans ne dostrediz chastel et chastellenie de Didonne, pour eulz et pour les lurs, que nous avons et aurons perpetuellement fermes, estables et agréables toutes et chescunes les chouses dessus dictes sanz jamès venir encontre par nous ni par autre pour iceles rapeler ni revoquer en tout ni en partie en aucune manière.

Et de toutes et chescunes les chouses dessusdictes nous ledit Seigneur de Didone requerons à vous le tabellion public dejus escript que du dehu de vostre office, vos donnez ausdiz nous hommes et habitanz de tout nostre chastel et chastellenie de Didonne public instrument.

Et je le dejus escript tabellion public, veues, oyes, et entendues dudit baron les chouzes dessusdictes et chescunes d'icelles, present a sollempnellement stipulant et acquerant pour touz ceulz à qui ylh appartient, porra et devra appartenir, ay donné et octroie, à la requeste dudit baron, audiz hommes et habitanz dudit chastel et chastellenie de Didonne cest present public instrument, du dehu de mon office, en ceste forme.

Cestes chouses furent fetes et données l'an, le jour, l'heure, le lieu et le regnant que dessus ; presens tesmoings : Marin Ferrant, clerc ; Perrin Aymart, Mayet Tuant dudit lieu de Thalemon, et Johan du Boucherau parrochien de Champnac, à ceu instantement requis et appelez.

Et ego Johannes Chilhot, clerc, habitans en Xanctonge, de l'auctorité nostre seigneur le prince d'Aquitaine, la sœ grace tabellion public, aus chouses davant dictes et chescunes d'elles avec les dictes personnes presens fuy, ycelles chouses vy et oy dire, de ma propre main les ay escriptes et en ceste publique forme mon signet accoustumé ay mis à ceu, appelez et requis.

JOH CHILLOT, clerc.

(Chartrier de Thouars. — Magnifique original en parchemin). — Deux quittances.

I. — Je Jehan Gorlay, besson (terrassier), confesse avoir eu et reçu tant pour moy que pour mes compagnons, de Philibert de Saux, receveur de Taillebourg, la somme de cent solz tournoys sur le pris fait de deux cens dix-huit brasses de foussez qu'avons prins à faire au maroys d'Estroy, pour faire venir l'eau au molins à blé, à huit deniers chascune brasse, se monte sept livres. De laquelle somme de cent solz tournoys, en déduction de ladicte somme de VII livres, je suis contens et bien payé et en quicte ledit receveur et promet à l'en acquitter envers mesditz compaignons, par ceste quictance signée à ma requeste du seing manuel de Henry de Valée, clerc, notaire royal, cy mis, presens tesmoings. Simon Volant et Yvonnet Bonneau, le XXIIIe jour de novembre l'an mil IIIIC quarante et cinq (1445). Signé à la requeste dudit Gorlay par moy H. de Valée.

II. — Je Nouel Salmon laboureur, demourant à Saujon, congnois et confesse avoir eu et receu de monseigneur le repceveur de Cozes et audit lieu de Saujon, la somme de huyct solz, à cause d'avoir faulché le pré de Monseigneur. De laquelle somme je me tiens content et bien payé, tesmoingn ceste cédulle signée à ma requeste, du seing manuel du notaire soubscript, le XIIe jour de juillet l'an mil CCCC quatre-vingt et deux (1482).

J. LAIGNOUX

(Archives historiques de Saintonge et d'Aunis).

11 Janvier 1375 (N.-S.)

Renvoi par le juge de Didonne, faute de plaignants et de témoins (probablement par crainte de leur part), de dix individus accusés par le procureur de la baronnie de bris de portes, et pillage de maisons, commis avec préméditation, nuitamment et en armes.

Du jeudi avant Saint-Hilaire, 1374. Représentés se sont aujourd'hui par davant nos Perrin Charbonneau. le plus jeune Hélie Tardieu, Naudin Lauriau, Motin Maerle, masson, Jehan Bejon, Guillaume Chicaut, Janot Gastine, Chaume, Jehan Maussant et Guillaume Jehan, au quieux et à checun d'eux avons outroyé hobeissance et jorneya (1).

Et comme nous avons fet appeler par trois éditz ou nostre court, publiaument, toutz ceux qui de riens les voudroyt acuzer ou contre heux riens propouzer, denuncier ou la court soliciter de ce que le procureur de nostre office dizoit et propousoit contre lez dessus nommés que ilh s'en estoyent alez, de nuyt et de guayt apensé et en portacion d'armes, en nostre terre à Saint- Jorge (2) et illeques avoyent rompu portes et pihé austanz, et sur celi nulh ne se soit comparus. Nous lez dessus nommes, par le jugement de nostre court, de ladicte surmisse les avons absout et licencié de nostre court.

(Chartrier de Thouars; registre des assises de Didone).

Archives historiques de la Saintonge et de l'Aunis.

(1) C'est-à-dire qu'ils avaient obéi à l'ajournement à eux donné.

(2) Saint-Georges-de-Didonne.

31 Mai 1452

Aveu et dénombrement de la chastellenie de Didonne par Olivier de Coëtivy.

A touz ceulz qui ces presentes lectres verront et orront, Olivier, seigneur de Coetivi, de Taillebourg et de Didonne, chevalier, conseillier et chambelain du roy nostre seigneur et son grand seneschal de Guienne. Sachent touz que nous ledit Olivier, connoissons et confessons avoir et tenir du roy nostre dit seigneur, à foy et hommage-lige et serement de feauté et au devoir d'un fer de lance du priz de dix solz tornois à muance d'omme nostre chastel et chastellenie de Didonne avecques la baillie de Meschiers et toutes et chascunes leurs appartenances, appendences, et deppendences quelxconques, soient ressors, deffens, garennes, bois, pescheries, eaux, rivages, naufrages, et aventures, cens, rentes en blez, en deniers, en avoyne, en vin, en poulaille, tailles, corvées, fours, moulins, destroix, servitutes, foires, marchez, fourestz, landes, costumes, péages, traverses et autres choses quelxconques, toute haulte, moienne et basse justice et juridicion, mere mixte et impère et exercice d'icelle et tout ce qui en deppend et puet deppendre, tant au dedens des fins et mectes d'icelles que au deffors que enclavces dedens autres chastellenies, avecques toutes autres prerogatives, autoritez, dignitez, libertez, franchises et nobles dommaines, et droix telz que nous et noz predeccesseurs, qui ont esté seigneurs dudit lieu de Didonne, y ont acoustumé avoir, prandre, tenir et exercer soubz l'obeissance et souveraineté du roy nostredit seigneur, excepté ce que nous tenons de reverend père en Dieu, Monseigneur l'évesque de Xaintes.

Laquelle chastellenie dure et s'extend première ment d'un côsté tenant à la chastellenie de Royan, en alant tout au long de la Gironde jusques à la chenau didonoise qui depart la terre de Didonne et celle de Thalemont-sur-Gironde en alant à Fontenilles ledit lieu de Fontenilles et ses appartenances inclus, et d'ilec à la font de Malestrade jusques aux chemins qui s'appellent les quatre confourches en alant le grant chemin a Mouillesole et d'ilec à la tonnelle du moulin du prieur du Chay, en alant le grant chemin jusques au Peyrat Noblanche près de Riberou, et dudit peyrat à Brie en alant vers Mons, ledit lieu et terre de Mons inclus, et de Mons jusques à la moitié de la Conche de Royan près des justices de nostredicte chastellenie de Didone et de la justice dudit lieu de Royan et en laquelle nostredicte chastellenie nous avons cens portans ventes et admendes. *Item* advohons tenir vingt-quatre livres en deniers de rente que nous doivent chascun an à cause de nostredicte chastellenie les pescheurs et mariniers de Mornac. *Item*, advohons à tenir à cause que dessus sur le marché de Saujon chascun ou cinquante livres de rente. *Item*, sur le marché de Cozes, chascun an de rente, vingt-deux livres six solz huit derniers. *Item*, cinquante solz de rente que nous doivent chascun an Robin Guast et son frère, à cause des choses qu'ilz tenent de nous en nostredicte chastellenie. Item quatre livres de rente que nous doit chascun an le sire de Luchac, à cau. . et pour les choses qu'il tient de nous en ladicte chastellenie. *Item*, le manoir au Brives en la chastellenie de Royan avecques ses appartenances. *Item*, quatre vingt boisseaux de froment de rente, qui sont cinq tonneaux de froment, que nous doit chascun an, le sire de Royan, à cause de son chastel et chastellenie de Mornac.

Item, le prevost de Meschers quatre-vingt boisseaux de froment, à cause des choses, qu'il tient de nostre dicte chastellenie. *Item*, Jehan Autenc, à cause de ce qu'il tient de ladicte chastellenie, vingtdeux boisseaux de froment et vingt huit boisseaux d'orge et deux tonneaux de vins. *Item*, Jehan Vigier des Pibles, quatorze boisseaux de froment de rente, à cause des choses qu'il tient de nous en ladicte chastellenie. *Item*, advohons à tenir garenne ancienne à toutes bestes et par toute nostredicte chastellenie. *Item*, tout ce que tiennent de nous noz hommes, vassaux et subjects a foy et hommage, ou autrement. *Item*, noz estancs de ladicte chastellenie avecques leurs appartenances. *Item*, tout ce que tennent de noz vassaux et subjectz a hommages-liges et plains et autrement, les aucuns en toute justice, haute, moienne et basse et les autres en aucune deppendances des juridicions dessusdites et aussi plusieurs d'Église, abbez, prieurs, hospitaliers et autres religieux, curez d'église et autres en franche aumosne à foy et hommage et autrement. *Item*, tout ce que nous avons et que nos predescesseurs seigneurs dudit lieu de Didonne ont accoustumé avoir et prandre en la terre et chastellenie de Cosnac. *Item*. nostre chaufage et exploit en la forest de Corles et generaument toutes et chascunes les autres choses que nous avons et avoir pouvons et devons et que nous povent et doivent competer et appartenir et que autres tennent de nous et soubz nous à cause de nostredicte chastellenie en gariment, franche aumosne ou autrement. Et les choses dessus dictes nous baillons au roy nostredit seigneur par escript, en la manière que dit est, o protestacion de croistre, mennuer, corriger, spécifier et declairer toutesfoiz et quantes qu'il vendra à nostre notice que plus ou moingz en doions tenir, comme il soit chose difficile et impossible de les povoir à présent autrement déclairer. Et ce nous certifions au roy nostredit soverain seigneur et a touz autres qui il puet et doit appartenir par la teneur de sesdictes presentes, signées de nostre main et scellées du séel de noz armes le dernier jour du moys de may l'an mil quatre cens cinquante deux.

OLIVIER DE COETIVY

(Original sur parchemin. Signature autographe. Sceau perdu. Archives nationales carton q. 128. — Communication de M. Adolphe Bouyer, à la société des archives de Saintonge et d'Aunis).

Le 10 juillet 1480, Charles de Coëtivy, fils d'Olivier de Coëtivy fit hommage au roy à qui il donna son dénombrement le 15 août 1480, de la chastellenie de Didonne et du baillage de Meschers.

— 1525 —

Requête des habitants de la chastellenie de Didonne au roi François Ier, pour obtenir une réduction d'impôts, en conséquence de la peine et des frais qu'ils ont pour défendre contre les descentes ainsi que les attaques des ennemis, la côte et l'embouchure de la Gironde.

Au Roy, nostre souverain Seigneur,

Supplient très humblement vos très humbles et très obéissantz subjectz les habitants de la chastellenie de Didonne, en Xainctonge, contenant ladicte chastellenie quatre petites paroisses (1) assises sur l'entrée et gueulle de la rivière de Gironde,

Comme ainsi soyt que pour la facille descente que les ennemys peuvent faire sur les terres de ladicte chastellenie et de là courir tout le pays de Xainctonge sans trouver place forte qui leur puisse résister, et pour ce obvier, et leur faire teste et empescher ladicte descente, comme les dictz habitans ont faict cy-devant par plusieurs foys, soyent contrainctz iceulz dictz habitans faire le guet à la coste, eulz armer et tenir en equippage de guerre à leurs propres deniers et despense et laisser leurs propres affaires et y vacquer jour et nuict, ce que, pour leur pauvreté, ne leur est possible de continuer à l'occasion de quoy plusieurs des habitans de ladicte chastellenie se sont retirez et retirent chascun jour en autres paroisses et terres plus elloignées de la couste, tellement qu'il est fort à craindre que, pour leur dicte pauvreté et petit nombre du peuple qui y restera, ladicte coste et gueulle de la Gironde en cest endroict demeure avecques peu de deffence et resistance ausdictz ennemys ; ce qui importerait grandement, Sire, pour le reste de vostre pays et comté de Xainctonge et seroyt de pernicieuse conséquence pour tout votre royaulme, s'il ne vous plaisoyt, Sire, leur bailler le moyen d'eulx rendre aises pour la garde et deffence dudit pays et de vous y faire très humble et très agréable service comme ilz et leurs prédécesseurs habitans de ladicte chastellenie de Didonne ont faict jusques ycy.

Ce considéré, Sire, vous plaise les soullaiger et abonnir a certaine petite somme de deniers, qu'ilz puissent aisément porter leurs tailles, aydes et equivallens qui sont imposés sur eulz par chascun an, et du surplus les descharger affin qu'ilz puissent mieux supporter les autres fraiz et charges susdictes. Et ilz seront tenuz à jamès pryer Dieu pour Vostre sacrée Majesté.

(Chartrier de Thouars — Minute sur papier, mutilée en tête et tachée), Archives hist. de Saintonge et d'Aunis.

---

(1) Saint-Georges-de-Didone, — Médis, — Meschers, — Semussac.

17 Mai 1623

Lettre des protestants de Semussac, paroisse de la baronnie de Didonne, à leur seigneur Frédéric de la Trémoïlle, comte de Laval, pour obtenir de lui remise et abolition de la rente d'un quart et quelques picotins de froment, assignée sur le terrain qu'ils viennent d'acheter pour leur servir de cimetière.

A Monseigneur,

Monseigneur le comte de Laval,
à Thouars.

Monseigneur, voz pauvres tenanciers et subjectz faisant profession de la religion réformée en vostre paroisse de Semussac, depandant de vostre barronnye de Didonne, ayant estez cy devant travaillez par ung mallicieux prestre, demourant en ce lieu, et par aulcuns habitans faisant profession de la religion roumayne, pour raison de l'enterrement en noz sépultures anciennes, avons esté contrainct achetté ung aultre cymetière pour l'enterement des mortz et decedez de la religion reformée, qui contient dix-huit à vingt carrereau d'erpant, tenu a renthe de vostre baroynne soubz le devoir d'ung cart et quelques picotins de froment, à huict faisant le cart ; lequel cymetière avons faict voir à M. Delavigne, que avons prié vous en rapporté la vérité.

Vous suppliant Monseigneur, voz pauvres subjectz de leur voulloir hoster de dessus eulx se debvoir et renthe, qu'ils vous doibvent à cause dudit cymetière et de commander à voz fermyers et vostre procureur de le voulloir hoster et effacer sur vostre terrier de vostre baronnye ; et prieront Dieu, comme ilz ont toujours faict ; pour Vostre Grandeur et accroissement de courage que avez en sa crainte, et vous demeureront pour jamays, Monseigneur, voz pauvres subjects et assurez serviteurs.

Les habitants de Semussac faisant profession de la relligion réformée, et au nom de tous.

RICHIER.

Le 17e may 1623.

(Chartrier de Thouars, original olographe).
Archives historiques de la Saintonge et de l'Aunis.

MESCHERS

---

900 habitants — 36 kilomètres de Saintes — Postes et télégraphes. — Gares à la Traverserie à 9 kilom. et à Royan à 11 kilom. La voiture du courrier correspond avec la gare de Royan, deux fois par jour. Une autre voiture fait aussi pendant l'été, un service régulier. Prix 1 franc par voyageur. Quatre loueurs louent des voitures particulières au prix de 5 francs par voyage.

Le bourg de Meschers, situé à l'embouchure de la Gironde se trouve abrité par une pointe s'avançant vers le Sud-Est et protégée contre la violence des flots et contre les vents par une falaise dans laquelle s'ouvrent des grottes qu'on appelle les grottes de Meschers. Ces grottes creusées de mains d'homme, sont fort curieuses à visiter ; disposées comme autant de trous d'un pigeonnier sur le flanc d'un rocher à pic, elles sont par place reliées entre elles ou au faîte de la falaise par une rampe qu'aucun parapet, ne borde du côté de la mer, dont les eaux sont à 25 mètres au-dessous. Autrefois, toute une population habitait dans ces cavernes, principalement pendant les guerres de religions où les protestants s'y réfugièrent contre les persécutions, puis par la suite par des familles de pêcheurs. Aujourd'hui quelques unes le sont encore, entre autres celles de la femme Neuve, et de la Guicharde, on les visite moyennant un léger pourboire à leurs occupants. Un propriétaire de Bordeaux a eu l'idée d'acheter l'une de ces grottes et de s'en faire une résidence d'été, où l'on trouve un véritable appartement avec tout le confort moderne, il y existe puits et terrasse; un chef de bureau du Ministère des cultes, M. Simart a installé dans une autre, sa salle à manger et sa cuisine. M. Paul Massy, distillateur et marchand de vins en gros a aussi transformé deux de ces grottes en café et restaurant avec terrasse splendide, le tout ayant vue sur le large. Les autres sont inhabitées; à citer les grottes du Pasteur (conche à Cadet) ; de Benjamin ; — de la Vierge à Piquette ; — du Temple ; — la salle de bain; — du Maire; — et les anciennes carrières romaines.

Une belle forêt s'étend au nord de la commune et suit la mer jusqu'à Saint-Georges-de-Didonne, elle renferme principalement des pins, chênes verts et ormeaux.

Des marais salants occupent la partie sud-est et séparent Meschers de Talmont.

De l'autre côté de la Gironde, on aperçoit au loin, le Verdon et la pointe de Graves, toute couverte de forêts de pins.

Meschers possède cinq plages connues sous les noms de : conche des Nonnes ; conche des Vergnes, dans laquelle se trouve la Couronne, énorme pan de falaise que l'eau entoure de tous côtés à marée haute ; conche de l'Arnèche et conche de Suzac, la cinquième est la conche à Cadet qui touche celle des Nonnes. Toutes ces plages sont de même nature et sont séparées les unes des autres par des rochers ou plutôt des falaises hautes en moyenne de 25 à 30 mètres, que des pins maritimes, des chênes verts etc., couronnent, ce qui leur donne l'aspect le plus pittoresque. Ces plages tapissées de sable fin, se distinguent par la déclivité presque insensible de leur grève. Les bains y sont excessivement commodes et sans danger. Le bourg ne renferme pas, à quelques exceptions près, de villas ou de châlets construits spécialement pour la location.

Mais presque tous les habitants louent pendant la saison, tout ou une partie de leur maison à des prix variant de 100 à 200 francs par mois.

Il est toujours difficile de fixer d'une façon précise la dépense que peut occasionner la nourriture d'autant plus que toutes les personnes n'ont pas les mêmes besoins, ni les mêmes exigences. Nous croyons cependant pouvoir affirmer que lorsqu'on est seul, il est possible de se pourvoir du nécessaire avec 4 ou 5 francs par jour et que les familles nombreuses peuvent s'arranger de façon à dépenser relativement beaucoup moins. Certainement, le prix de l'entretien de chaque personne qui les compose ne doit pas s'élever quotidiennement au-dessus de 1 fr. 50 à 3 francs.

L'approvisionnement se fait exclusivement dans le bourg, soit chez les commerçants qui y sont établis, soit au marché qui se tient régulièrement le mardi et le vendredi.

Meschers possède une boucherie-charcuterie fort bien montée, tenue par Mme Veuve Bourgeois ; plusieurs épiceries, trois boulangeries.

Au « Pauvre Diable » chez Bouron, on trouve de tout, il est coiffeur, rempailleur de chaises, horloger, réparateur de bicyclettes, voire même d'automobiles, correspondant et marchand de journaux, de mercerie, chaussures de bains de mer, papeterie, coutellerie, articles de ménage, cartes postales illustrées, parfumerie, etc., et par dessus tout de bonne humeur, car toujours il est gai et content de son sort.

Meschers possède une église et un temple protestant ; la messe a lieu le dimanche à 8 heures et à 10 heures et demie, le curé actuel. M. l'abbé, Pitard jouit d'une réputation d'orateur distingué et ses sermons sont fort goûtés; du reste, tous les dimanches, l'église est pleine; un chœur de jeunes filles s'y fait entendre.

L'office protestant est à midi, M. Bourdery pasteur, officie

Meschers possède un hôtel, celui de la Croix-Blanche, dirigée par Mme Médélis Curaudeau, qui s'y entend de façon magistrale pour faire de succulentes sauces, c'est aussi une mère pour ses pensionnaires ; les prix sont modérés.

Un établissement de bains est tenu par les frères Couzain, menuisiers, qui louent des cabines et des grottes sur la conche des Nonnes ; M. Jules Couzain tient aussi le bureau de tabac, il est receveur buraliste.

Pour la construction de villas, sur la falaise, s'adresser à M. François Lésalle, entrepreneur de maçonnerie à Meschers.

M. Durassier, notaire et adjoint de Meschers qui est l'amabilité faite homme, se met à la disposition de tout le monde pour les renseignements à fournir sur l'achat de terrains et locations, etc.

Comme distractions, Meschers offre aux étrangers : la pêche sur la plage ou en mer, la pêche aux crevettes grises ou boucs, à la grosse crevette rouge ou bouquet ou santé dans les rochers au moyen de filets appelés balances, aux crabes, aux coquillages, aux bars ou mégras, aux mules ou meuils etc., on peut même au large, se payer le luxe de pêcher le marsouin, la chasse aux oiseaux de passage, et surtout de très jolies promenades et de belles excursions. Les plaisirs mondains seuls font défaut, et les casinos les plus voisins sont ceux de Royan, où l'on peut aller du reste facilement.

La belle forêt de pins et de chênes verts dont nous avons parlé plus haut, et qui s'étend entre Meschers et Saint-Georges-de-Didonne, est sillonnée chaque jour par les promeneurs. C'est là qu'on aime à aller chercher l'ombre et la fraîcheur après les longues heures passées au soleil sur la plage.

Quant aux excursions qui ne se font pas habituellement à pied, nous nous bornerons à recommander : Talmont et sa vieille église, Saint-Seurin d'Uzet, Mortagne-sur-Gironde, Cozes, Saujon, Royan, etc. ;

puis le Verdon, la Pointe de Graves et Soulac, auxquels on se rend en bateau.

Le service médical est assuré d'une façon très régulière par M. le Docteur Camus, de Saint-Georges, qui est fort recommandé.

La commune de Meschers est située sur l'estuaire de la Gironde, à dix-sept kilomètres du port de Ribérou où la Seudre est navigable : c'est par le vallon de Meschers qu'on a proposé au Gouvernement de faire le canal de communication entre ces deux fleuves.

400 mètres seulement séparent deux ruisseaux qui coulent dans une direction absolument opposée : l'un prend sa source au hameau de Chez-Reine, commune de Semussac, et se jette dans la Gironde ; l'autre coule de la Puisade, commune du Chay, et verse ses eaux dans la Seudre. Le terrain est peu élevé entre les points de départ de ces ruisseaux ; le premier aboutit à Meschers, dont le port offre un abri sûr et un bon mouillage.

En 1600, on faisait à Meschers un commerce considérable ; on y comptait 30 bâtiments dont quelques uns portaient 90 tonneaux ; 60 marchands y étaient établis.

Il y avait à Meschers 55 livres de marais salants (1)

---

(1) La livre de marais salants est de la contenance de 50 ares, et produit, terme moyen, 7060 kilog. de sel.

En général il faut, pour qu'une saline soit bien soignée, qu'elle soit desservie par un saunier, sa femme et ses deux ou trois enfants, de 12 à 18 ans, pour cinq livres de marais. Le travail commence au mois de Mars ; on nettoie les canaux, on évacue l'eau douce, on introduit l'eau de mer, on corroie la terre des aires, on les nivelle et on refait les bourrelets ou séparations.

Le moment de la saunaison dépend de la température lus ou moins chaude, plus ou moins sèche ; elle commence ers le solstice d'été et cesse, en général, au mois de sep-

plus productifs que les meilleurs marais de l'arrondissement de Marennes.

Les grains forment un objet important d'exportation dans le canton de Cozes. On les embarque à Meschers et aux Monnards.

Les bateaux de ces deux ports sont de 10 à 30 tonneaux, et transportent à Bordeaux, outre les grains, des veaux, des moutons, des cochons, de la volaille, du beurre et des œufs ; ils en rapportent en retour des denrées coloniales, des huiles, des savons de Provence, des résines des landes, etc. ; on y fait un petit commerce d'eau-de-vie.

LE PORT DE MESCHERS

Le port de Meschers a été bien amélioré depuis 1814 ; le chenal, qui était très sinueux, a été mis en ligne droite, et une écluse de chasse a été construite dans sa partie amont, touten conservant un bassin de retenue en arrière pour assurer son entretien.

On y comptait en 1885, 5 bateaux de pêche de 3 tonneaux environ et 2 gabarres de 30 tonneaux appartenant à cet établissement maritime.

Des bateaux des ports voisins, les Monnards,

---

tembre : on introduit alors sur les marais une assez grande quantité d'eau pour que les gelées ne puissent les détériorer. Les produits varient nécessairement en raison de l'influence plus ou moins favorable de la température ; il y a souvent des différences prodigieuses d'une année à l'autre ; quoi qu'il en soit, le terme moyen de la production d'une livre de marais dans une période de 20 ans, est d'environ 7 à 8000 kilogrammes par an.

Saint-Seurin et Mortagne, y viennent apporter et prendre des marchandises.

Les exportations sont les suivantes : bétail, beurre, œufs, volailles, blés, maïs, avoine, baillarge, fèves, paille, aulx, foin, vins et eaux-de-vie, bois de chauffage et de construction, poisson, coquillages.

Les importations consistent en bois du Nord, tuiles, briques, pierres dures et tendres de la Dordogne et de la Garonne, farines, etc.

De 1883 à 1866 on y a exporté également, par navires de 100 à 200 tonneaux, des bois de pin maritime du pays, pour poteaux de mines, à destination de l'Angleterre.

Le port de Meschers est en communication avec l'intéreur par le chemin d'intérêt commun de Saujon à Meschers, par Semussac ; par le chemin d'intérêt commun de la Tremblade à Blaye ; et les routes départementales n° 1, de Rochefort à Royan, et n° 8, de Royan à Pons.

Les registres du maître du port accusent, en 1677, à l'entrée et à la sortie, un tonnage de 5.554 tonneaux, et un chargement effectif de 1.327 tonneaux. Ce tonnage a été augmenté depuis 1879 et il était arrivé en 1885 à 8.500 tonnes à l'entrée et à la sortie, et à un chargement effectif de 3.200 tonnes.

Indépendamment de ce mouvement de navires, il y avait, en 1877, 9 bateaux de pêche pour le poisson et le coquillage, qui produisaient un revenu annuel de 20.000 francs environ.

HYDROGRAPHIE

Le port de Meschers, situé au pied de la falaise du même nom, se trouve à 600 mètres environ du bourg dont il dépend. Il comprend : 1° un avant-chenal dirigé suivant une ligne droite qui fait un angle de 8 degrés Ouest avec le Nord vrai ; 2° un chenal dirigé suivant une ligne droite qui fait un angle de 30° 30′ avec le Nord vrai ; 3° un bassin de retenue qui fait le prolongement du chenal. Ce bassin reçoit les eaux d'un ruisseau qui prend sa source au village de Chez-Reine, commune de Semussac, et des fossés de ceinture de diverses propriétés. Le chenal est séparé du bassin par une écluse de chasse, et des cales hautes et basses sont établies au milieu de sa longueur.

Le fond est de rocher, couvert d'une légère couche de vase.

La mer monte moyennement, en face du milieu des cales, de 2 m. 35 en morte-eau, de 3 m. 45 en maline (1) ordinaire et de 4 m. 15 en maline d'équinoxe.

La position géographique de cet établissement maritime est déterminée de la manière suivante :

Longitude occidentale du méridien de Paris : 3° 17′0″.

Latitude septentrionale : 45° 33′ 10″.

L'estran du port a une pente de 0 m. 002 par mètre dans toute sa longueur.

Les vents dominants sont compris entre l'Ouest et le Sud-Ouest.

La durée du flot est de 5 heures 30 minutes, et celle du jusant, de 6 heures 50 minutes, à l'entrée du port.

Les courants portent Est-Sud-Est et Ouest-Nord-Ouest, avec une vitesse moyenne de un nœud environ à l'heure. A 100 mètres en avant de l'avant-chenal la vitesse est de 2 nœuds, et commence à se ressentir des grands courants de la Gironde.

---

(1) Maline. — Le temps des grandes marées à la pleine lune et à son déclin et à la nouvelle lune.

Le jour des syzygies (1) la basse mer est à 10 heures et demie du matin et la pleine mer à 4 heures du soir.

Les abords du port sont bons ; ils sont signalés par quatre balises, une bouée et des pieux ; aussi l'accès du chenal est-il facile aux navigateurs.

Le côté d'amont du port est formé d'alluvions, et celui d'aval de rochers.

La rade est très bonne, elle peut contenir des vaisseaux.

Le port est abrité des vents du Sud-Ouest, d'Ouest, et de Nord-Ouest par les terres de Meschers et la falaise qui longe le fleuve sur une longueur de près de 2 kilomètres, et s'élève à plus de 20 mètres au-dessus des basses mers d'équinoxe dans certains endroits; il est abrité du Sud-Est par la levée de rive gauche du chenal.

HISTOIRE

— 11 juillet 814 —

Cartulaire de l'église collégiale de Saint-Seurin-de-Bordeaux, par Jean Auguste Bruails (Bx 1897).

VIII. — Diplôme de Louis le Pieux (le Débonnaire, fils de Charlemagne), donnant Meschers au monastère de Saint-Seurin-de-Bordeaux, 11 juillet 814.

In nomine Domini Dei et salvatoris nostri Jhesu Christi, Ludovicus divina ordinante providentia imperator Augustus.

Notum sit omnibus fidelibus sanctæ Dei ecclesiae,

---

(1) Syzygies. — Les jours de nouvelle lune et pleine lune.

de nostris, presentibus scilicet et futuris quia placint nobis pro mercedis nostra aucmento ad monasterium Sancti Severini prope urbem Burdegalim sitam villam quæ vocatus Miscariam (1), in pago sanctonico, super fluvium carronnam, sitam, cum omnibus apendiciis suis ad supplementum fratrum' in ipso monasterio consistencium reddere, atque ut perpetuis temporibus quiete illam pars predicti monasterii habere valeta per has nostrae autoritatis litteras confirmare. Proinde hoc preceptum nostrum fieri eis jussimus, per quod cunctis fidelibus sanctæ Dei ecclesiæ presentibus et futuris notum facimus ut predictam villam cum omnibus appendiciis suis vel adjacentibus, cum domibus, Œdificiis, terris, vincis, prates, silvis, parcuis, aquis, arquarurve decursibus quicquid ibidem jure pertinere videtur, totum et ad integrum vel in exquisitum per hanc nostram auctoritatem ad ipsum monasterium agnoscant a nobis esse redditum, atque confirmatum.

Precipientes ergo jubemus ut nullus quislibet de predictis rebus quas nobis prefato monasterio reddere atque confirmare placint aliquid abstrahere aut injuste minuere eut aliquam contrarictatem facere vel injustam resultationem inferre temptet, sed liceat ipsas res memoratae ecclesiae possidere atque perhennibus temporibus ad stipendia fratrum ibidem Deo farnulantium proficere, et nullus illam ex inde allo nuquam tempore abstrahere, nitatus, si Deum vult habere procipium.

Nullus namque judex publiciis in predictis rebus ad causas audiendos, vel freda exigenda aut mansiones vel paratos faciendas vel fidejussores tollendos, aut homines ipsuis ecclesiae distringendos, aut ullas redibiciones aut illicitas occasiones requirendas ingredi ceteraeres ecclesiarum sub tuicionem nostrae emunitis consistunt, ita et haec futuris temporibus

---

(1) Meschers.

salvae et illesae per nostram defencionem omni tempore persistere valeant, Haec vero auctoritas, ut nostris futurisque temporibus melius credatur et afi delibus sanctae Dei ecclesiae ac nostris inviolabiliter custodiatur manu propria subscripsimus et de annulo nostro subterjussimus sigillari.

Signum (Monogramme).

Illudonici, serenissimi imperatoris Data V idiis juluis anno primo, Christo propicia, imperii nostri indictione VII. Actum aquis groni in palatio nostro, in Dei nomine feliciter. Amen.

TRADUCTION

Au nom de Jésus-Christ notre Seigneur, notre Dieu, notre Sauveur, nous Louis, par les desseins de la Divine Providence, Empereur Auguste, faisons savoir à tous les fidèles de la Sainte Elgise de Dieu et à tous nos sujets présents et à venir, que, pour nous acquérir une plus grande récompense, il nous a plu de remettre, avec toutes ses dépendances au Monastère de Saint-Seurin situé près de Bordeaux, et ce pour augmenter les ressources des frères qui vivent dans ledit monastère, la villa de Meschers située dans le territoire de Saintonge sur les bords du fleuve de la Garonne. Et par ces présentes lettres, émanant de notre autorité, nous avons voulu aussi confirmer pour toujours, la paisible possession de cette villa aux frères du susdit monastère. Nous avons ordonné en outre, que par ces lettres, soit communiqué cet ordre qui est le nôtre et par lequel nous faisons savoir à tous les fidèles présents et à venir qu'ils aient, de par notre autorité à reconnaître comme donnée et confirmée par nous à ce même monastère la possession de la susdite villa de Meschers avec toutes ses dépendances, avec tout ce qui s'y rattache, avec ses maisons, ses édifices publics, ses terres, ses vignes, ses prés, ses forêts, ses pâturages, ses étangs, ses cours d'eaux, en un mot, intégralement et sans exception avec tout ce qui dans la région semble se rattacher de droit à cette villa.

Usant donc de notre pouvoir, nous défendons à quiconque de soustraire ou de détériorer injustement et d'assurer au susdit monastère. Nous défendons également à quiconque d'oser apporter à cela quelque opposition ou d'opposer quelque injuste revendication. Nous voulons, au contraire, que la susdite église ait toute facilité d'entrer en possession de toutes ces choses et de les faire fructifier toujours pour venir en aide aux frères, qui, dans son sein servent Dieu. Et que jamais, s'il veut compter sur les faveurs divines, nul dans aucun temps ne s'avise de chercher à frustrer cette Eglise de cette paisible possession. Qu'aucun juge public en effet, n'ose jamais venir s'ingérer dans ces susdites affaires qu'il ne présume jamais pouvoir les traiter qu'il s'agisse de différents à vider, d'amendes à exiger, de droit de cité ou de droit de paccage à établir, de cautions à supprimer, de sujets à exclure de cette même Eglise, de redevances à réclamer ou de quelques injustes abus à réprimer.

Mais de même que tout ce qui regarde les Eglises se trouve sous le couvert de notre immunité, de même nous voulons aussi que toutes ces choses, mises sous notre sauvegarde, puissent à l'avenir être à l'abri de toute attaque et de tout dommage.

Et pour ce présentement et à l'avenir notre décision ait plus d'autorité, pour qu'elle soit inviolablement observée par les fidèles de la sainte Eglise de Dieu et par nos sujets, nous avons signé de notre propre main et avons ordonné d'apposer en dessous le sceau de notre anneau royal.

Sceau (monogramme) de Louis empereur sérénissisme.

Donné le cinq des ides de Juillet la première année de notre règne commencé sous les auspices du Christ indiction VII.

Fait à Aix-la-Chapelle, dans notre palais, au nom de Dieu. *Amen.*

(*Communiqué et traduit par M. l'abbé Guilbeau, archiprêtre et curé d'Arvert*).

1232

En 1232, il existait à Beloire, petit hameau de la commune de Meschers, dont la terre appartenait à la Commanderie des Epaux, commune de Meursac, un monastère de Templiers.

La position du village de Beloire, la partie qui regarde la fontaine et celle faisant face au marais indiquent qu'il y a eu là autrefois un point fortifié et que les bords assez abrupts de la colline, en certains endroits ont été travaillés à main d'homme. Les Templiers du reste, moines soldats, avaient plutôt des châteaux forts où tout y était organisé militairement, que des abbayes ordinaires ouvertes à tout venant.

(Voir Didonne, charte de Hugues de Taunay et le Commandeur des frères de la Commanderie des Epaux 1232).

1308

Le Péage de Meschers en 1308, a été imprimé dans la Revue des Sociétés savantes, 4e série, vol. V, p. 501.

En voici quelques lignes :

» De quolibet porco pelat vendito in dicta parrochia, le noubles; —de quolibet porco brulat, la ganta ; seulement — dequolibet bove vendito in dicta parrochia la lecha ; — de quolibet vacca prout de pove ; — de quolibet porco vivo departo per mare, per arritbage, obolum ; de quolibet porco mortuo deportato per mare aut per terram in dicta parrochia, unum denarum tamen si sit leprosus nihil debet.

« Item de quolibet dolio vini vendito, in dicta parrochia, pro costuma et levagio vendicionis en gros, II denar, cum obolo. Et pro quolibet pipa ad forum dolii..... » etc.

En 1487, la coutume des maigres, prises et abordées au port de Meschers, était affermée 50 livres par an. Le bail de la coutume des raies, n'était que de 112 s.d.

Le 14 avril 1599, Charles de la Trémouille, duc de Thouars, écrit à sa femme Charlotte Barbantine de Nassau, qu'il se trouve à Meschers-sur-Gironde, pour y faire l'achat d'un prieuré.

CHARTRIER DE THOUARS

---

23 Février 1603

Plaintes du capitaine Jaspard Nérauld au duc de la Trémouille contre les voies de fait et autres mauvais procédés des seigneurs de Théon (1) et de Guitaut, tant contre lui et son co-fermier de la baronnie de Didonne que contre les habitants du bourg de Meschers.

A Monseigneur le Duc,

Monseigneur, hier m'en revenant de vostre grange avec M. Horry, votre juge lieutenant, fermier avec moy de vostre baronnie de Didonne de fayre charger quelques grains pour faire deniers pour avoir moyen de satisfaire à partie de vos commandemens, n'ayant espée ne baston, rancontrâmes sur le chemin, le sieur de Théon, accompagné du sieur de Guitault et de trois valletz, qui alloit à la chasse ; lequel sieur de Théon, de tant loing qu'il nous apperseut, poussa son cheval droict à moy et sans aucun propos me donna plusieurs coubtz d'ung baston qu'il avait en la main et nous dict pluzieurs grandes injures et uza de pluzieurs grandes menasses, le tout à l'occazion des com-

---

(1) Gilles du Breuil, chevalier, seigneur de Théon, Javrezac et Saint-Aman ; et son beau-frère, Pierre de Comminges, seigneur de Guitaut, père du célèbre capitaine des gardes de la reine Anne d'Autriche.

Le premier avait acquis de la sœur du duc, Charlotte de la Trémoïlle, princesse de Condé, le 21 septembre 1594, à raison de 33.000 livres, la terre de Château-Bardon, sise à Meschers, relevant de Didonne, à 8 jours de Chambellage quand le seigneur y est, plus un épervier à muance de vassal, avec droit à l'acquéreur de tenir garennes et forteresses à pont-levis, et, s'il n'y en a de pouvoir de nouveau en faire construire et édifier.

La princesse de Condé tenait la terre de Château-Bardon de sa mère Jeanne de Montmorency, qui l'avait acquise le 14 décembre 1584, d'Antoine de Beaucorps, écuyer, seigneur de Guillonville, et de sa femme Isabeau de Sainte-Hermine, damoiselle.

Le second est Pierre de Comminges, seigneur de Guitaut, lieutenant au gouvernement de Brouage et des Iles de Saintonge, qui épousa en 1575, Joachim du Breuil, dame de Théon et de Meschers.

mandemens qu'il a pleu à Vostre Grandeur pour permettre de chasser et de nous oppozer à ce que aucun s'attribue pouvoir de ce fayre.

Dont n'ay voulu faillir de vous advertir, d'autant que cela vous regarde et importe le bien de vostre service, car sy cella estoit tolleré et que l'autorité dudist sieur de Théon ne fust reprimée, Vostre Grandeur ne trouveroit plus d'officiers ne fermiers. Vostre procureur, présent porteur, vous fera plus amplement et au long entendre, l'otorité que ledit sieur de Théon entreprend et se veut attribuer sur voz subjectz de vostre bourg de Meschiers ; qui m'empêchera de vous en fayre plus long discours et vous en dire davantage, sinon que je ne manquerai jamais d'affectionnée vollonté au bien de vostre service où j'auray l'honneur de vos commandemens, et à demeurer perpétuellement, Monseigneur, vostre très humble et très obéissant serviteur.

JASPARD NÉRAULD.

De vostre bourg de Meschiers se vint et troysième en fuvrier 1603.

(Chartrier de Thouars. Original olographe).

Arch. hist. de Saintonge et d'Aunis.

---

19 Avril au 26 Septembre 1604

Trop peu nombreux et pas assez riches pour former une église particulière, les protestants de Médis avaient été incorporés à celle de Saujon, vers 1565.

Au commencement de 1604, deux circonstances amenèrent à un grand éclat les divers dissentiments inséparables de cette condition. En même temps qu'un ministre était établi dans l'une des quatre paroisses dont se composait la baronnie de Didonne, (ces quatre paroisses étaient : Saint-Georges-de-Didonne, Meschers, Médis et Semussac) à laquelle appartenait Médis ; les habitants de celle-ci étaient taxés, pour la reconstruction du temple de Saujon, à une somme beaucoup supérieure à celle qu'ils avaient offerte. Avec d'intéressantes particularités, six lettres originales du chartrier de Thouars font connaître les principaux détails de la lutte que les Médisains entamèrent pour être distraits de l'église de Saujon et unis à celle de Meschers.

Nous en ignorons l'issue. Favorable au début, elle put être modifiée et fut certainement retardée par la mort presque subite du seigneur de Didonne, Claude de la Tremoïlle, duc de Thouars, le 24 octobre 1604. Avant le mariage de sa sœur, Charlotte Catherine avec le prince de Condé, 16 Mars 1586, Claude de la Trémoïlle avait embrassé le protestantisme dont il fut jusqu'à sa mort un des plus braves et généreux soutiens.

1604 — 19 Avril

Lettre des protestants de Meschers à leur seigneur, pour lui exposer l'état de leur église et demander que les habitants de Médis en fassent désormais partie.

A Monseigneur, à Thouars,

Monseigneur, nous confessons ingénument qu'il y a heu de la faulte en nous d'avoir été si longtemps destitués de l'exercice ordinaire du sainct ministère, combien qu'ayons esté visités par les pasteurs des églises voisines ; mays la difficulté d'en trouver ung pour ceste-cy est cause qu'elle a ainsy demourée despourveue jusqu'à ce que vous, Monseigneur, plus soucieux de nostre bien et salut que nous mesme, y avez pourvu en la personne du sieur de la Croix, qu'il a plu à Vostre Grandeur, nous adresser ; lequel, et voz lettres qu'il a données, nous avons receu du meilleur de nostre cœur, et de quoy nous vous rendons grâces très humbles, espérans que par vostre moyen ceste église sera bientôt remise.

Nous avons doncq convenu avec ledict sieur de la Croix pour sa subvention, et de faict il est déjà installé et logé au milieu de nous en vostre bourg de Meschers. Mays, Monseigneur, nous vous supplions croyre que nous somes tant affoblys de grandes charges que nous avons suportées, à causes de tailles excessives qu'avons payées et autres, que difficilement pourrons-nous satisfaire à l'entretien dudict sieur de la Croix, nonobstant la libéralité qu'il plaist à Vostre Grandeur nous impartir pour nous ayder, sinon que les autres paroisses de vostre baronnye se joignissent à nous ; et de faict elles sont disposées et scytuées de sorte que, sans beaucoup s'incommoder, un ministre seul s'y pourroit bien transporter pour y exhorter alternativement, à tout le moings jusqu'à ce que Dieu aye accreu noz moyens pour establyr quelque autre église en vostre ditte baronnye.

Entre lesquelles paroisses nous désirons que ceux de Medys, qui sont tous de la religion comme nous se rengent de nostre costé, ce que nous croyons, qu'ils feront facilement, comme ilz nous ont asseurés de ce requis, pourveu que vous leur mandiez et notamment parce qu'ils se sont desjointz de l'église de Saujon.

Il est vrai que le synode dernier ordonna qu'ils y demeureroyent joinctz ; mays ils en sont appelants au National, rezolus, de ne se resjoindre nullement, leur estant ledict lieu incommode. Nous vous supplions donc très heumblement, Monseigneur vouloir prendre la peyne de leur commander de se joindre à nous, et que c'est vostre désir et intention ; et ce faisant, aurons moyen de faire meilleure la condition dudit sieur de la Croix et bonne espérance que tout réussira à la gloire de Dieu et édiffication de voz pauvres subjectz de la religion de vostre ditte baronnye ; particulièrement de nous, Monseigneur, qui vous offrons, tant pour ce bien que autre qu'avons receu de Votre Grandeur, ce que nous vous debvons, assavoir très humble et très obéissant service, que nous vous rendrons d'ung tel courage comme de bonne affection. Nous supplions le Tout-Puissant, Monseigneur, qu'en bonne santé, tout heur et prospérité, il accroisse et journellement augmente Votre Grandeur.

Voz très humbles, très affectionnés et très obéissans subjetz et serviteurs, les habitants de la religion réformée de la paroisse de Meschiers, en votre baronnye de Didonne et au nom de tous.

J. Vaurigault, Florry, S. Roy, J. Bargignac, F Perron, M. Brevet, au nom de tous.

A Meschers, ce 19 aoust, 1604.

1604 — 19 Avril

Lette d'A. de la Croix, ministre de Meschers, audit seigneur sur le même sujet.

A Monseigneur, à Thouars.

Monseigneur, ceux de Meschers et de votre baronnye de Didonne de la religion, excitez à leur debvoir par le respect de Vostre Grandeur, reprenant, suyvant vos commandemens leurs dernières erres, de manière que l'œuvre du Seigneur ce restablit et coumance à s'avancer au millieu d'eux, ceux de Médis, qui en sont aussy désireroient fort se joindre à eux pour participper soubz même octorité à tel beneffice. Ils estoient joinctz à l'église de Saujon. Je ne veux rien altérer, respectant et honorant le pasteur du lieu mais ils prétendent de n'y estre joincz qu'à temps, attendant le restablissement qu'ilz voient à présent ou moien d'avoir pasteur à part ; et le procès intervenu entre eux pour les fraitz de la construction du temple dudit Saujon, à quoy ils ont satisfait, leur a laissé une aigreur qui semble ne pouvoir s'adoussyr autrement que par leur octroyer de ce joindre à autre église. Les ditz de Saujon (ceux de Meschers n'aiant point de pasteur) ont obtenu au synode dernier que icelleux de Medys ne pourront avoir pour eux ung pasteur pour faire corps de églize ; dont les ditzde Médys sont appelans et pancent qu'il y a en leur voisinage préjugé à leur avantage ; car le semblable ayant esté ordonné pour ceux de la Tremblade, que ceux d'Arvert vouloient empescher de mesmes (congneu que l'on a qu'ilz avoient bien moyen d'entretenir ung pasteur) ont esté mis en liberté d'en avoir, s'ilz peuvent en recouvrer.

Quant à l'intérêt prétendu pour ceux de Saujon qu'il pouvoit advenir dissipation de leur églize si telle disjonction a lieu, oultre le beau moien qu'a le bourg de Saujon, aveccq sa paroisse, d'entretenir leur pasteur, il leur resteroit, quand Medys n'en seroit pas, encore neuf bonnes paroisses, ou Meschers, aveccq Médis et le reste de vostre baronnye, ne pourroient à comparaison tant bien faire que lesditz de Saujon, sans lesdittes paroisses. Et là-dessus, Monseigneur, rezollus de ce pourvoir pas devers Vostre Grandeur, à l'ombre de laquelle ils cuident que vous les voulez bien tenir comme les autres vos subjectz, leurs voizins, je ay creu qu'il luy plaira bien en escripte à messieurs du colloque des Isles, qui s'assemblent audit Saujon au commencement du mois prochain ; et, les enformant de ce qu'elle trouveroit estre plus convenable pour la gloire de Dieu, le bien de la paix et vostre service, vous en remettrez le jugement, auquel vous enjoindrés à ceux dudit Médis de se ranger ; c'est le subjet de la présente, excuzés-en, Monseigneur, le très humble et très obéissant serviteur de Vostre

Grandeur, qui prie continuellement pour le maintien, accroissement et prospérité d'icelle.

A. DELACROIX (1).

A Meschers, le 19 d'aougst 1604.

---

20 août 1604

Lettre des protestants de Médis, pour être distraits de l'église de Saujon et être unis à celle qu'on vient d'établir à Meschers.

A Monseigneur, à Thouars.

Monseigneur, combien que ceux de Saujon se soyent voulus prévaloir, au synode dernier tenu à Saint-Jehan, de l'authorité qu'avez sur nous pour nous tenir, contre notre gré, joinctz à eux, toutes foys la craincte de vous desplaire nous a retenus de recourir à vous, ores qu'en ayons toujours heu désir. Et sans le nouveau subjet qui se présente au restablissement de l'église de Meschiers, l'une des paroisses de vostre baronnye de Didonne par le moyen du sieur de La Croix, qu'il vous a pleu leur adresser, nous n'eussions ozé prendre la hardiesse de vous présenter ceste cy pour vous faire entendre la vérité de nostre affaire, que nous desduyrons succintement de peur de vous ennuyer, vous supplians très humblement, Monseigneur, nous favoriser tant que nous ouyr.

Nous ne contredisons qu'il y a longtemps que nous sommes rangés à l'église de Saujon, encores que ayons toujours désiré d'en estre libérés et faire corps d'église en vostre paroisse de Médys, où n'y a point de propriétaire du party contraire, ou bien nous renger à autre en votre ditte baronnye. Cependant ceux de Saujon ont faict construire ung temple, et pour les frais nous

---

(1) La signature est d'une main tremblante.

auroyent compris à nostre desçeu, nous qui ne pouvons rien prétendre au fonds ni en la propriété, à la sixte partye et plus, et pour ce heu exécutoyre pour nous contraindre au payement ; de quoy aurions apellé, et, par arrest donné à Nérac, esté condempnés payer deux cents livres par provision, ce que avons faict. Et non obstant qu'au dit synode nous demandassions qu'il authorisat la déclaracion de désunion par nous faite au consistoyre dudit Saujon, ce néantmoings inclynans au vouloyr du sieur Bonnet, pasteur de l'église dudit Saujon, taschant de nous retenir remonstrant que c'estoit votre vouloir fut advisé que nous demourerions joinctz à laditte église de Saujon. De quoy sommes apellans, et pendant l'appel ledict sieur Bonnet empescha que les autres ministres du colloque ne reçoipvent ceux de vostre ditte paroisse de Medys à présenter des enfans au baptesme, de sorte que les portans à Royan, convient au refus au ministre du lieu, à mesme heure courir à Meschiers, du grand dangier de la vie des petits enfants pour un si long travail. Et d'autant, Monseigneur, qu'il y a maintenant église dressée audict Meschiers, nous avons advisé vous supplier, comme nous faisons très humblement, trouver bon que nous, qui sommes de mesme barronnye, leur soyons adjoinctz ; ce qui leur tournera, comme à nous, à grand soulagement pour la subvention de leur pasteur, lequel de son côté s'y accordera facilement, et nous tous pour l'exercice de son ministere.

Quant à nous, Monseigneur, qui avons cest honneur de vous estre très humbles subjectz et tenanciers, prendrons plaisir, soubz vostre authorité et grandeur, d'establir le saint ministère en voz terres et y bastir et édiffier où nous aurons aussy moyen de conférer ensemble d'autres affaires concernant nostre sossiété et police, et non audit Saujon où nous n'avons esté qu'à temps, pour lequel ilz ne peuvent revendiquer sur nous prescription, n'y en pouvant en avoir en tel faict.

Et pour ce que le colloque, des Isles s'assemblera le sixième de septembre audit Saujon, auquel nous savons que voz lettres auroyent grand prix, pour vostre authorité à laquelle l'assemblée déférera beaucoup, et mesmes ès choses si équitables, nous vous supplions très humblement qu'en la faveur de nous, vos très humbles et très obéissans subjectz et serviteurs, il vous plaise, Monseigneur, vouloyr mander à laditte assemblée que vostre désyr est que nous soyons libérés à plaisir de laditte église de Saujon pour nous joindre à celle que vostre bienveillance envers ceux de Meschiers faict restablir au milieu d'eux, à tout le moings en attendant que Dieu nous fasse la grâce d'avoir ung pasteur, attendu que nous sommes tous à vous.

Et là ou laditte assemblée ne voudroit tant déférer à voz lettres (ce que ne croyons), qu'il nous soit permys, attendant le synode national, de nous pourvoyr par les ministres du colloque pour estre visités par prédications de la parolle de Dieu et célébration des sacrements ; et ce faisant, Monseigneur, ferez un singulier bien non seullement à nous, mays aussy à tous de vostre baronnye, qui prions l'Eternel, Monseigneur, qu'il accroisse et augmente de plus en plus en tout heur et prospérité Vostre Grandeur.

Vos très humbles, très affectionnés et très obéissants subjects, tenanciers et serviteurs, les habitants dela religion réformée de la paroisse de Medys, en vostre baronnye de Didonne : G. Angibaud, J. Angibaud, P. Ardouyn, Babinot, Bernard, Bertrand, Bichon, M. Charles, J. Cherpenteau, Jaque Congrand, Debec, De bec, Debec, Delavigne Dolas, Giraud, Guyonneau, F. Jourdain, J. Jourdain, Papin, Pelletan, J. R. Rabion, Jaque, Raguideau, Roy, L. Simailleau, P. Simailleau, P. Simailleau, Vigneau (plus un nom illisible).

A Médys, ce 20 août 1604.

16 Septembre 1604

Autre lettre des mêmes sur le même sujet.

A Monseigneur de Thouars.

Monseigneur, nous vous rendons grâces très humbles de ce qu'il vous a pleu, en nostre faveur escripre à l'assemblée du colloque des Isles, convoque au bourg de Saujon, les 7 et 8 des présens moys et an. Nous comparusmes environ de 36 habitans de vostre paroisse de Medys, pour présenter vos lettres accompagnés de nostre humble requête à ladite assemblée, aux fins de l'esclaircyr du différent de nous et ceux de Saujon, et du désir d'estre séparés d'avec eux ; mais le sieur Bonnet, leur pasteur, insistant toujours à nostre liberté employa beaucoup de dires. Premièrement, afin de nous retenir encores contre nostre gré, se voulut prévaloir, de l'article du synode dernier, tenu à Sainct-Jehan, où il auroit, comme il disoit, esté souverainement juge de nostre affaire, tellement que nous n'estions recepvables à en appeler. Mays comme il entendit la lecture de voz lettres et des nostres il changea d'avyds, et qu'attendu qu'estions appellans, le colloque avoit les mains liées ; et encores que nous fondassions sur le nouveau subject du restablissement de l'église de vostre bourg de Meschiers et à laquelle, suyvant vostre désir assez cogneu par vos dictes lettres, prétendions de nous y joindre, et entièrement estre désunys dudit Saujon, à tout le moings puys qu'on déféroit la définition au synode national, en attendant il nous fust permys, pour la célébration de noz mariages et des sacrements et audicion de la parolle de Dieu, appeller des ministres du colloque au milieu de nous.

Cependant, à cause de l'empeschement dudit sieur Bonnet, on nous refuza une chose tant équitable ; et fut seulement dict qu'en payant ledit sieur Bonnet nous serions reçus ès autres églises. Nous n'avons différé de payer jusques à la déclaration de désunion par nous faite en leur consistoyre, et sommes prest à venir à compte avecq eux. Et d'autant qu'en vostre paroisse de Medys y a plusieurs personnes vieilles et valétudinaires, et autres que ne peuvent aller au presche en nul lieu le dimanche au matin, selon qu'autrefois qu'il y avoit des diacres entre nous, on faisoit la prière deux foys le dimanche, nous aurions repris ceste saincte coustume ; de quoy ledit sieur Bonnet fit plaincte au colloque, comme si elle empeschoit le peuple d'aller au presche, prétendant nous rendre odieux et faire déposer noz diacres de leurs charges, afin de nous priver totalement de tout exercice de nostre religion, et comme si prier Dieu le dimanche au matin estoit mauvais œuvre et noz prières perniceuses, comme il nous fut dit.

Voilà ung cas estrange, Monseigneur, que l'on nous privera, nous qui sommes vos très humbles subjectz et serviteurs, de l'exercice du sainct ministère en voz terres. Ce tort vous redonde en partye comme à nous ; et certes nous cognoissons que despuys qu'airons estably cest ordre, tous s'affectionnoyent et proffitoyent. Les scandalles, mesmes des danses, ont cessé ; et si nous airons la liberté d'estre visités par prédication, tout iroit très bien ; mais ledit sieur Bonnet, qui ne craint rien tant que de nous perdre, employe verd et sec pour perpétuer notre captivité ; de quoy pourrions amener des témoignages pour la vérification. Et d'autant que nous sommes advertys qu'il vous doyt aller trouver, pour tyrer de vous consentement, voyre commandement, que nous soyons contrainctz de demourer toujours joinctz à ceux de Saujon, nous vous supplions, soit qu'il vous aille trouver ou vous escripvre nous garder tousjours une oreille, espérant que s'il met chose en main pour nous taxer, qu'en vostre présence ou ailleurs nous ferons toujours apparoyr, luy présent ou absent, de nostre bon droict à son préjudice. Nous savons qu'au colloque dernier, après toutes nos disputes et l'arresté dudit colloque, il fit représenter, en nostre absence, ung vieil homme lequel comme renard se renge, despuys que le roy nous a abonisés (1), sur la fin de chascune année au milieu de nous, où il a une métairie, pour esviter d'estre compris au rolle de Saujon, où il a force biens, où néantmoings il a toujours faict sa demourance et l'y faict encore le reste de l'année ; et par icellui fut proposé qu'il estoit ancien, ce que nous confessons, mais ce n'a esté en Medys ains audit Saujon, qu'il n'entendoit que ceulx de Medys se desjoignissens dudit Saujon, et qu'il y en avoit d'autres de mesme luy, chose très faulce, et encore luy mesmes a signé avecq nous plusieurs actes concernant les differents de nous et ceux de Saujon. Il est seul et gagné par noz partyes, comme ilz s'efforcent tous les jours de nous disjoindre, jusqu'à vouloir donner des marreaux (2) indifferemment lors de la cène, à tous, sans savoir s'ilz ont comis chose qui les doibve empêcher de s'y présenter. *Item* ledit sieur Bonnet et quatre anciens dudit Saujon s'oppozèrent que fussions recus ès autres églises, suyvant l'arresté du jour auparavant, et qu'il fust interdit à tous ministres du colloque de nous recevoir, taschans, à nostre desceu, d'extorquer autre advys, et qui nous fust encore plus préjudiciable que le premier, Sur ce le faict remonstrer par quelqu'ung ; et vu qu'en nostre absence on ne debvoit rien remuer, fut refaict ung article, quasi de même sorte que l'autre ; de quoy ledit Bonnet et ses antiens, jaçoit qu'il fust à leur advantage et à nostre préjudice appellèrent.

---

(1) C'est-à-dire converti l'impôt annuel en une somme fixe.

(2) Mereaux, jetons en plomb remis par les anciens de l'église aux fidèles qui pouvaient se présenter à la table sainte.

Voilà une partye de ce qui s'est faict entre nous et ceux de Saujon, et l'esgard que l'on a heu à voz lettres. Et au cas que l'on vous voudroit autrement informer de nostre requeste qu'elle ne porte, nous en avons mys une coppie en ce pacquet, ensemble des articles par nous leus, proposés et maintenus au synode de Sainct-Jehan, afin que, s'il plaist à Vostre Excellence en faire faire lecture, elle cognoistra la vérité de tout ce qui a passé entre nous et aux dudit Saujon. Ilz nous fatiguent despuys deux ou troys ans, se délectans que nous sommes privés de l'administration des sacremens. Nous sommes esbays et avons honte que ledit sieur Bonnet veille ainsy rendre nostre condicion comme de forçayres, pour nous tenir joinctz contre nostre volonté, qui ne peut nullement se conformer à ceux dudit Saujon. Nous cognoissons qu'il ne veut rien perdre ; mays l'église de Saujon, qui luy est tenue de sa subvention et non pas nous, est grande, composée, outre le bourg et paroisse dudit Saujon, de celles de Lesguille, Monsanson, Dorcye, Le Ga, Corme Royal, Sablonceau, Saint-Rommain, Corme-Ecluse et Le Chay, et puis fortiffiée de bon nombre de noblesse, mays c'est plustôt pour voir une belle multitude de personnes, estant en la chayre.

Quoy qu'il en soyt, nous poursuyvrons tant que nous soyons à plain désunis, si à Dieu plaist. Et afin de faciliter, voire devancer l'affaire, nous ozons encores recourir à vous, Monseigneur, pour vous supplier très humblement, pusqu'il vous a pleu commencer de favoriser nostre desseing, qu'il vous plaise, puisque nous sommes renvoyés au synode national, et en l'attendant, escripre aux ministres du colloque des Isles unes lettres qui servira pour tous, à tout le moings pour ordonner que nous soyons visités au millieu de nous par prédication de la parolle de Dieu et administration des sacremens, suyvant que leurs faisiez entendre vostre vouloyr par les vostre premières ; et dans les vostres secondes, adjouste. que vous avez commandé au sieur de La Croix de faire la charge du saint Ministère en toutes les paroisses de vostre baronnie de Didonne, trouvant mauvais de quoy on nous porte telle rigueur à nous qui vous appartenons. Et encores Monseigneur, adjouter que vous nous avez commandé de leur porter voz lettres à tous, afin qu'ils les voyent et n'en prétendent cause d'ignorance, et que, vous faisant droit sur icelle, ils lèvent l'occasion de mesconstentement qu'avez prinse pour la rigueur dont ilz ont uzé envers nous, vos très humbles subjectz et obéissans serviteurs : espérans que cela, ou autre meilleure forme qu'il plaira à Vostre Excellence, nous aydera ; car, considéré le long chemin pour se transporter en autres églises, tant par l'audition de la parolle de Dieu que célébration des sacremens, nous causeroit un grand travail et peut estre la mort des petits enfants, mesmement en yver où nous serons bientost.

Or, Monseigneur, fondés sur votre faveur accoustumée, laquelle cogneue par vos partyes les pourra adoucyr pour nous accorder notre juste requeste, nous avons ozé vous faire cestes grandes lettres, vous supplians nous en excuser sur l'importance du subject ; priant Dieu, Monseigneur, qu'il accroisse toujours Vostre Grandeur et Excellence, et en toute santé et prospérité vous donne longuement et heureusement vivre.

A Médys, ce 16 septembre 1604.

Vos très humbles et très obéissans serviteurs et subjectz, les habitans de la religion réformée de la paroisse de Medys, en vostre baronnie de Didonne, et au nom de tous.

Dolas, Papin, M. Charles, Cherpenteau, J. Jourdain

---

26 Septembre 1904

Lettre de Paul Bonnet, ministre de Saujon, pour défendre les droits de son église.

A Monseigneur, Monseigneur de la Trémouille,

Duc et Pair de France.

Monseigneur, je croi que vos subjects de Medys, en leur dernière course vers vous pour en obtenir les lettres dont il vous a pleu honorer l'assemblée de nostre colloque, vous ont teu, et à dessein, l'arresté du synode dernier, tenu à Saint-Jehan, qui desjà avoit jugé de la distraction par eux requise. J'ai prié M. Ribouet vous en faire voir la teneur, vous suppliant, Monseigneur, croire qu'il est très juste et au soulagement mesme de vosdicts subjects, comme la plupart le recoignoissent. Les plus puissans d'entre eux, à la vérité, se sont offensés de ce que pour la construction de nostre temple, on n'a voulu accepter cinquante escus, qu'ils offroient volontairement, ains a-on recherché les voies pour les contraindre à plus ; mais, Monseigneur, vous vous ressouviendrés, s'il vous plaist, là-dessus que, pour éviter le procès qu'ils avoient déjà entamé, vous fustes supplié par ceste église, en vostre chasteau de Taillebourg, il y a un an en ce mois, de vuyder ce different, ce que vostre prudence eust très bien faict, et à propos si lesdits de Medys eussent comparu devant vous. A quoi aïant manqué, il fallut, à leur assignation, donner jusques à Nérac, où l'arrest, duquel copie, vous sera représenté, est intervenu.

Or deux raisons, Monseigneur, s'opposéront à ce que ceux de ceste église n'acceptassent la susdite offre : la première, l'exemple qu'on eust donné aux autres paroisses de demander aussi rabais d'une moitié de leur cottization ; la seconde, une condition opposée par eux, qui fut jugée un peu rude, c'est assavoir qu'ilz ne seroient tenus pour tout de donner que les susdits cinquante escus, jaçoit que, pour la perfection de l'édifice, il convint faire un second rolle.

Voilà, Monseigneur, leur plus grand grief. Jugés s'il est raisonnable, pour un si léger subject, de se départir et, se départant, procurer la ruine d'une église à laquelle ilz sont de tout temps joinctz, où ils ont toujours esté repens de la pasture de vie, qui leur a servi de couvert durant ces dernières tempestes, qui est mesme dressée à leur porte.

Je couche ici de sa ruine, parce que la susdite distraction advenant, le plus puissant membre lui est osté : car toutes les autres paroisses qui en despendent ne fraient poinct tant à l'entretien du ministère que la susdite seule, ce qui me faict vous supplier très humblement Monseigneur, commander à voz susdits subjets, de demeurer unis avec nous, de m'appeler à l'accoutusmé tous les mois une fois, pour l'exercice de ma charge au mileu d'eux, enjoindre particulièrement à M. Dolas, séneschal en vostre baronnie, d'i tenir la main. Il y peut beaucoup il y peut tout ; et ce faisant relevérés ceste église de sa cheute, consolérés les affligés et nous fournirés à tous toujours plus ample subject de prier continuellement l'Éternel pour vostre grandeur et prospérité ; à moy spécialemnt, qui espère cette faveur de vostre équité et justice, d'estre à jamais, Monseigneur, vostre très humble et très obésissant serviteur.

P. Bonnet

De Saujon, ce 26 septembre 1604.

Septembre 1604

Lettre de E. Bonnet (1), ministre de Saintes, en faveur de l'église de Saujon.

A Monseigneur, Monseigneur de la Trémoille,
Duc et Pair de France,

Monseigneur, Dieu, par sa grâce, m'a relevé d'une grande et trois fois réitérée maladie, en sorte que j'espère, moïennant son aide, travailler dans peu de temps en la charge qu'il luy a pleu dem'appeller, et de vous rendre service très humble en tout ce qu'il vous plaira m'honorer de vos commandemens.

Je vous avais autrefois parlé aux fins d'empescher, la distraction qu'aucuns de vos subjects de Medys vouloient faire de l'église de Saujon, qui eust esté la ruine de ladite église, à quoy il vous pleut d'imposer vostre authorité et commandement, auquel obéissant ilz se seroient tenus joints à ladite église, jusques à ce que sur les frais du bastiment d'un temple à Saujon, il est survenu quelque différent entre eux, sur lequel lesdits de Medys ont de rechef recerché ladite distraction. Pour à laquelle parvenir, ilz s'adressèrent au dernier synode, qui les en débouta, tant pour empescher la ruine d'une si belle église que pour ne contrevenir à la discipline qui veut que chacune parroisse se joigne à la plus prochaine église. Or n'y a-t-il qu'une bien petite lieue de Médis à Saujon, et deux grandes jusques à Meschers.

Ces raisons vous aïant estés célées, ont fait qu'en avés autrement ordonné, et que le colloque, déférant

(1) Père du précédent. Hag., *France protestante*, t. II, p. 383.

à vostre authorité, a consenti la distraction. Vous jugés maintenant, Monseigneur, ce qu'il faut faire en ce cas, et ce qui est le plus utile pour la gloire de Dieu et l'édification de l'église, et s'il ne seroit pas bon que, pour le moins, ils demeurassent joints jusques au prochain synode, aux conditions accoustumées, et que là chascun déduisit, ses raisons pour eux ouïs, ordonner ce qui sera pour l'édification desdites églises : si mieux, si aimés, aient maintenant entendu les parties, en ordonner définitiveent. Si ceux de Medys pouvoient entretenir le ministère audit lieu, ils auroient raison de se séparer ; mais ne le pouvant pas, il semble qu'ilz se doivent joindre à la prochaine église, ainsi qu'ilz ont fait despuis quarante ans ou environ, sauf vostre bon et sain jugement.

En cet endroit, je prieray Dieu pour vostre prospérité, de madame et de toute vostre noble famille, comme est obligé celuy qui est pour toute sa vie, Monseigneur, vostre très humble et très obéissant serviteur.

E. Bonnet

Archives historiques de la Saintonge et de l'Aunis.

— 1617 —

En 1617, la piraterie avait pris une telle extension et une telle audace, que 7 ou 8 corsaires rochellois, s'étaient établis à demeure dans l'embouchure de la Gironde, à Meschers, pour rançonner les navires qui allaient à Bordeaux ou qui en revenaient. Le roi fut obligé de faire armer en guerre une dizaine de vaisseaux marchands pour aller déloger les pirates de leur poste ; le vice-amiral de Guyenne les battit et prit leurs principaux chefs, qui furent exécutés à Bordeaux, (fin juin 1617).

(Mercure françois, tome V, année 1617, page 43).

— 1622 —

En 1622, Meschers fut bombardé, la flèche du clocher, une partie de l'église et un grand nombre de maisons furent détruites. Le sieur d'Epernon brûla le temple protestant, les gens d'armes et chevaux légers de M. le comte de la Rochefoucault, violentèrent toutes les femmes, quoique la plupart fussent fort âgées.

— 1623 —

Doléances contre la dame de Théon (1). — Détresse des paysans, — 600 habitants morts de faim ; — deux bourgs déserts ; — 160 malheureux condamnés à être roués ou pendus.

A Madame,

Madame, il y a à présent chose en vostre baronnye de Didonne qui mérite de vous en donner advis, cy de

---

(1) Joachime du Breuil, dame de Théon et de Meschers, fille de Gilles du Breuil, seigneur de Théon et de Meschers et de Renée Chantefois, avait épousé, par contrat du 1er octobre 1575, Pierre de Comminges, écuyer, seigneur de Guitaut, de l'Eguille et de Meschers, capitaine de 200 hommes de pied, lieutenant au gouvernement de Brouage et des Iles de Saintonge en 1604 et gentilhomme ordinaire de la chambre du roi en 1611.

n'est la piteuse et déplorabe calamité de la majeure part de voz pauvres subjectz et tenansiers de voz bourgs de Meschers, St-Georges et Semussac, qui sont toujours contynuez d'estre grandement travaillez par la dame de Théon, vostre vassalle, qui nous a faict condempner jusques au nombre de sept à huit vingtz les ungs à estre rouhez et les aultres pendus, ne se contantant les deux dernières années de leur avoir faict prandre tous leurs fruictz et meubles et fit périr de faim l'année dernière, ez deux paroisses de Meschers et Saint-Georges plus de cinq à six cents âmes.

C'est pourquoy, Madame, ilz m'ont pryé de supplier Vostre Grandeur, comme je fay très humblement de voulloir avoir compassion de nous tous et employer vostre othoryté à nostre conservation, estant aultrement impossible de pouvoir subsister et demeurer en nos pauvres maisons a demyes ruynées, et plus cella regarde grandement, Madame, Vostre Grandeur et de Messeigneurs qu'il faille que par le moyen d'une vassale, et injustement, tous vos pauvres subjectz soyent ruynez et par ainsy les deux plus eminans bourgs de vostre baronnye randus inhabitables et désertz. Vos dictz pauvres subjetz ont depputé ung d'entre eux aux fins de vous faire entandre au vray noz justes plaintes, et à mesdictz seigneurs. Ladicte dame de Théon a présenté requeste contre vous aux juges présidiaux de Saintes aux fins d'estre subrogée en vostre place aux criées des biens qu'avez faict faire de Jaspard Nérauld, ce qui a esté ordonné sy Vostre Grandeur ne poursuyt et faict viuder lesdittes criées. Les commissaires establys à vostre requeste ont esté deschargés et esté ordonné par lesdits sieurs juges qu'il en sera par nous nommé d'autres en leur plasse. Le bien est ja presque ruyné.

Vostre Grandeur, s'il luy plaist me commandera ce qu'elle voudra que je fasse. Cependant, Madame, en attendant d'estre honoré de voz commandemens, je pryerai Dieu de tout mon cœur qu'il veuille, et à

Messeigneurs, donner tout l'heur, prosperyttć et contentemant que vous peut dezirer et souhaiter, Madame, vostre très humble, très obeyssant subject et serviteur.

HORRY

De vostre bourg de Meschers, ce 20 Apvril 1623.
(Archives de la Trémoïlle. — Chartrier de Thouars. — Olog.)

---

26 Avril 1623

Lettre des habitants de Meschers contre la dame de Théon.

A Monseigneur le Comte de Laval,
à Thouars.

Monseigneur, la déplorable condition en laquelle nous sommes réduits par les extraordinaires procédures de la dame de Théon, nous a contraint de recourir à la grandeur de votre bonté naturellement inclinée à la conservation de ses tenanciers et sujets, dont nous avons l'honneur d'être du nombre. La patience nous a retenu jusqu'ici et nous a été tellement préjudiciable que sans l'assistance de votre autorité, nous tombons en des malheurs irréparables. Monseigneur le Duc a pu connaître le zèle que nous avons à votre service lorsqu'il lui a plu se servir de nous, l'obéissance a été aussi prompte que le commandement, et c'est ce qui nous a rendu odieux à cette dame contre laquelle animosité, il suffit que nous soyons couverts du voile de votre clémence et avoués vos très obéissants serviteurs.

Le malheur de la guerre nous ayant porté aux

armées de la Religion, tant par mer que par terre, cette dame de son autorité, s'empara de tous les meubles et de tous nos fruits, fit démolir toutes nos maisons, on emporta les matériaux jusqu'aux coins des portes qui étaient dans les pierres, fit payer rançon à ceux qui étaient demeurés, prit tout le bétail, dégarnit tous les vaisseaux de vos sujets, et desquels vaisseaux, elle en fit brûler une partie, non contente de ce que nous ayons été assiégé par commandement de Monsieur de Soubise (1), le siège levé, elle fit informer, et combien que depuis elle eut sa main levée de tous les meubles et fruits par icelluy sieur de Soubise, fait et dispose d'iceulx à sa volonté, ce néanmoins elle n'a laissé de poursuivre sur les informations où nous sommes compris et l'édit de pacification publié, nous étant pourvu en la Court chambre (2) de l'Edit d'Agen, et icelle fait assigner, aurait fait défaut, continué sa contumace au parlement de Bordeaux, où elle a obtenu arrêt de condamnation de mort contre ceux qui étaient compris audit procès, bien que la plupart de nous n'aient assisté à ce siège.

Cela regarde le général, mais l'appareil le plus prompt et le plus propre pour la guérison dépend de l'autorité de votre maison, nous assurant que le moindre commandement qui viendra d'icelle à cette dame extrêmement passionnée, cela fera retarder ses violentes poursuites. Il y va de l'intérêt de votre maison, vu même que l'on a pris vos droits et encore depuis la paix coupe toutes sortes d'arbres portant fruits et autres, de sorte que l'on rend votre terre déserte.

Nous nous humilions devant vous pour avoir pitié de nos afflictions, lesquelles nous n'avons osé faire

---

(1) Benjamin de Rohan, seigneur de Soubise, (1583-1642.)

(2) La chambre mi-partie établie à Agen au mois de Juillet 1578, était composée d'un Président et de six conseillers catholiques et d'un Président et de six conseillers protestants.

entendre à Monseigneur le Duc pendant qu'elles prenaient leur accroissement, mais maintenant qu'elles sont parvenues au comble, nous sommes pressés et nous pardonnerez s'il-vous-plaît si nous usons de cette importunité, car nous estimons que toute votre maison est offensée en général et que chacun particulier y peut apporter le remède convenable.

Le porteur avec votre permission, vous fera entendre plus particulièrement ce qui est de cette action, à laquelle nous vous supplions fournir d'antidote et croire que nous serons en général et en particulier Monseigneur, vos très humbles et très affectionnés serviteurs, tenanciers et sujets, les manants et habitants de votre baronnie de Didonne, et pour tous.

Audard — Pinesplis — Raymond — Pierre Reouzeau — Michel — Bourrigaud — Delatour — Daniel Guillon — Penyoche — Richer — Roussel — Roux — Pierre Segin — Vallend.

De votre bourg de Meschers, ce 21 apvril 1623.

(Original signé dont le texte paraît de la main de Vallend).

Chartrier de Thouars

---

16 Mai 1623

Les habitants de la baronnie de Didonne, à Monseigneur le Comte de Laval.

Monseigneur, l'honneur qu'il a plu à Votre Grandeur nous écrivant et assurant de votre clémence et bienveillance, avec l'envoi de ce gentilhomme présent porteur. Il nous a donné un tel contentement et réjouissance, qu'il nous est impossible de représenter combien nous nous sentons vos obligés.

Notre nature, notre naissance, nous ont liés fort

étroitement à votre service, mais votre bienveillance a surabondé ; vous suppliant de la continuer parce que sans icelle il nous est impossible de subsister.

Cette forte ennemie qui nous travaille incessamment et désire rendre tant qu'elle peut votre baronnie déserte, nous presse si vivement en nos corps et en nos biens que nous ne faisons que panteler. Les peines, les travaux et les ruines de la guerre ne nous ont tellement opprimés qu'à fait cette dame, laquelle ne peut s'assouvir de nos biens, non pas même de nos corps, car si elle pouvait, elle voudrait forcer nos consciences.

Votre bourg de Meschers, qui a été si bien bâti et si bien peuplé, a été converti en masures et les habitants ont été contraints pour la plupart de s'absenter et de se loger en des grottes et cavernes.

Ce gentilhomme nous a fait cette grâce de voir notre désolation pour vous la réciter, en la probité et capacité duquel nous nous sommes aussi remis et soumis pour vous représenter ce qu'il a vu et entendu de nos misères, lesquelles seront augmentées à la récolte prochaine et nous pourrons porter à des extrémités qu'il en pourra avdenir des malheurs étranges, si cette dame continue à nous ravir nos fruits comme elle se jacte.

C'est vous, Monseigneur, qui pouvez arrêter ce désastre, nous n'osons pas dire par votre présence, parce que nous sommes indignes d'une telle félicité, mais par l'envoi de quelqu'un des vôtres, lequel parle et s'oppose vivement à ses persécutions par votre autorité. Nous vous en supplions par toutes sortes d'humilités. Vous êtes notre protecteur et défenseur ; nous sommes vos tenanciers, voire vos sujets, voire votre peuple acquis naturellement et civilement.

Ne permettez donc, s'il-vous-plaît, telles oppressions et que nous soyons tellement envahis que ce qui pourra rester n'ait le moyen de vous servir en toutes sortes d'occasions comme nous protestons de le faire tant et si longuement qu'il plaira à Dieu nous conserver en ce monde, lequel nous supplions, Monseigneur, vouloir bénir et accroître Votre Grandeur et prospérité et vous perpétuer et les vôtres.

Vos très humbles, très obéissants et très fidèles serviteurs et sujets.

Les habitants de Didonne et au nom de tous,

J. BOURRIGAULD, L. BOURRIGAULD, RICHER, VALLEND.

De votre bourg de Meschers, ce 26 May 1623.

(Chartrier de Thouars. Original signé).

(Archives historiques de Saintonge et d'Aunis).

En 1710, Abraham Isle, écuyer, seigneur de Beauchesne et du Breuil en partie, fils de Paul Isle et de Madeleine Esnau, était seigneur de Meschers et habitait Chateau Bardon. Il avait épousé le 7 décembre 1706, Marguerite de la Chapelle.

Chateau Bardon, aujourd'hui bien déchu de son antique splendeur, n'est plus qu'un grand bâtiment de style Louis XIII et appartient au Capitaine de Gendarmerie en retraite, M. Renaud.

MEMOIRE
SUR LA
JONCTION DES RIVIÈRES
DE LA
GIRONDE AVEC LA SEUDRE
ADRESSÉ A NAPOLÉON Ier

Favoriser le Commerce par la multiplicité et la facilité des communications; diminuer le prix des objets de consommation par l'économie dans les transports; encourager l'agriculture par un débouché sûr et peu dispendieux pour les denrées : telles sont les premières causes auxquelles les canaux de navigation intérieure dont nous jouissons, doivent leur existence. Tout récemment, et par les mêmes motifs, celui de la Rochelle à Niort, vient d'être ordonné : on travaille à sa confection ; celui qui réunirait les eaux de la Gironde à celles de la Seudre, serait d'une utilité plus générale, et coûterait beaucoup moins que ce dernier. La jonction des Deux-Sèvres avec le havre de la Rochelle, ne se borne qu'à un intérêt local et particulier, tandis que celle de la Gironde avec la Seudre, réunirait l'intérêt particulier à l'intérêt général. Le commerce, l'agriculture, le service militaire tant de mer que de terre, tout se rattache à l'exécution de ce plan, dont le Gouvernement a plus d'une fois senti l'importance, et fait prendre à diverses époques des nivellemens. En 1783, ce projet sembla prendre quelque consistance, et en 1786, M. DE REVERSEAUX, alors Intendant de la Généralité de la Rochelle, s'en occupa très sérieusement. Il y a lieu de croire que sans les événemens qui ont agité la France peu après, ce plan vaste et grand par ses résultats se serait effectué. M. François (de Neuf-Château), en avait aussi senti les inappréciables avantages : on va les présenter en masse.

Un espace d'un myriamètre seulement, dans sa plus grande étendue, sépare la Gironde avec la Seudre. Les vallons qui bordent ces deux rivières, les eaux qui les arrosent, en facilitent la réunion.

L'ancien Gouvernement parut y mettre d'autant plus d'importance, que des écueils aux abords de Cordouan, et les croiseurs ennemis en temps de guerre, rendent très dangereuses les communications par l'Océan, et que pour éviter les risques infinis que courent les bâtimens à l'entrée et à la sortie de la Gironde, il faut, ou renoncer à l'approvisionnement de la ville de Bordeaux, et au service des batteries sur cette côte, et du port de Rochefort, ou prendre la voie de terre, qui occasionne indispensablement des retards souvent préjudiciables, et des frais énormes, comme il a été facile de s'en convaincre par le calcul de ceux que depuis trois ou quatre ans on à été obligé de faire pour transporter de Rochefort, sur des voitures, ne pouvant se servir d'une autre voie, les canons et leurs attirails nécessaires aux batteries de la côte, sur la Gironde, et *vice-versa*.

Les objets de commerce que Rochefort, la Rochelle et autres lieux tirent de Bordeaux et des départements des Landes et autres, n'ont pu venir par eau que jusqu'à Royan, et delà il a fallu les voiturer par terre jusqu'à leur dernière destination ; la majeure partie des grains que Bordeaux a été obligé de tirer de la Vendée et des Deux-Sèvres, n'ont pu y être introduits par eau, non plus que le sel que fournit la saline de la Seudre ; il a donc fallu leur faire prendre la voie de terre ; et on est presque honteux de dire, que jusqu'à des *moules* (coquillage de la plus mince valeur), ont été voiturées par charrettes, depuis Saujon jusqu'à Meschers, c'est-à-dire l'espace d'un à deux myriamètres, pour delà être importées à Bordeaux.

D'après cet exposé, il est facile de se convaincre de l'énormité des frais occasionnés par ces transports ; ceux qui ont voulu les éviter et tenter la voie de mer, ont été en grande partie capturés par l'ennemi. Tous ces inconvéniens et ces risques disparaîtraient, si la jonction de la Gironde avec la Seudre s'opérait, par un canal qui prendrait son ouverture à Méchers, ou dans ses environs, et viendrait aboutir à Saujon, alors le service du port de Rochefort serait assuré : une très grande quantité de mauvaises terres, souvent inondées, seraient asséchées et se convertiraient en bons prés. L'intérêt du commerce milite également pour l'adoption de ce plan. La ville de Bordeaux, si intéressante sous tous les rapports ; y trouverait la sûreté de ses approvisionnemens, et le débouché sans risque des objets de son commerce pour les départemens du Nord : ce projet acquérera encore une bien plus grande importance, si l'on veut considérer que la réunion de la Vienne au Clain, du Clain à la Sèvre, et de celle-ci à la Rochelle, n'aura pour dernier point de communication que cette dernière ville ; qu'en réunissant la Seudre à la Gironde, ce point se prolonge et que l'on jouira, de l'Ouest au Midi, d'une navigation sûre et sans danger, au milieu des terres, et protégée par les forts de l'Ile-d'Aix, de Boyard et d'Oleron ; au lieu que celle par l'Océan présente des risques de plus d'un genre : alors, en paix comme en guerre, les approvisionnements des ports de Rochefort, la Rochelle, et Bordeaux, sont assurés, ainsi que le service des forts sur la rive droite de la Gironde ; alors, les frais énormes des transports par terre disparaissent ; alors, le canal des deux mers ne sera plus une propriété partielle, mais bien celle de tous les départemens ; son utilité profitable leur présentera un intérêt commun, et les richesses qu'il procurera, deviendront la propriété de tous.

Présenter au HÉROS IMMORTEL qui règne sur nos destinées, un plan d'amélioration, tendant au bonheur de plusieurs départemens, c'est seconder les vœux les plus chers à son cœur, celui d'*augmenter dans toutes les parties de son Empire, même dans le plus petit hameau, l'aisance des citoyens, et la valeur des terres*. Puisse donc ce plan, qu'un bon citoyen n'a que faiblement esquissé, parvenir au plus Grand-Homme de ce siècle ! Puisse-t-il daigner s'en occuper un moment ! Bientôt il en saisira l'importance, et en ordonnera l'exécution.

Mémoire imprimé sans nom d'auteur, ni date.
Archives Départementales de la Charente-Inférieure.

Talmont-sur-Gironde

La commune de Talmont, ainsi nommée parce qu'elle est située sur le *talon* ou frontière de la Saintonge, avant la Révolution, appartenait à la maison de la Trémoïlle. Quelques auteurs ont fait aussi dériver le nom de Talmont, de *Talus mundi*, comme si c'était le bout du monde.

La rade de Talmont à Meschers abritait autrefois des vaisseaux de ligne. Cette petite ville était fortifiée, et sa citadelle était défendue par des tours avancées dont il existe encore quelques ruines.

Bertins Beverus, cosmographe, avance, dans ses notes sur *Ptolémée* (1), que Talmont était le promontoire des

---

(1) Ptolémée (Claude) mathématicien, astronome et géographe grec d'Alexandrie, né à Peluse ; il florissait au IIe siècle ap. J.-C. On ne sait presque rien de sa vie.

Sa *Syntaxis mathematica* contient à peu près tout ce que l'on sait des observations et des théories astronomiques des anciens. Son système fondé sur les théories d'Hipparque, qui place la Terre au centre de l'univers, fut universellement accepté jusqu'à Copernic. Ce sont les Arabes qui nous ont conservé *la Syntaxis* ; ils la traduisirent sous le titre d'*Almagest* pendant le règne du caliphe Al. Mamoun (vers 827). Comme géomètre, Ptolémée prend rang après Euclide, Apollonius et Archimède. Il a écrit une *Géographie Universelle*, qui est restée le manuel classique de géographie jusqu'au XVIe siècle. Le premier, il employa les termes de latitude et de longitude, et il prouvait que la Terre est sphérique. On a conservé les cartes ainsi que le texte de sa géographie,

Pictones ; ce qu'il y a de certain et ce qu'attestent des indices apparents, tels que beaucoup de briques romaines et des voûtes souterraines qu'on a découvertes dans les environs ; c'est que Talmont était le *Tamnum* ou *Mansion* traversé par la voie romaine indiquée dans l'itinéraire d'Antonin.

Talmont possède aujourd'hui un petit port, simple abri pour quelques barques de pêche et ne compte plus que 179 habitants.

Son église est du onzième siècle et classée parmi les monuments historiques, elle se trouve bâtie à pic sur le rocher, c'est un but d'excursion aux baigneurs de Royan, Saint-Georges et Meschers. — Distance de Royan, 20 kilomètres.

On trouve à Talmont, deux auberges confortables.

Près de Talmont, dans la commune de Barzan, sont répandues au loin dans la campagne les ruines d'une mansion romaine, ou station militaire. On remarque particulièrement parmi ces ruines, un môle qui a 7 à 8 pieds d'élévation actuelle et 150 pas de circonférence, sous lequel est une voûte dont le cintre est aplati. On a bâti sur cette masse le moulin du *Fâ*, dont la dénomination latine annonce l'emplacement d'un de ces temples appelés *Fanum*. Le mortier qu'on a employé dans cette construction est blanchâtre et paraît composé de sable de mer et de chaux. On

---

Ptolémée se distingua aussi comme musicien, et écrivit des traités sur la musique, la mécanique, la chronologie et l'astrologie. — Le texte de sa *Composition mathématique* a été publié à Bâle (1538, in-fol.) et à Paris (1813-16, 2 vol. in-4° avec une traduction française de l'abbé Halma). Sa géographie a paru en 1838-44 (5 vol.)

a trouvé dans les environs beaucoup de briques romaines et des fragments de marbre.

Quelques auteurs attribuent à Talmont-sur-Gironde le titre de Principauté avant la Révolution ; ils confondent avec Talmont en Poitou qui appartenait aussi à la famille de la Trémouille et dont elle fut dépouillée en 1483 par Louis XI qui donna la Principauté de Talmont en Poitou à Philippe de Commines.

Saint-Seurin-d'Uzet

Située sur le bord de la Gironde, dont elle est séparée par quatre hauts rochers qui la défendent de ce fleuve, cette commune possède un petit port qui offre un abri sûr et un bon mouillage. 507 habitants.

L'étendue de cette commune est de 590 hectares ; elle se compose de son chef-lieu, de dix villages et de 12 hameaux. Au nord, elle est limitée par le chenal des Monards ou se trouve une très belle et très impotante Minoterie et un petit port ; au sud, elle est bornée par un petit ruisseau appelé Mouillepied qui prend sa source au village de la Combe-en-Saint-Seurin-d'Uzet, et qui forme sa limite avec Mortagne. Un autre ruisseau qu'on appelle Fondgarnier, parce qu'il prend sa source à la fontaine de ce nom, traverse le bourg et va se perdre dans la Gironde, c'est dans ce ruisseau que l'on a trouvé beaucoup de pièces de monnaies d'or et d'argent romaines.

On voit à Saint-Seurin-d'Uzet, dans la partie haute du bourg, un vieux château qui est entouré du sud au nord-est de larges fossés ; sur ces fossés, il existe un pont à trois grandes arches qui conduit à la cour principale. Ce château, que sa position rendait naturellement défensif, est bâti sur un rocher très élevé qui confronte du côté du Midi à la Gironde ; dans toutes les marées, les eaux du fleuve viennent en baigner le pied.

La commune de Saint Seurin est distante de Saintes de 36 kilomètres et de Royan de 27 kilomètres.

Jean de Coulonges et Marguerite de Sainta Maure, seigneurs de Saint-Seurin en 1480 firent bâtir le château dont on voit actuellement les restes.

Monsieur H. Patry de la Rochelle a écrit en 1901, une très intéressante chronique sur la Réforme à Saint-Seurin-d'Uzet en Saintonge. (Le registre de baptême de Jean Frèrejean (1541-1564).

MORTAGNE-SUR-GIRONDE

Cette commune située entre de vastes landes et le fleuve de la Gironde, est d'une étendue de 1800 hectares. La surface de son sol, surtout la partie la plus élevée et dominant le fleuve, n'est composée que de montagnes et de vallées. Une chaîne de rochers, de plus de 20 mètres de hauteur qui se prolonge près de trois quarts de lieue, offre à la vue le spectacle le plus ravissant. Si l'on gravit ces rochers, on découvre une immense prairie appartenant à plusieurscommunes ; on admire la vaste étendue des eaux du fleuve et de celle de l'Océan. Blaye et son château se découvrent également avec une grande partie de la presqu'île du Médoc. Si l'on descend au pied de ces mêmes rochers, leur sillonnement suggère l'idée qu'autrefois les flots de la mer venaient se briser contre eux ; et les vallées profondes qui s'étendent dans les terres entre les différentes montagnes dont la commune est couverte, peuvent aussi faire penser qu'elles étaient dans les temps primitifs sous les eaux de la mer, et que la nature les avait formées pour servir d'abri aux vaisseaux.

La cime des rochers et les collines sont en général plantées en vignes ; les vallées ensemencées en froment ou en maïs frustrent rarement le cultivateur du fruit de son travail.

Cette commune a seulement quelques bouquets épars de bois taillis de petite contenance et une forêt de 2 à 300 hectares.

La commune de Mortagne possède 1.742 habitants et se compose de son chef-lieu, de 24 villages ou hameaux et de 7 habitations éparses. Elle est distante de 33 kilomètres de Saintes et de 30 kilomètres de Royan.

Elle est arrosée par deux ruisseaux : l'un prend sa source à la fontaine de Fondevine dont les eaux sont très abondantes et l'autre à celle de Fontaurit. Ces deux ruisseaux se réunissent et vont se jeter dads le chenal du pont de la Rive.

Indépendamment des travaux agricoles, les habitants se livrent au commerce des grains, vin et eau-de-vie, favorisé par le débouché de la ville de Bordeaux et la facilité de ses communications.

Le port de Mortagne était autrefois le centre d'un commerce considérable ; on y construisait des bâtiments d'un assez fort tonnage qui allaient prendre leur gréément à Bordeaux. Il est toujours très fréquenté et l'un des plus importants de la côte. Il possède aujourd'hui un bassin à flot et une station de torpilleurs.

Mortagne compte plusieurs foires qui ont lieu les quatrièmes vendredis de Février à Septembre, elles sont fort suivies.

Mortagne, dont l'origine est fort ancienne, et qui avait été érigée en principauté en faveur de la maison de Montberon, possédait deux abbayes, l'une sous le nom de Notre-Dame et l'autre sous celui de Sainte-Catherine.

Au sud-est de Mortagne, les ruines d'un vieux château, situé sur un rocher escarpé, et qui était entouré de remparts, de fossés profonds, de chemins couverts et de souterrains.

On voit encore à Mortagne, un très ancien ermitage, dont l'église, dédiée à Saint-Martial, est creusée dans le roc, ainsi que les dortoirs, réfectoires et autres servitudes, ayant vue sur la Gironde.

L'opinion la mieux établie est que Mortagne a tiré

son nom de sa situation sur une montagne. L'ancienne ville qui était placée au nord-ouest du chef-lieu actuel paraît avoir occupé un vaste emplacement. Le tènement de terre où elle est bâtie, a conservé le nom de Vieille-Mortagne, et un hameau près la forêt de *Valeret*, à plus de quatre kilomètres de la ville, conserve encore le nom de *Rue-des-Ballets* ; ce qui fait présumer que les faubourgs s'étendaient bien loin. En labourant ces terrains, on a découvert en bien des places, soit des caves, soit des fours construits en briques. Dans les ruines du château de Mortagne on a trouvé en 1810, une pièce d'or de forme octogone, frappée, dit-on, l'an 118 de l'ère chrétienne et représentant d'un côté deux têtes couronnées, de l'autre, un faisceau de flèches surmonté d'aigles. Les inscriptions de cette pièce presqu'entièrement effacées, n'ont pu fournir les moyens d'en expliquer les figures, et le millésime en est évidemment apocryphe.

De 1156 à 1158, 19 Décembre.

Bulle du Pape Adrien IV, conférant au prieuré de Saint-Étienne-de-Mortagne-sur-Gironde des privilèges et droits importants par la défense : 1° d'admettre au service divin les paroissiens du prieuré excommuniés à cause de leurs violences ; 2° d'enterrer ses paroissiens dans une église étrangère ; 3° d'établir aucun oratoire dans ses paroisses, et 4° de s'emparer de tout ou partie de ses dîmes.

Adrianus episcopus, servus servorum Dei, dilectis filiis Petro Mauritanensis ecclesiae priori ejusque fratribus, salutem et apostilam benedictionem.

Justis petentium desideriis facilem nos convenit impertiri consensum, et vota que a rationis tramite non discordant effectu debemus prosequente complere. Eapropter, dilecti in Domino filii, vestrus justis postula cionibus gratum impendentes assensum, presencium auctoritate statuimus ut nulli homini liceat parrochianos vestros, et eos presertim qui pro suis excessibus a vobis sunt excommunicationis vinculo astricti, ad officia divina suscipere ; eosdem quoque parrochianos vestros nullus in ecclesia sua sepeliendi, nisi salva canonica justicia ecclesiae vestre, habent facultatem.

Prohibemus insuper ut infra terminos parrochiarum vestrarum, in fundo vestro, novum oratorium propter assesnum dyocesani episcopi et preter voluntatem-vestram, nemo edificare presumat ; nulli ectiam decimas vestras et obedienciarum vestrarum, quas juste et rationabiliter possidetis, minuere liceat vel aufere aut eas vobis nolentibus retinere.

Si quis autem hujus nostre constitucionis paginam sciens contra eam temere venire temptaverit, nisi reatum suum, secundo tercione commonitus, congrua satisfactione correxerit, indignationem omnipotentes Dei beaturum (que) Petri et Pauli apostolorum ejus, incurrat.

Datum Lateranis, decimo tercio kalendas décembris.

(Copie faite le 8 Février 1493, d'après l'original scellé en plomb et latz de soye jaulne et violet, sans seing.

Elle se trouve au folio 21 d'un cahier contenant une enquête).

(Archives hist. de Saintonge et d'Aunis).

CHARTRIER DE THOUARS

Août 1279

Geoffroi, seigneur de Mortagne, valet, reconnaît le droit d'exploit (ou d'usage) que les sergents et roturiers de la paroisse du Chay ont en la rivière (ou vallée), située dans le fief dudit Geoffroi, entre le moulin de Rozerou et le peiré de Corme Ecluse, à la charge pour les premiers de le suivre pendant un jour en armes et à leurs frais, jusqu'à l'Orme-Cheygut ; et pour les seconds de lui payer annuellement 15 livres de taille. Aucun d'eux ne pourra aliéner son droit à une personne habitant hors de la paroisse. La haute justice est réservée au Seigneur.

(Charte en latin. Chartrier de Thouars).

Les seuls noms de la commune du Chay, canton de Saujon qui se rapprochent un peu du peiré de Corme-Ecluse, du moulin de Roseyrou et de l'orme Cheygut sont actuellement le moulin de Roussellerie, le Peyrat de Chantegrenouille moitié en la commune du Chay et moitié en celle de Corme, enfin l'Ormeau seul.

---

24 Août 1337

Pons de Mortagne, vicomte d'Aulnay, vend à Adhémard d'Archiac, seigneur de Saint-Seurin-d'Uzet, pour le prix de 300 livres, tous ses droits de justice dans les paroisses de Saint-Seurin-d'Uzet et de Chenac.

---

28 Décembre 1353

Reconnaissance par le seigneur de Mortagne des droits du prieur dudit lieu sur l'emplacement où ont été transportés, à cause des guerres, les marché et assise qui se tenaient précédemment au marché de Cozes.

A tous ceulx qui ces présentes lettres verront, Guillaume (1) seigneur de..... (2), de Plessac, de Mortaigne et de Cozes, salut.

Comme il aist esté acoustumé du temps passé de tenir le marchie un jour de la sepmaine, c'est assavoir au mercredi, et nous assises aussi, en nostre chastel de Cozes, en nostre terre et haulte justice, lesquelles à présent, pour les guerres, n'y ont peu estre tenuz par certain passé ne pevent a present sens doubte des ennemys et degast de biens du commun peuple et des marchans venans audit marchié ; et il soit ainsi que nostre amé et féal le prieur de Mortaigne et le covent d'icelluy ayant assez près et joignant d'illeue certaine terre et juridiction au bourg de Cozes et cognoissance en tous cas jusques à la valeur de l'amende de soixante solz ung denier, nous gens de la bonne volunté dudit prieur et couvent de Mortaigne, pour le prouffit commun, durant les dites guerres et pour ce que le lieu ou ledit prieur et couvent ont ceste juridicion dessus divisée est plus fort à résister à la puissance desdiz ennemys que n'est nostre chastel où lesdiz marchié et assises se souloient et devoient tenir, ayent tenu et ait tenir marchié et assises et fait autres exploiz en ladicte terre et juridicion desditz prieur et couvent ou bourg dessusdit, nous qui, tant en nostre nom comme à cause de nostre très chiere et amée compaigne Jehanne d'Ambaize, dame de Revel,

---

(1) Ce Guillaume est non pas un membre de la famille de Mortagne, mais bien Guillaume Flotte, chevalier, seigneur de Revel, ancien chancelier de France, auquel sa femme, Jeanne d'Amboise, avait apporté, à titre de douaire, des droits sur les seigneuries possédées par ses deux premiers époux Geoffroi de Mortagne-sur-Gironde et Gaucher de Thouars, seigneur de Tiffauges.

(Voir le Père Anselme, VI, 276).

(2) Ce nom est enlevé.

de Thiffauges (1), de Plassac, de Mortaigne et de Cozes, avons juridicion, ressort et souveraineté èscas criminelz et autres à nous appartenans de droit et de raison et de coustume, avons donné et octroyé. donnons et octroyons par ces lettres que les marchiez et assises et autres exploitz tenuz en ladicte terre desdiz prieur et couvent faiz, aussi et ceulx qui y seront tenuz et faiz de cy en avant, se en icelle terre de droit et de coustume advient les y tenir et faire, ne portent préjudice ausdiz prieur et couvent ne a leur juridicion en aucune manière, sans pour ce à nous estre acquis aucun droit en propriété ne possession ; mais tout ce qui pourra estre fait contre et ou préjudice des privilèges à eulz octroyez de nos prédécesseurs, seigneurs de Cozes, n'empeschera pas qu'ilz soient ramenez à estat premier et deu.

En tesmoing de ce nous avons fait sceller ces lettres de nostre séel le XXVIIIe jour de décembre, l'an de grâce mil IIIc cinquante et troys (2).

(1) Du chef de son second mari Gaucher de Thouars seigneur de Tiffauges, après la mort duquel elle avait épousé Guillaume Flotte, seigneur de Revel, chancelier de France, Elle n'eut pas d'enfants de ses trois maris. Elle vivait encore en 1374.

(2) D'après M. Léon de Beaumont, Geoffroy de Mortagne, vicomte d'Aunay, seigneur de Mortagne, de, Plassac, etc., fils de Pons de Mortagne, vicomte d'Aunay seigneur ou prince de Mortagne, de Fontaines, etc., gouverneur du royaume de Navarre de 1317 à 1321, était mort sans enfants en l'an 1340.

Il eut pour héritier son frère Pons de Mortagne, vicomte d'Aunay, seigneur de Mortagne, époux : 1° de Claire de Lezay et de Mauprévoir ; 2° de Marguerite de Pons, fille de Renaud, sire de Pons. De Claire naquit Marguerite de Mortagne, vicomtesse d'Aunay, dame de Mortagne, de Chef-Boutonne, de Mirambeau, de Cosnac ; de Fontaines, femme de Jean de Clermont, puis de Jean La Personne. Le père Anselme, VII, 121, n'indique parmi

Ainsi signé sur le repply de ladicte lettre.

RENIER.

(Chartrier de Thouars — Archives hist. de Saintonge et d'Aunis).

— 1407 —

Les Anglo-Gascons de Bordeaux et des autres places du nord de la Gascogne faisaient continuellement irruption sur les domaines des Barons de Saintonge qui tenaient pour le roi de France. Ceux-ci finirent par appeler à leur secours le connétable d'Albret, leur compatriote. Ce seigneur s'arrachant à la vie molle et dissolue qu'il menait à la cour de Charles VI marcha sur la Guyenne à la fin d'Août 1407, à la tête de huit cents lances. Cette petite armée s'accrût en chemin d'une partie du Baronnage des Hautes Marches de Saintonge. Les garnisons anglo-gasconnes furent refoulées dans leurs forteresses, dont plusieurs furent investies et emportées d'assaut. Dans le cours de cette campagne, les barons de Saintonge, avec leurs seuls hommes d'armes s'emparèrent de l'importante citadelle de Mortagne-sur-Gironde.

(De Barante. Hist. des Ducs de Bourg. tome III, page 63).

---

24 Mars 1458

L'Abbé de Notre-Dame-de-Masdion accorde aux habitants de la chastellenie de Mortagne leur exploit

---

les enfants de Hugues d'Amboise, qu'une Jeanne d'Amboise, dames du Parc, mariée en 1329 à Guy Larchevêque, seigneur de Soubise et de Taillebourg.

et le droit de pâturage de leurs bêtes grosses et menues et de deux cents porcs, moyennant une redevance annuelle de deux sols tournois par feu et payable au premier jour de l'an.

---

25 juin 1479

Une transaction a lieu entre l'abbé de Masdion et les habitants de Mortagne, au sujet de l'exploitation desdits habitants dans la lande du Bois-Rigault, moyennant une redevance annuelle et personnelle de deux sols à payer à l'Abbé.

— 1486 —

Charles de Coëtivy, comte de Taillebourg, prince de Mortagne-sur-Gironde, etc., fils de Olivier de Coëtivy et de Marie de Valois, maria sa fille Louise de Coëtivy à Charles de la Trémoïlle, prince de Talmont en Poitou, qui devint aussi comte de Taillebourg et prince de Mortagne.

XVe Siècle.

Reproches par Jean Potaire et Louis Claveau, aux témoins (1) produits dans l'enquête au sujet du droit

(1) Le blâme des témoins invoqués par Anthoine de Montberon, qui réclamait Mortagne par retrait lignager contre le comte de Taillebourg, nous donne avec le relief

de retrait lignager de Mortagne entre Antoine de Montberon et le comte de Taillebourg (Le Juge).

I

Maistre Jehan Arnauldeau, juge de Jonzac, n'est point gradué ni lettré et naguères estoit clerc et secrétaire de Thomas Guenon, sergent royal demourant à Jonzac, qui le print à l'oppital dudict Jonzac et lequel n'a suyvy ne frecquenté la practique et si fait là, ce a esté puis naguères et au lieu de Jonzac où l'on ne parle point de telles matières, ne guères d'autres gisens en coustumes et usances. Il ne fréquenta jamais les grants cours et sièges royaulx et présidiaux, ne les practiciens d'icelles, ne autres grans personnages, aussi il signe les articles, usances ou costumes de mon dit seigneur le comte formellement contraires à celles dudit de Montberon, disant et

---

de la passion, l'ensemble des griefs amassés contre les officiers de justice de Jonzac. Nous en détacherons le portrait du juge, Jehan Arnauldeau, auquel on reproche son ignorance due à ce qu'enfant naturel, élevé par charité à l'hospice « il ne fréquenta jamais les grandes cours et sièges royaux et présidiaux ».

L'importance de Jonzac est diminuée pour les besoins de la cause ; cependant même en 1698 il n'y avait dans la Généralité, que deux présidiaux (la Rochelle et Saintes), et dix sièges royaux (Saint-Jean-d'Angély, Cognac, Rochefort, Boutteville, Brouage et Chasteauneuf).

La justice seigneuriale de Jonzac relevait de Saintes pour les cas présidiaux, et du parlement de Bordeaux hors les cas de l'Edit. Les sergents royaux qui correspondent à peu près à nos huissiers actuels eurent longtemps un costume tout militaire comme les sergents d'armes, dont ils ne furent distincts qu'en 1376. Tout en prêtant main-forte à la justice, ils s'occupaient de faire exécuter les ordres du Roi dans les domaines féodaux.
(L. de Richemond. — *Documents historiques de la Ch-Inf*[re]).

approuvant lesdits articles, usances et coustumes d'iceux vrays et ainsi jusques à l'enqueste dudict de Montberon et tielx les a ditz, confessez et maintenus publiquement et comme tielx les a signez, comme dit est. Et si mondit seigneur le comte l'eust le premier produit et fait examiner, il eust pour lors deppousé choses contraires à celles dudict de Montberon. Es pauperimus. Et pour abréger, ledit Guenon le print à l'oppital de Jonzac et il le servit par aucun temps et depuis soubz umbre de ce qu'il se disoit avoir esté serviteur dudict Guenon, trouva moyen de soi intituler du nombre des pratticiens de Jonzac. Et pour monstrer qu'il ne scet que c'est que de practiquer ne de coustume, luy estant au lieu de Clions auquel il exppediait la court, ne voulut examiner les tesmoings d'une nommée Darmaldare que préallablement il n'eust pour l'examen de chascun tesmoingz dix soldz tournois.

CHARTRIER DE THOUARS.

II

Le seigneur, les officiers de justice, etc.

Maître Mathurin B***, juge de Mirambeau. Il n'est maistre gradué ne clerc et est le juge selon le maistre aujourd'hui mis, demain désappointé, lequel complaist et fait ou bien ou mal selon la volonté et intencion du maistre et lequel nihil sapit et est l'un des grans yvrognes et manteurs que l'on saiche et asses le démonstrent ses yeulx bordés de gueules et visaige cramoisy et in signum hujus et derisionis qu'on l'appelle communément le juge rouge et le juge volant et lubrique, paillard, exacteur et de très mauvaise vie, pauperimus.

Maistre Nycollas Terry, notaire royal, demourant à Cosnac, ung joueur public de cartes et de detz, lequel ne ouserait deppouser aucune chose contre le vouloir de Baulon (1) conseil dudict de Montberon et du viguier de Cosnac, son beau-frère, duquel il est officier et du seigneur de Cosnac. Et pour tout degré qu'il eut jamais en université il est baccalarius determinans in artes.

Et les coustumes qu'il dit scavoir, il les aprint au temps qu'il fut produict par la praticque dudict Baulon, lequel les luy imprima si fort en son entendement que fut jamais domine labia aperis et ne crainct homme pour coucher sur le banc d'un bouchier tout unė nuyt mesmement quant il est chargé de Baccus et ainsy lui advint, il estoit au lieu de la Trigalle, où il réside et ne scet usances ne coustumes, car il n'a suyvi la praticque, praticien, court ne juridiction et a tenu l'escolle à Cosnac où il se tient qui est lieu champêtre.

Saulvestre Renoul, notaire royal, demourant à Vitrezay, aagé de XXXV ans ou environ. Est ung ivrogne qui fait mestier de boyre et est si pouvre que, c'est merveilles et le démonstroit l'abillement qu'il avoit quand il fut produit, car sa robe et tout son habillement ne valoit pas diz solz. Les brodequins estaient touz rompuz et désirez qui ne lui tenaient en jambes, l'un de cuir fané et l'autre de rouge lye de corde plains de pièces et tapins, comme virent messieurs de Ruffineau et Potaire commissaires, et de luy et de son habillement fut bien rit, et meilleur n'en pou-

(1) Pierre Baulon ou Bollon, procureur. D'Hozier a suppléé en 1698, pour cette famille, des armes parlantes : D'or à une raquette de sable accompagnée en chef de deux boules de même.

Cette famille est encore représentée dans le département.

L. de Richemond. — (*Documents historiques de la Ch.-Inf.*)

voit avoir pour sa grant pauvreté et mauvais gouvernement. Aussi est-il vicieux de mauvaise et dissolue vie, paillard et lubricque, et en a gaigné la maladie de Naples (syphilis). Aussi n'est-il clerc ne praticin pour scavoir les coustumes ne en deppouser, aussi est-il demourant aux champs ou n'afflue conseil, practiciens ne gens qui scachent les coustumes de Xainctonge en païs de boys, landes, inhabite, qui est le pays de Vitrezay nouvellement reduict.

Noble homme Guy Chesnel, escuyer seigneur de Boysredon et de Clanardon. Il est de poure esprit qui ne sut coustume ne usance ne que c'est. Et aussi tost diriot l'un que l'autre. Aussi est-il dissipateur de biens, mauvais mesnagier et prodigue, car il vendit, despieca tous les héritages de feue de Lousme, sa première femme, qui se montoient plus de XII^{xx} livres, de rente, aussi a-t-il vendu à feu Denys Martineau Saint-Caprais, qui estoit son patrimoine et héritage; bonne pièce à feu maistre Arnault queu les fiefz de l'Esbaupin et de Fons-de-Claye, bons fiefz et nobles, à la dame de Cosnac; trois cents livres de rente de son patrimoine et plus et qui luy laissa pour la valeur de cinq ou six cent livres qu'il n'eust fait s'il eust eu entendement et gouvernement, mais c'est moins que rien de luy et luy est tout ung, mais qu'il est argent, soit louhé, qu'il frappe, rue et se venge. Aussi a-t-il sur luy constitué et vendu et sur ses biens plus de deux cents livres de rente, et puis naguère il a transporté Boysredon ou Clanardon comme en est le bruyt commun et doit, pour son bon gouvernement, plus qu'il n'a vaillant. Est bigneux et noisif, plain d'excès, forces violences, basteries et oppressions et vindications et scavent bien à quoy s'en tenir les verriers de la verrerie de Boisredon dont la cour a eu tant de plainctes et d'autres grans innumérables excès, exactions et pilleries qu'il faict et commect par chacun jour dont il a eu maints adjournements personnels et prinse de corps contre lui en la court et à Xaintes, dont il est de ressort et pour ses démérités, excès et autres crimes, feu monseigneur d'Angoulesme le tint prisonnier plus de demy an. Aussi a-t-il eu arrest au Grand Conseil, et s'il estoit homme de bien et pour porter tesmoignage et à ce recevable, n'eust faict et ne feroit les choses susdictes et semble ce néanmoins les petits chevaulx, car il est si fier qu'il ne peult en sa peau et n'y a voisin qui puisse durer avec luy. Maistre Pierre Baulon, procureur et conducteur du présent procès est son procureur à Bourdeaulx, en faveur et à la requeste duquel il a deppoussé et lui a fait le bec.

Messire Jehan Levesque, prebstre, demourant à Mirambeau. C'est le plus grand asne de tout le pays, sans entendement, qui ne scet lire ne escripre, non pas son nom, ne signer, ny ne scet messe que de requiem encores y restoit-il et la scet tellement quellement par force de roustine et de la dire, car autrement il n'en dict. Et ne seroit possible à luy de scavoir les coustumes, car il est sans esprit ne entendement Aussi n'est-il praticien n'y ne suyt les cours, juridicions ne gens de practique. Aussi est-il demourant en lieu champestre, etc.

CHARTRIER DE THOUARS.

III

Le sergent royal de l'accesseur.

Tesmoings examinez en tourbe pour ledict de Montberon en ladicte matière de retraict par les dits Ruffineau et Potaire audit lieu de Montandre.

C'est une tourbe faicte à Montandre, lieu champestre et nouvellement réduict et de tesmoings de boys, brandes, landes et buissons, gens sauvages et de pays désert, presque inhabité ou n'afflue gens ne conseil. Quequessoit la plupart des témoings de cette tourbe y sont résidens.

Thomas Garnier, sergent royal, demourant à Montandre. C'est ung jeune homme qui est de Montandre où il demoure et demeure, lieu champestre et nouvellement reduict, où justice est mal exercée et administrée et n'y a n'y afflue gens de conseil et n'y est nouvelle ne mencion de coustumes car n'en sauroit deppouser. Et si deppousé en a, s'a esté par la subornation et induct dudict de Montberon et de leur conseil et par remonstrance et luy avoir dit et asseuré les prétendues coustumes dudict de Monberon estre vagues, car deux jours avant sa production jamais n'en avoit vy parler. Aussi est-il très pauvre et locataire de la maison où il demeure. Aussi est-il accusé de faulse exécution faicte à la requeste de Messire Adam Boussot, curé de Beaufou, contre mon seigneur d'Archiac et aultres de sa chastellenye, dont il a eu plusieurs adjournements personnels de la court. Et n'a que quatre ans qu'il estoit encores page de Guyot de Soubz Moulins, seigneur de Vibrac et de Montandre. I

Maistre Anthoine Dalvy, accesseur de Montandre, demourant audit lieu.

C'est un pauvre locataire, demourant à Montandre lieu de champs en une maison locative où il est puis nagueres venu demeurer du pays de Lymousin dont il est natif.

CHARTRIER DE THOUARS.

L. de Richemond (Documents historiques du département de la Charente-Inférieure)

---

17 Mars 1578

Laurens de Maugiron, fils de Ozanne Lhermitte,

dame de Mortagne échange par contrat du 17 Mars 1578, sa terre, seigneurie et principauté de Mortagne-sur-Gironde contre Saint-Symphorien et autres terres du Dauphiné avec Henry III dont il était un des mignons. Henry III cède à son tour Mortagne-sur-Gironde à François de Pons, baron de Mirambeau, contre Hiers et Brouage.

---

26 Novembre 1659

Aveu et dénombrement des terres possédées en Saintonge et en Poitou par Armand-Jean du Plessis, duc de Richelieu, légataire universel d'Armand Jean du Plessis, Cardinal de Richelieu, prince de Mortagne-sur-Gironde.

(Grosse sur parchemin aux Archives de Saintes).

On lit dans le testatment du Cardinal de Richelieu. (Voir Archives curieuses de l'Histoire de France, 2e série, tome V, p. 367).

» Je donne et lègue audit Armand de Vignerot (1), et en ce que je l'institue mon héritier, sçavoir : mon duché pairie de Richelieu, ses appartenances et dépendances, avec toutes les terres que j'ay fait ou pourray faire unir à iceluy avant mon decez. *Item*, je luy donne la terre et baronnie de Barbezieux, que

---

(1) Armand Jean de Vignerot, fils de François de Vignerot, marquis de Pont-Courlay, et de Marie-Françoise de Guémadeuc, né en 1629 mort en 1715, époux d'Anne Foussart, veuve de François Alexandre d'Albret, sire de Pons, comte de Marennes, fut substitué en 1649, au nom et armes du Cardinal de Richelieu, son grand-oncle, et fut duc de Richelieu et de Fronsac, pair de France, *prince de Mortagne*, marquis de Pont-Courlay, comte de Cosnac, baron de Barbezieux, de Cozes, de Saujon, etc.

j'ay acquise de Monsieur et Madame Viguier. *Item*, je luy donne la *terre et principauté de Mortagne*, que j'ay acquise de Monsieur de Loménie, secrétaire d'État. *Item*, je lui donne et lègue le comté de Cosnac, *les baronnies de Cozes, de Saujon et d'Arvert*. *Item*, je luy donne et lègue la terre de la Ferté-Bernard, que j'ay acquise par décret de Monsieur le duc de Villars. *Item*, je lui donne et lègue le domaine d'Hiers en Brouage (1), dont je jouis par engagement.... »

---

17 Mai 1664

En vertu de l'arrêt du Parlement de Paris du 17 mai 1664, la terre, principauté et chastellenie de Mortagne consistant en un vieil chasteau ruiné où il n'apparaîst que quelques vestiges estant sur le haut d'un rocher regardant la mer avecq les préclostures et appartenance d'un petit bâtiment pour un geollier et domaines y joignant.... Plus la métairie noble du Tillac... Plus une autre mestairie noble appelée du Pont-Soerau... fut adjugée le 24 mars 1665 moyennant 310.000 livres, à : « Messire César-Phébus d'Albret, chevalier de nos ordres, sire de Pons, mareschal de France capitaine-lieutenant de nos gens d'armes, et, à dame Magdeleine de Guenegault son épouse ».

COZES

Cette commune est un gros bourg, chef-lieu de canton, traversé par la route de Rochefort à Péri-

(1) Hiers et Brouage ont formé la commune d'Hiers-Brouage, canton de Marennes.

gueux. Sa distance de Saintes est de 26 kilom. et de Royan 16 kilom. son étendue est de 1600 hectares.

Cozes est un bourg triste et morne, sa population en 1830 était de 1948 habitants, elle n'est plus aujourd'hui que de 1553 habitants.

Il existe à Cozes, une maison de commerce représentant les meilleures marques de bicyclettes et automobiles, où le touriste trouvera tout le nécessaire pour faire réparer l'auto ou le vélo détérioré; cette maison appartient à M. Ardon qui, grâce à son infatigable labeur, à sa probité, a pu joindre à son métier de bourrelier-sellier, le commerce ou plutôt l'industrie parrallèle et mécanique de l'automobilisme.

La commune se compose de 45 villages ou hameaux Elle a un marché tous les mercredis de chaque semaine, et une foire tous les premiers mercredis de chaque mois.

L'église de Cozes, construite dans le XIVe siècle, est remarquable par son architecture ; il reste encore le clocher et une partie de l'extérieur, que le temps n'a pas dégradés, le reste a été restauré.

Cozes possède en outre un temple protestant qui a été bâti en 1840.

Son marché couvert du moyen-âge est curieux à voir.

Les biscuits de Cozes sont très estimés et il en est expédié dans le Monde entier.

La seigneurie de Cozes dépendait de la Principauté de Mortagne. Elle passa dans la famille de Clermont par le mariage de Jean de Clermont avec Marguerite de Mortagne en 1336. En 1400, Louise de Clermont en épousant François de Montberon lui apporta en dot la seigneurie de Cozes. Cette terre fut réunie en 1486 au comté de Taillebourg, sur la tête de Charles de Coëtivy. Charles de la Trémoïlle en épousant Louise de Coëtivy en 1505 en devint seigneur. En 1582, elle appartenait à Jean de Belcier, qui avait épousé Catherine de Coëtivy.

(Mémoires de M. de Beaumont).

SEMUSSAC

La route départementale de Royan à Pons (10 kilom. de Royan) traverse cette commune qui est arrosée par un ruisseau qui prend sa source au village de *Chez Reine*, dont il porte le nom.

C'est par Semussac que passait une des voies romaines appelées *viae vicinales* ; on a déterré autrefois, entre Lavalade et Trignac, une voûte souterraine évidemment l'ouvrage des Romains.

Semussac était anciennement le siège de la baronnie de Didonne dont le maréchal de Sennecterre fut le dernier suzerain. Le château de ce nom, où le maréchal est mort, a été construit au commencement du XVIe siècle. L'église de Semussac a été bâtie en 1870.

SAUJON — 3316 habitants

Saujon qui tire l'étymologie de son nom de *Sau* et *on*, mots celtiques qui ont désigné l'eau, a été autrefois une ville forte, que Charlemagne donna à garder à Taillefer-de-Léon, comte d'Angoulême. Cette terre a appartenu aux anciens seigneurs de Mortagne, car on trouve dans de vieux titres que Jean de la Personne, comme époux de dame Marguerite de Mortagne, rendit hommage de la seigneurie de Saujon en 1364, au prince de Galles, duc d'Aquitaine. En 1400, par le mariage de Louise de Clermont, fille de Jean de Clermont vicomte d'Aulnay, avec François de Montberon, elle passa dans la famille de ce nom. En 1486, elle appartenait aux Coëtivy, après eux aux La Trémoïlle.

En mai 1475, le roi Louis XI fait relever aux frais des habitants les murailles et le château fort de Saujon pour Olivier de Coëtivy, seigneur de Taillebourg et de Saujon, capitaine de la ville et du Pont-de-Saintes.

C'était l'un des hommes les plus influents du pays, ancien serviteur du roi Charles VII, il eut sa grande part des libératilés du roi Louis XI, particulièrement intéressé à le ménager.

Prenant en considération que (*audit lieu de Saujon est une belle et ancienne chastellenie, assise au Pays et comté de Saintonge sur la rivière de Seudre, entre les rivières de Gironde et de Charente, à deux lieues de la mer où y refoule ladite mer deux fois le jour, voulait anciennement avoir ville close de murailles, forte et défensable, mais qu'elle fut, jà piécà démolie et abattue par les Anglais*) ; Louis XI par des lettres données à Amiens au mois de mai 1475 permit à son amé et féal chevalier Olivier de Coëtivy (*de faire reclore et fortifier sa ville, et aussi de faire faire en icelle ou ailleurs, en ladite chastellenie un chastel et place forte, pour soi loger et retraire*).

Le cardinal de Richelieu y fit bâtir un beau château flanqué de quatre gros pavillons, enceint de larges fossés pleins d'eau, dans le lieu où ce ministre voulait faire aboutir le canal de communication de la Gironde à la Seudre. C'était aussi là qu'il avait l'intention de placer le siège du grand établissement qu'il projetait pour la Saintonge.

Saujon est situé à 26 kilom. de Saintes et à 11 de Royan, sur la route départementale de Rochefort à Royan. Cette commune est traversée par la rivière de la Seudre.

La marée qui remonte jusqu'à Saujon dont le port se trouve à Ribérou, son faubourg, y rend la Seudre navigable. Ce port, placé dans la plus heureuse position, entretient un commerce considérable sur le poisson frais et salé, les huîtres, les moules et autres espèces de coquillages, qui met en activité l'industrie de plusieurs milliers d'individus de tout sexe et de tout âge.

CORME-ECLUSE, 13 kilom. de Royan

Cette commune est située dans un pays plat ; elle est traversée par la rivière de la Seudre qui se divise en trois branches sur lesquelles il existe trois ponts appelés : *les Grands Ponts de Corme.*

L'église, dont la construction remonte au XIIIe siècle, est une des plus entières de toute la Saintonge ; elle n'a pas été ruinée pendant les Guerres de religion les habitants s'étant soumis plusieurs fois à payer de fortes contributions, pour que les protestants n'y causassent aucun dommage.

Corme-Ecluse est un lieu de pèlerinage, l'on y vénère une antique statue de la Vierge.

Une plaque de marbre dans l'église porte l'inscription suivante :

En 1104 — Ramnulphe évêque de Saintes autorise la construction de l'église.

En 1200 — Les Bénédictins l'achèvent et l'ornent de la statue en chêne de la Sainte Vierge.

En 1327 — L'abbé de Saint-Jean-d'Angély et un envoyé du Pape Jean XXII prient devant l'image venérée.

En 1628 — Messire des Brudiers établit le pèlerinage.

En 1793 — La statue est mutilée.

En 1871 — M l'abbé Mounier retrouve (*sic*) l'image mutilée — Mgr Villecourt *conseille* de l'honorer dans sa chapelle.

En 1876 — Mgr Thomas bénit le sanctuaire et ressuscite avec M. Mounier l'antique pèlerinage.

En 1885 — M l'abbé Bourit célèbre les cérémonies en plein air le 2 août ».

L'ancienne maison seigneuriale appelée *Brienne*, est située sur le bord des marais de la Seudre à 1.600 m. du bourg. Ce château entouré de fossés secs, est à présent fort délabré, et n'est guère remarquable que par son bois de haute futaie.

CORME-ROYAL, 23 kilom. de Royan

Il serait assez difficile de fixer l'étymologie du nom de cette commune : quelques-uns la tirent de sa forêt dont certain quartier n'était jamais coupé ; c'était disait-on, le *quartier du Roi*.

D'autres prétendent que sa dénomination vient de ce qu'elle appartenait à l'abbaye royale de Saintes ; mais le Gua, Marennes, Saint-Jean-d'Angle, etc., étaient aussi des dépendances de cette abbaye : pourquoi Corme aurait-il été spécialement privilégié.

Quoi qu'il en soit, Corme Royal était déjà une localité importante vers le milieu du XIe siècle ; il fut compris dans la donation que Geodroy Martel, comte de Saintonge, et sa femme Agnès firent à l'abbaye qu'ils venaient de fonder à Saintes en 1047. On lit dans l'acte de fondation... *Ecclesiam Cormoregalis*... Cet acte est signé de 30 seigneurs parmi lesquels sont Ilgerius de Cauniac (Cognac), Gilbert de Mauritania (Mortagne), Arnault de Cosnaco (Cosnac), Cumblon de Castello-Alonis (Chatelaillon), Elie de Chalisco (Challais), etc., etc.

Le bourg de Corme-Royal semble avoir été ceint de murailles, du moins il y avait des portes. Il en existe encore une flanquée de tourelles.

L'église actuelle n'était d'abord qu'une chapelle pour les religieuses qui venaient de Saintes en convalescence à Corme. Elle paraît avoir été agrandie à plusieurs reprises. Le portail est formé de plusieurs arceaux superposés et garnis de petites statues.

L'ancienne église qui se trouvait au milieu du bourg, était double ; l'église basse a été comblée et la voûte subsiste encore. L'église haute a été entièrement détruite et les matériaux provenant de sa démolition ont servi aux constructions que l'abbesse fit faire à son château de Corme. En échange, elle céda à la paroisse sa chapelle et ses dépendances. Le bénitier est un bloc de marbre blanc d'assez grande dimension ; c'est un chapiteau d'ordre corinthien orné de feuilles d'acanthe, débris de l'ancienne église.

On voit à Corme-Royal une curiosité naturelle, que l'on désigne dans le pays sous le nom d'*Abîme de Bouille ;* c'est une espèce de fondrière où l'on enfonce une longue perche sans pouvoir trouver le fond ; agite-t-on la perche, l'eauj aillit abondamment.

SABLONCEAUX — 15 km, de Royan

L'église et son clocher, qui conservent encore quelques belles sculptures gothiques, dans la partie des bâtiments qui n'ont pas été ruinés, annoncent que cet édifice religieux devait être, autrefois, d'une construction très remarquable,

Cette église dépendait d'une superbe abbaye, dévastée pendant les guerres de religions ; mais réparée en 1650 par les soins du cardinal de Sourdis, archevêque de Bordeaux, qui en était abbé, elle fut ruinée à l'époque de la tourmente révolutionnaire.

Il fallait traverser plusieurs portes dont quelques-unes subsistent pour pénétrer dans ce monastère.

Les restes de cette abbaye sont curieux à visiter, ils sont enclavés aujourd'hui dans une propriété particulière.

On n'est pas bien fixé sur la date de sa première fondation ; les uns l'attribuent au duc Guillaume d'Aquitaine en 1136, les autres à Edouard III, roi d'Angleterre. Ce qui est certain, c'est que les fondateurs de cette abbaye l'avaient dotée avec munificence et n'avaient rien épargné pour donner à son architecture cet air de grandeur qui distinguait les constructions monumentales des XIIIe et XIVe siècles.

NANCRAS — 19 km. de Royan

La route départementale de Marennes à Saintes, traverse cette commune, qui est située à 20 kilom. de cette dernière ville, sur un petit ruisseau appelé *le Monard*, qu'alimentent plusieurs fontaines, et qui va se jeter dans la Seudre. La fontaine publique de Nancras, où tous les habitants vont puiser et où vingt-cinq femmes ensemble peuvent laver leur linge, est une des curiosités du pays ; la source de cette fontaine est tellement abondante, que communément, elle fournit de dix à quinze barriques d'eau à l'heure, et de mémoire d'homme elle n'a jamais tari.

Au sud-ouest du bourg, à environ 700 mètres de distance était l'ancienne maison seigneuriale. Ce bâtiment autrefois considérable, enceint d'un mur formant un carré de quatre-vingts mètres, soutenu par des piliers buttants, était probablement une abbaye. Il y paraît encore les vestiges d'une église.

A l'est de Nancras, existait anciennement le prieuré de *Magnié*, où il y avait une chapelle qui relevait de la paroisse de Sainte-Gemme. Ce monastère a dû avoir quelque importance : les ruines de son église qui disparaissent chaque jour, semblaient encore attester, il y a quelques années, qu'elle avait été vaste, élevée et bien bâtie.

SAINT-ROMAIN-DE-BENET — 17 km. de Royan

La commune de Saint-Romain-de-Benet est vraiment digne de l'attention de l'antiquaire. On y rencontre sur les hauteurs du village de Toulon, les restes d'un camp romain. Il est carré et renfermé par une double ligne de circonvallation. La première, qui a environ huit cents pas de circuit, consiste en un fossé de vingt pieds de largeur, protégé par un glacis ou terre-plein de vingt-cinq pieds d'élévation, sans palissade ni parapet. Un fossé de vingt-huit pieds de largeur sur trente de profondeur forme la seconde, qui a environ deux cents pas de circuit et communiquait avec la première au moyen de portes dont on croit distinguer encore quelques vestiges.

Du milieu de cette double enceinte s'élève une tour carrée ayant quarante et un pieds de largeur sur chaque face, avec un parapet de quatre pieds de hauteur sur cinq et demi d'épaisseur. Des proportions aussi vastes supposent une hauteur considérable ; mais ce monument a été ruiné en grande partie, et n'a plus que douze pieds d'élévation. Sa construction consiste en un blocage à bain de ciment ; revêtu d'un parement de petit appareil allongé, c'est-à-dire construit en moëllons de figure parallélogrammatique, superposés dans le sens horizontal.

Quelques savants ont pensé que le camp de Toulon était destiné à protéger l'ancienne station militaire appelée *Novioregum* dans l'itinéraire d'Antonin. Des pans de murs antiques répandus çà et là dans la campagne, une grande quantité de briques romaines et de fragments de marbre de diverses couleurs que la charrue a déterrés dans les champs voisins, enfin des bains romains très bien conservés qui furent, assure-t-on, découverts près de là, telles sont les bases de cette supposition. C'est, au reste, une tradition généralement répandue dans le pays qu'il existait anciennement dans le voisinage du camp de Toulon une ville importante, et l'on cite un titre de l'an 481, conservé, dit-on, dans le cartulaire de l'abbaye de Sablonceaux, qui faisait mention d'une porte de cette ville.

Puisque nous en sommes aux conjectures, il en est une à laquelle nous nous arrêterions volontiers, parce qu'elle nous semble au moins auppyée sur un document écrit. Des luttes fréquentes s'engagèrent, dans les premiers temps de la conquête, entre les

Romains vainqueurs et les Gaulois vaincus. Il est constant que, sous le triumvirat d'Octave, d'Antoine et de Lépide, l'Aquitaine et la Gaule celtique, décimées par les proconsuls, se soulevèrent et furent désarmées par Agrippa. Plus tard, sous l'empire d'Auguste, Messala Corvinus marcha, en mainte occasion, contre les Gaulois insurgés, et les défit, dit le poète Tibulle, (1) son compagnon d'armes, au pied des Pyrénées, près des rives de la Saône, du Rhône, de la Garonne et de la Loire, et jusques *sur le rivage des Santons.*

Ces derniers mots du poète nous ont semblé jeter quelques lumières sur la question qui nous occupe. « Tu n'as cueilli aucuns lauriers sans moi, dit-il à son général, témoin le rivage de l'Océan Santonique. » Ce vers ne semble-t-il pas indiquer que, sous Auguste, une insurrection éclata chez les Santons, et fut étouffée, dans un combat livré sur la côte d'Arvert, par Messala Corvinus, célébré par Tibulle, qui se trouva à la bataille ? Serait-il donc impossible que la construction du camp romain de Toulon remontât à cette époque, et avons-nous de si puissantes raisons pour repousser le témoignage de ce monument de deuil, qui semble être resté debout, sur nos rivages, pour

---

(1) Tibulle (Albius Tibulus) poète latin, né à Rome, l'an 44 av. J.-C., mort 18 ou 19 ans ap. J.-C., Il suivit Corvinus Messala dans la guerre des Gaules, puis revint à Rome, où il se livra au culte de la poésie. Il fut l'ami d'Horace, d'Ovide, de Macer et des autres grands hommes qui illustrèrent le règne d'Auguste. On lui attribue quatre livres d'élégies, mais les deux premiers seulement sont absolument authentiques, ils se font remarquer par l'élégance et la pureté du style, le naturel et la douceur. Les principales éditions de Tibulle sont celles de Muret (1554), de Heyne (Leipzig 1777), de Voss (Heidelberg 1811) de Bach (Leipzig, 1819), etc., etc. Principale-traductions françaises en prose, par Pezay (1771) par Lonschamps (1776), par Pastorel (1783), par Valatour (1836), en vers par Mollevaut (1806), par Saint-Geniez (1814).

nous apprendre que là nos aïeux succombèrent, il y a dix-huit cents ans, en défendant leurs foyers contre l'oppression étrangère ?

En se dirigeant vers le sud-est de la commune de Saint-Romain-de-Benet, après avoir traversé la route départementale de Saujon à Saintes, on trouve la *Pile* ou tour de *Pire-Longe*. C'est un môle de figure pyramidale, dont la base, parfaitement carrée, a dix-huit pieds de largeur sur chaque face. Il est couronné d'une cape cônique de vingt pieds de hauteur, formée de sept assises de grosses pierres, dont la surface extérieure est symétriquement tailladée en petites rainures figurant des compartiments. L'édifice n'a pas moins de soixante-quatorze pieds d'élévation de la base au sommet. Comme il est entièrement massif, il n'a ni escalier, ni ouverture, que deux crevasses qu'y ont pratiquées les gens du pays, dans l'espoir apparemment d'y trouver un trésor, selon de vieilles traditions populaires qui ont hâté la ruine de beaucoup d'édifices de ce genre. Toute la partie inférieure, depuis la base jusqu'au couronnement, est revêtue d'un parement en moëllons carrés de cinq à six pouces de face. Ce beau monument est fort endommagé, surtout la coupole, dont les dalles ont été, en grande partie, déplacées ou arrachées, par les vents du nord et de l'ouest, bien qu'elles adhérâssent les unes aux autres par des tenons et des mortaises.

En 1820, entre le village de Toulon et le lieu de la Béraudière, on a découvert les restes d'une villa qui doit avoir appartenu à quelque romain opulent. Parmi les ruines on a reconnu des restes de bains dont l'hypocauste était conservé. Les mêmes fouilles ont mis à jour un pavé en mosaïque à compartiments, beaucoup de médailles impériales en bronze de divers modules, particulièrement du Bas-Empire, des fragments de marbre qui avaient servi de pavé et de revêtement aux murs,

On a trouvé, dans tous les temps, à Pons, des médailles impériales et même une médaille grecque en or, d'un roi de Macédoine ; ; elle est de la plus parfaite conservation et représente, d'un côté, la tête laurée de *Philippe*, père d'Alexandre ; sur le revers, qui est concave, on voit un bige ou char à deux chevaux, au-dessous duquel est un trident renversé. Cette médaille a peut-être été apportée dans le pays par des *Santons* qui servaient dans l'armée de Brennus et qui l'accompagnèrent dans son expédition en Macédoine, ce qui fait supposer une haute antiquité à la ville de Pons, bien que rien autre chose ne constate cette antiquité.

BALANZAC — 22 km. de Royan.

Ce bourg est situé à 16 kilom. de Saintes, il possède comme curiosité un ancien château fort, entouré de remparts encore assez élevés.

MEDIS — 4 km. de Royan

Le nom de Médis vient du mot celte *Med* qui signifie fertile, abondant.

On a découvert dans cette commune, une voûte souterraine de construction romaine, et plusieurs fragments de murailles en briques qui sont autant d'indices pour faire supposer que ce lieu, que traversait la voie militaire qui conduisait au camp de Toulon près Saujon, était une *Mansion*.

L'église de Médis est fort ancienne, elle a été en partie reconstruite ; mais ce qui subsiste de sa primitive origine, donne lieu de croire qu'elle a dû être bâtie dans le IXe ou le Xe siècle.

---

16 Juillet 1746

Pourvoyance du prieuré de Saint-Pierre-de-Médis, faite par René d'Aubourg, prieur de Saint-Eutrope, en faveur de Dom Pierre Guerry, religieux de Saint-Eutrope.

I

René d'Aubourg, religieux profex de l'ordre de Cluny, prêtre, prieur et seigneur du prieuré, terre et seigneurie de Saint-Eutrope, y demeurant, au premier notaire royal ou autre ayant à ce pouvoir salut. Sur le bon et louable rapport qui nous a esté fait de la personne de dom Pierre Guerry, aussy religieux profex du susdit ordre, prestre et chantre de la communauté de Saint-Eutrope, y demeurant de ses sens, bonnes mœurs et capacités, à iceluy, par ces causes, nous luy avons donné et conféré, donnons et conférons par ces présentes, signées de notre main, le prieuré de Saint-Pierre-de-Médis, diocèse de Saintes, vacant par le décès de messire Jacques Cogrel, dernier et paisible possesseur d'iceluy, duquel la collation, provision et touttes autres dispositions nous appartient de plain droit, pour par ledit sieur Guerry en jouir et user en tous droits, revenus et émolumens quelconques. Fait et passé au susdit prieuré de Saint-Eutrope, en la présance et par devant le notaire royal apostolique à Saintes, soussigné, le seize Juillet mil sept cent quarante six, avant midy, en la présence de Alexandre Viaud et Pierre Peponnet, praticiens, demeurant en la ville de Saintes, tesmoins connus et à ce requis et appelés ; et a ledit seigneur d'Aubourg signé avec ledit notaire et tesmoins et a posé le cachet de ses armes.

D'Aubourg, prieur de Saint-Eutrope, Viaud, Pe ponnet, J. Mareschal, notaire royal, apostolique, à Saintes.

(Original sur papier, sçeau armoirié: d'azur à trois fasces d'or ; couronne de Comte *Archives historiques de la Saintonge et de l'Aunis*).

II

18 juillet 1746

Dom Pierre Guerry prend possession du prieuré de Saint-Pierre-de-Médis, en présence de Joseph Delon, prêtre, curé, de ladite paroisse de Médis, d'André Guillaud, serrurier, demeurant à Royan, et de Jean Dubois avocat, signé : MARESCHAL.

III

18 Juillet 1746

Dom Pierre Guerry, prieur du Médis, en présence de Joseph Delon, curé de la paroisse, avec Jean Landreau, charpentier à Médis et Jean Boucq, maçon à Saujon, fait dresser par Daniel Mareschal, notaire à Saintes, l'état des lieux de son dit prieuré, où étant entrés dans l'Église paroissiale, ils trouvent la principalle porte d'entrée simple, pourrie par le bas, les genevelles très minse, ferrure de bois, le tout ayant besoin d'être refait, l'église non pavée, si ce n'est de quelques tombes, le sanctuaire sur terre, n'y ayant aucun pavé, quatre vitraux, dont trois sont réunis, une porte dont le fermeture de bois de sapin est pourrie par le bas, n'ayant genevelles, gonds ni serrure, et fermée par deux bois de travers ; la voûte a un carré de bois, le restant de massonne ; sur la voûte il y a trois fillieres de pourries de douze pieds de long, un tirant tout courbé qu'il faut changer ; la nef de l'église est entièrement ruinée, n'y ayant ni couvertures, mais seulement les murs qu'y composent ladite nef quy sont entièrement ruinés d'ailleurs ; les livres appelés graduels, psautiers et antifonets, hors d'état de pouvoir servir étant déchirés et les feuilles dispersées. Au chay, la porte est très mauvaise, trois fenêtres dont les ouvertures sont très mauvaises, etc. » En présence de Paul Robin bourgeois, demeurant en la paroisse de Saint-Pierre-de-Royan, et de Bernard Cloupet, maître chirurgien, demeurant en la paroisse de Médis. Signé : MARESCHAL.

IV

21 juillet 1746

Dom Pierre Guerry, prieur de Saint-Pierre-ès-liens de Médis, en présence d'Alexandre Viaud et de Pierre Pépounet, praticiens à Saintes afferme, pour neuf années, à raison de treize cents livres payables demie année, par demie année, à Paul Robin, demeurant à Royan, les fruits décimaux dudit prieuré de Médis, qui devra en user « en bon ménager et père de famille ». Signé : MARESCHAL.

V

18 Septembre 1746

Dom Pierre Guerry, chantre de Saint-Eutrope et prieur du prieuré de Saint-Sauveur-de-Rochechouart, demeurant au monsatère de Saint-Eutrope, résigne son prieuré en faveur de dom Jean-Pierre Poitevin, aussi religieux de Saint-Eutrope. Signé : MARESCHAL.

(*Archives historiques de la Saintonge et de l'Aunis*).

VAUX

531 habitants — 25 kilom. de Marennes — Poste à Vaux — Télégraphe à Pontaillac (2 kilom.) — Gare à Royan, 4 kilom. — Médecins, Pharmaciens à Royan et à Pontaillac.

Le village de Vaux est à 1 kilom. de la mer, il possède deux plages, celle de Conseil et celle de Nauzan.

On trouve à louer chez les habitants dans les 150 à 200 francs, des maisonnettes ou parties de maisons Les ressources y sont faciles, on y trouve boucher, boulanger, charcutier, maraîchers et nombreuses laiteries à des prix modestes. Le Decauville relie Nauzan à Royan.

LE BUREAU — SAINT-PALAIS

Saint-Palais est situé sur une hauteur d'où l'on domine la mer. Sur le territoire de Saint-Palais commence la vaste et superbe forêt d'Arvert qui occupe tout le littoral jusqu'à l'embouchure de la Seudre

Saint-Palais possède 797 habitants, se trouve à 22 kilom. de Marennes et à 7 de Royan — Bureau de poste à Saint-Palais — Télégraphe à Breuillet, Gare de Royan à 7 kilom. — Tramway Decauville de Royan à la Grande-Côte — Médecins et Pharmaciens à Royan-Pontaillac.

La plage de Saint-Palais est au Bureau, village qui s'élève entre un bois de pins et une charmante plage bordée de splendides falaises de rochers. Le Bureau possède une centaine de châlets. La vie à Saint-Palais et au Bureau est modérée.

SAINT-AUGUSTIN-SUR-MER

498 habitants — 17 kilom. de Marennes — Postes et Télégraphes à Etaules (6 kilom.)—Gares à Etaules, 6 kilom. à Royan, 12 kilom. — Pas de correspondance, mais facilité de se procurer une voiture. Médecin et pharmacien à Etaules et à Royan.

Petit trou pas cher à 3 kilom. de la mer, pour s'y rendre promenade charmante en forêt. Belle chasse, pêche dans les nombreux étangs des environs et à la mer—Logement chez l'habitant à des prix modérés—

Convient aux amateurs de calme et de belle nature sauvage.

LES MATHES

Cette commune tire son nom des *Mathes*, pâturages d'une certaine étendue qui forme une chaîne de monticules ; on peut en faire dériver l'étymologie du mot celte *Mad*, prononcé *Mat*, qui signifie élévation.

A une époque reculée et qu'il est impossible de préciser, une partie de la commune était couverte par le mer : on y a trouvé des débris de navires, en creusant des canaux pour le dessèchement.

Sur cette commune existait l'étang de Bréjat, grande étendue circulaire de plus de 10 kilomètres. Cet étang n'était qu'un marais fangeux et sans fond, il est aujourd'hui entièrement desséché.

La commune des Mathes possède 880 habitants, un bureau de Postes et Télégraphes, elle est située à 13 kilom. de Marennes et à 14 de Royan. La gare la plus proche est à Arvert. Médecin et pharmacien à Etaules à 6 kilom. Il y a un hôtel aux Mathes et peu ou pas de chambres à louer chez l'habitant. La plage est à 4 kilom. du bourg, il y existe plusieurs villas et l'on en construit des nouvelles, son étendue est de 2 kilom. le cadre en est sauvage et imposant.

ARVERT

Arvert, appelé anciennement *île d'Armotte*, est aujourd'hui une sorte de péninsule, distante de Marennes d'un myriamètre. La forêt qui l'avoisine et qui produit une grande quantité de pins toujours verdoyants, a fait donner à ce lieu le nom d'*Ard-vert*, mot qui en dialecte celte, signifie bois vert.

Les anciens seigneurs de *Mastas* ont été aussi seigneurs d'*Arvert*, car on trouve dans une vieille chronique qu'*Archambaud*, comte de Périgord, comme époux de dame Louise de Mastas, rendit foi et hommage de la terre d'Arvert, le 18 septembre 1365, au prince de Galles, duc d'Aquitaine.

D'après une transaction du 27 Février 1578, entre la dame de Montchenu, épouse de Messire de Pons, baron et seigneur d'Arvert, et les manants et habitants de la baronnie, on voit que lesdits manants s'engagèrent à établir sur 18 pieds de largeur en gueule et profondeur convenable, le canal, autrefois commencé de *la Maire*, ou mieux probablement de la *mer*, avec des ponts en pierre, et à recurer, à 6 et 7 pieds de fond et 18 pieds de gueule, les autres écours de dessèchement dont l'établissement était dès lors encore plus ancien. Il est vraisemblable que ce fut pour les dédommager de ces travaux que les habitants d'Arvert obtinrent le droit de ramasser dans la forêt le bois mort, moyennant quinze sous par feu, dont ils jouissaient encore en 1840.

Par acte du 23 Février 1600, le sieur Despinay, seigneur de Saint-Luc et baron d'Arvert, concéda au sieur Sauvaget, son procureur fiscal, 400 journaux de prés en Arvert, en récompense du dessèchement des rivières et marais de ladite baronnie d'Arvert, qu'il avait fait effectuer.

Le 18 Mars 1735, le recurement du canal de la Maire et autres écours fut adjugé au sieur Chevallier de l'Étang, pour 29,000 livres.

Le 2 Février 1752, le sieur de Gay dut de nouveau approfondir ce canal, moyennant 9,500 livres.

En 1825, les sociétés syndicales d'Arvert et de Saint-Augustin ont fait encore baisser ce canal, et refaire l'écluse placée à l'embouchure du chenal de Chaillevette.

Arvert, aujourd'hui est un joli bourg qui comme ses voisins, Avallon, Étaulles, Chaillevette, l'Éguille, fait un grand commerce d'huîtres et possède de nombreux parcs où l'on élève la si délicieuse huître verte de Marennes.

LA TREMBLADE

La Tremblade, 3600 habitants est à 8 kilom. de Marennes et 18 de Royan — Postes et Télégraphes — Chemin de fer de Royan, Saujon et la Grève. Médecin et pharmacien.

Cette petite ville est dans une situation très agréable, placée sur la rive gauche de la Seudre, elle est en vue d'un magnifique bassin que développe cette rivière, ou plutôt ce bras de mer. Le chenal de l'atelier, navigable pour des bâtiments de 60 tonneaux, forme, dans son enceinte, un port de débarquement et d'embarquement fort commode.

L'immense quantité de marais salants qui bordent la Seudre, forment un des principaux produits de la localité : les sels qu'on y récolte sont fort recherchés ; il y en a de trois couleurs, de rougeâtres, de verts-clair et de blancs. Cette différence de nuance provient des argiles qui se mêlent à leur composition : l'argile du sel blanc est blanchâtre et ne renferme qu'une trace d'oxyde de fer ; celle du sel vert est d'un vert crisâtre ; elle est colorée par une combinaison de péroxyde de fer, de silice et d'eau. Cette combinaison s'y trouve en assez grande proportion et elle est accompagnée d'une quantité notable de bitume. L'argile du sel rougeâtre est grise, mais devient rouge par le contact de l'air ; elle est colorée par le peroxyde de fer.

Il ne paraît pas, du reste, que ces différentes argiles puissent communiquer au sel des propriétés particulières et si le vert est préféré pour les salaisons, c'est probablement moins à raison d'une qualité supérieure pour cet emploi, que peut-être parce que cette couleur affaiblit la teinte d'un rouge foncé propre aux viandes salées, et de cette habitude qui fait aussi préférer les sels blancs dans le Midi.

La pêche du poisson de mer et des coquillages est très abondante ; celle des huîtres particulièrement est considérable ; il s'en fait un commerce très étendu.

Les huîtres vertes de Marennes si renommées, doivent leur couleur à l'argile vert dont il est question ci-dessus.

Tout porte à croire que La Tremblade n'existe que depuis la ruine d'*Anchoisne*, qui, d'après la tradition, était située également sur la rive gauche de la Seudre, au nord-ouest, à l'angle saillant de l'embouchure de cette rivière. Dans un espace d'environ 500 mètres de longueur, il existe quelques traces d'habitations ; et l'on appelle encore *fond d'Anchoisne* un petit banc de sable qui est couvert par les hautes marées : cette ville a été sans doute ensevelie sous les dunes immenses qui couvrent aujourd'hui dans cette partie de l'arrondissement des plaines autrefois fertiles.

Notre-Dame-de-Buze, située sur la même plage,

était une paroisse considérable, qui fut aussi engloutie sous les dunes de sable. L'auteur de l'*Usance de Saintonge*, qui vivait au XVIIe siècle, rapporte qu'alors on ne connaissait ce lieu que par tradition. Depuis cette époque, une dune de sable, déplacée par les vents furieux qui soufflent sur cette côte, a laissé apercevoir les restes de Notre-Dame-de-Buze. On en a extrait une pierre d'autel qui a été placée dans l'église de la Tremblade, et une grande quantité de matériaux dont on s'est servi pour construire des maisons; mais une autre dune a recouvert ces restes, qui sont maintenant entièrement cachés.

A peu de distance, au nord-est de l'église de Buze, existait la forêt de *Satiste*, plantée en chênes, dont les troncs sains et entiers paraissaient encore en partie au milieu du dernier siècle. A environ 1 kilom. dans l'est, on voit une petite élévation isolée, haute de 3 mètres, sur 6 mètres de circonférence, qu'on appelle *la Forge-à-Mathieu*, et qui paraît avoir été une usine considérable. Plus loin, on voit les traces d'une tuilerie, près de laquelle était un étang très poissonneux, dans lequel on pêchait des brochets énormes : cet étang est aujourd'hui couvert par une dune de 25 mètres de hauteur.

La petite ville de la Tremblade n'a guère commencé à être connue que vers l'an 1660, époque où les vaisseaux du roi, ne pouvant plus se retirer à Brouage au retour de la campagne de Gigery, on les fit entrer dans la Seudre, et on établit à la Tremblade, les magasins et les corps de la marine, qui n'y restèrent pas longtemps. Alors ces établissements furent transférés à Tonnay-Charente. Sept vaisseaux y avaient désarmé en 1660, trois en 1661, un en 1662 et trois en 1663. Les motifs de cette translation furent que les vaisseaux qui entraient dans la Seudre n'étaient au plus que de 40 canons, et que cette rivière n'avait pas assez de profondeur pour porter des vaisseaux de premier rang qu'on voulait construire; que les passes y sont dangereuses à cause des rochers et des sables mouvants qui sont des écueils variables ; que les vents terribles qui règnent toujours dans le pertuis de Maumusson et qui forment des dunes sur la côte, rendent le mouillage hasardeux et incommode ; qu'enfin, il eût été difficile d'établir des magasins dans un lieu tout coupé de marais, et qu'étant par là obligé de bâtir sur pilotis, les dépenses auraient été excessives.

Il n'y avait anciennement à la Tremblade qu'une chapelle qui dépendait de Saint-Etienne-d'Arvert ; on l'érigea en paroisse en 1867.

Ce fut en 1681 que se fit la première procession générale avec le Saint-Sacrement : M. de Main, intendant d'Aunis et de la marine, s'y trouva avec un grand corps d'officiers et tous les catholiques des environs. Il n'existait alors dans cette commune que six ou sept familles catholiques ; la plus grande partie des habitants professaient la religion protestante. La célébration de l'office se fit sous les halles, la chapelle se trouvant trop petite pour cette cérémonie.

Quelques années après, Fénélon vint prêcher l'évangile à la Tremblade, après la révocation de l'édit de Nantes.

On a construit dans cette commune, en 1823, un temple protestant ; qui est un des plus beaux du département.

Il est sorti de la Tremblade nombre d'excellents officiers de marine, entre autres M. Foran, que sa valeur et ses vastes connaissances ont élevé au grade de lieutenant-général des armées navales.

RONCE-LES-BAINS

La commune de la Tremblade possède une plage, sise à Ronce-les-Bains.

Ronce-les-Bains est une des stations les plus fréquentées de la contrée.

La plage toute sablonneuse et d'une vaste étendue, fait face à la pointe boisée de l'île d'Oléron, et on aperçoit très bien sur la droite Saint-Trojan.

Ronce se trouve dans une situation exceptionnelle au bord de la mer et sur la lisière de la belle forêt de pins de la Coubre.

Le bras de mer qui sépare Ronce, de l'île d'Oléron est connu par les marins sous le nom de Pertuis de Maumusson et est assez redouté des marins par son courant et ses nombreux bancs de sable qui découvrent à marée basse.

Cependant, à de certaines heures, le canotage y est sans danger le long de la plage, celle-ci étant abritée par l'île d'Oléron.

De nombreux châlets sont enfouis dans les pins de la forêt de la Coubre.

Ces châlets, en assez grand nombre, sont à des prix fort variables — de 100 à 600 francs par mois. Pendant la saison on trouve à Ronce, tout ce qu'il faut. Marché tous les jours à la Tremblade.

A Ronce on peut vivre à l'hôtel à partir de 8 francs par jour.

A l'hôtel, à la Tremblade, la pension ne dépasse pas 6 à 7 francs par jour et l'on s'y fait de grandes concessions aux familles.

ILE D'OLERON

Cette île est située dans le golfe de Gascogne, au 3e degré, 45 minutes, 13 secondes de longitude, et au 46e degré, 2 minutes 50 secondes de latitude septentrionale, méridien de Paris. Elle est séparée du continent par une distance de 11 kilomètres. Sa longueur est de 30 kilomètres, et sa plus grande largeur, prise de la pointe des Saumonards jusqu'à la Cotinière, est de 10 kilomètres.

On a assigné plusieurs étymologies à la dénomination de l'île d'Oléron : Pline l'a appelée *Uliarus, et in aquitanico sinu Uliarus ;* ce nom qu'on prononçait Ouliarous, est une onomatopée, c'est-à-dire l'imitation du bruit que font les houles, vagues de la mer.

Quelques auteurs du moyen-âge l'ont surnommée *Olario, Olerum,* à cause de ses herbes odoriférantes, potagères et médicinales ; d'autres enfin ont prétendu que c'était primitivement un lieu d'exil pour les criminels qu'on désignait vulgairement sous le nom de *Lerrons* ou Larrons, et qui l'aurait fait appeler l'île des Lerrons, et plus tard par corruption l'île d'Oléron.

Il n'est pas douteux que l'île d'Oléron était beaucoup plus étendue dans les temps anciens qu'elle ne l'est aujourd'hui, et ces mêmes flots qui ruinent et envahissent continuellement ses côtés, en mettant à nu les rochers qui en rendent l'accès si difficile du côté de l'ouest, ne lui réservent probablement pas un sort plus heureux que celui de cette île d'*Antros* disparue à l'embouchure de la Gironde.

La seule inspection des localités et le gisement de cette île, suffisent pour démontrer son ancienne jonction avec le continent ; mais il n'est rien moins que facile d'assigner l'époque comme les causes de son isolement ; la plus vraisemblable serait d'y reconnaître l'effet aussi simple que naturel de l'action violente et continue de la mer sur la portion du littoral actuellement occupée par le passage de Maumusson.

Ce détroit qui est fort resserré, forme une passe extrêmement dangereuse, à cause de la barre de Gadesan, qui le coupe en partie obliquement : Les sables mouvants y présentent de nouveaux dangers : lorsque le vent d'ouest souffle, les vagues viennent s'y briser avec tant de violence que le bruit s'en fait entendre jusqu'à quatre ou cinq lieues. Il se forme dans ce détroit des remous ou tournoiements d'eau, ce qui fait dire aux matelots qu'il y a un gouffre.

Le pertuis de Maumusson, jadis si redoutable, s'améliore journellement, et en temps calme se franchit aujourd'hui très facilement.

Un canot de sauvetage se trouve à son entrée et les marins de Saint-Trojan, qui en forment l'équipage ont fait leurs preuves en arrachant aux flots, maintes victimes.

L'île d'Oléron, avait, du temps des Romains, une assez grande importance, à raison de sa position qui en faisait la principale défense de la Saintonge du côté de la mer. La découverte qu'on fit en 1797 d'un vase rempli de médailles consulaires, en argent, ferait soupçonner qu'il y avait même dans cette île, une garnison romaine, et que ces médailles faisaient partie d'une caisse militaire. Il est, sans doute, étonnant de ne pas y rencontrer le moindre débris de monuments antiques ; mais c'est une circonstance que l'on peut facilement expliquer par la mauvaise qualité du sable de mer que les Romains n'ont pu se dispenser d'employer dans leurs constructions, et qui a été nécessairement la cause de leur peu de durée.

C'est à l'île d'Oléron que vivait, vers le Ve siècle, un seigneur nommé *Nammatius*, officier dans les légions romaines. *Sidoine Apollinaire* (1), son ami particulier, lui écrivait que malgré le courage de ses troupes et la prudence et l'habileté qu'il lui connaissait, il ne le voyait pas sans de vives inquiétudes exposé aux fréquentes attaques des terribles pirates saxons.

Cette correspondance nous apprend également que l'île d'Oléron était alors couverte de bois et peuplée de sangliers, daims, chevreuils et autres bêtes fauves ; et en 1047, Geoffroy Martel, comte d'Anjou et Agnès son épouse, qui furent les fondateurs de l'abbaye de Notre-Dame-de-Saintes, léguèrent aux dames de cette abbaye la dixième partie des peaux de cerfs et de biches qui seraient pris dans l'île pour couvrir leurs livres.

Ces bêtes fauves, ainsi que les forêts qui leur servaient d'asile, ont depuis longtemps disparu de l'île

(1) Sidoine Apollinaire (Caïus, Sollius Sidonius-Apollinarius), écrivain latin et saint, né à Lyon (Gaule), vers 431, mort à Clermont en 482 ou 484. Il épousa une fille de Flavius Avitus, plus tard empereur, il était préfet de Rome, lorsque Avitus fut détrôné par Majorien. Celui-ci le fit comte et l'envoya gouverner la province d'Arles. En 467, il alla à Rome comme ambassadeur des Arvernes, et fut fait patricien et, pour la seconde fois gouverneur de la cité. Bien que laïque, il fut élu à l'évêché d'*Arvernum* (Clermont) en 472, il remplit ses fonctions avec zèle et s'opposa énergiquement à la propagation de l'arianisme. Il a laissé neuf livres d'un grand intérêt historique et de nombreuses poésies. Sa fête se célèbre le 21 août. Ses œuvres ont été publiées à Utrecht (1473) ; elles ont été traduites en français par Sauvigny (1787 2 vol. in-4°) et par Grégoire et Colombet (1836, 1 vol. in-8°). Voyez Germain: Essai historique et littéraire sur Sidoine Apollinaire (Paris, 1840, in 8°).

d'Oléron, quoique *le cardinal Mazarin*, en invitant ses nièces à aller passer huit jours à l'île d'Oléron, lieu vanté par tout le monde comme la plus agréable demeure, plaçait encore parmi ses agréments, ceux de la chasse et de la pêche.

Pendant le moyen-age, cette île, tout en continuant d'être exposée aux irruptions des divers pirates du Nord, Saxons, Danois, et Normands, partagea le sort de l'Aquitaine dont elle dépendait. A partir de l'année 910, elle eut successivement pour seigneurs souverains, Guillaume Ier, duc de Guyenne, et comte de Poitou Geoffroy Martel et Guy, comte de Poitou qui la possédait en 990.

Ces trois seigneurs accordèrent à la population divers privilèges ; notamment celui de posséder des terres en propriété, de tester et disposer de leurs biens, de construire des marais salants, etc.

Guy, duc de Guyenne, que mentionnent des actes de 1068 et 1079, et Guillaume VIII, son successeur en 1086, firent aussi à l'île d'Oléron, divers avantages. En 1186, Othon, duc de Guyenne, ajouta au privilèges des habitants, les droits de communauté et jurande. En 1159, Aliénor de Guyenne, confirma ces privilèges et y joignit de plus la garde et tutelle de leurs enfants mineurs, la permission de les marier sans le consentement du seigneur, comme de vendre et exporter le sel et autres denrées de l'île.

Ce fut également cette princesse qui, à l'instar des lois rhodiennes qu'elle avait vu pratiquer dans le Levant, fit rédiger ces Rôles d'Oléron ou règlements maritimes qui ont servi de base à toutes les ordonnances et dispositions postérieures sur cette matière. Henri III d'Angleterre ainsi que Jean-sans-Terre, maintinrent et augmentèrent même les privilèges de cette île.

Sous Henri III, son fils Edouard en avait fait don au comte de la Marche, de la maison de Lusignan, qui voyant ce don révoqué tant par Edouard que par son père, se la fit accorder en 1222 par Philippe-Auguste, à la charge de l'enlever aux Anglais, ainsi qu'il le fit effectivement.

La diminution des forces anglaises en France et les guerres qu'ils y soutenaient avec des succès divers, firent passer l'île d'Oléron alternativement au pouvoir des rois de France et d'Angleterre.

En 1360, le traité de Brétigny en abandonna la souveraineté à la couronne d'Angleterre ; mais cette île fut réunie à la France sous Charles V, qui, par lettres patentes du mois de Février 1372, l'annexa définitivement au domaine de la couronne.

Ce monarque en concéda une partie, l'année suivante, au seigneur de Montmor, gouverneur de la Rochelle ; mais le sire de Pons fit révoquer cette concession et obtint que cette île lui fût accordée à lui même. Cette maison la conserva jusqu'en 1444 ; par suite de l'union de Jacques de Pons aux ennemis de l'Etat, elle fut de nouveau confisquée.

Charles VII, en 1450, en fit don à André, seigneur de Villequier ; mais après de longues discussions soutenues par la voie des armes et devant les cours de justice, celui-ci fut obligé de l'abandonner au sire de Pons rentré en grâce et qui en reprit possession en 1517.

En 1541, les habitants de l'île d'Oléron, prirent part au soulèvement auquel donna lieu, dans le Poitou, la Saintonge et l'Aunis, l'établissement de la gabelle par François Ier.

L'île d'Oléron ne put échapper aux désastres des guerres de religion ; en 1548, ses principaux habitants, qui avaient embrassé la religion réformée, avec le secours de ceux de Marennes et d'Arvert, se soulevèrent contre les catholiques. Par suite de ces malheureuses dissentions, les églises qui, soit à ce titre, soit comme lieux anciennement fortifiés pour servir de retraite et de défense à la population contre les attaques des pirates, excitèrent plus particulièrement l'attention des deux partis et furent plus souvent exposées à être pillées et détruites.

En 1577, l'édit de pacification qui autorisait l'exercice public de la religion protestante, fit élever à Saint-Pierre le premier temple, qui ne fut d'abord qu'une simple grange.

La guerre s'étant de nouveau rallumée entre les calvinistes et les catholiques, les Rochelais s'emparèrent de l'île d'Oléron en 1584, et se fortifièrent au bourg du château, dont d'Aubigné, qui les commandait, acheva de faire démolir l'église.

La destinée de l'île d'Oléron était d'être constamment l'objet des tentatives des deux parties : en 1624, le duc de Soubise s'en rendit maître une seconde fois ; il y fit construire trois forts et y établit en même temps un droit de péage. L'année suivante, le duc de Montmorency l'en chassa, bloqua le fort du château et somma le commandant de se rendre.

La prise de la Rochelle ayant mis fin aux guerres de religion, et, postérieurement, la révocation de l'édit de Nantes ayant fait cesser l'exercice public du culte réformé, la majeure partie de la population revint à la foi catholique.

Ainsi que nous l'avons dit plus haut, les églises furent les principaux points de défense et de retraite pendant les temps du moyen-âge. Il paraît toutefois, par des chartes et titres de 1076, 1096 et du XIIe siècle qu'il existait, dans l'île d'Oléron, une tour et un château ou forteresse, dans l'emplacement qu'occupe la citadelle actuelle qui a été commencée en 1630, et terminée en 1695.

LE CHATEAU D'OLERON

3458 habitants

12 kilom. de Marennes — Postes et télégraphes. — Gare à la Pointe du Chapus.— Un service de bateaux à vapeur existe en tous temps et tous les jours entre la pointe du Chapus et le Château (traversée 20 minutes). — Médecin et pharmacien au Château.

Cette commune est placée à l'extrémité de l'île d'Oléron ; ses côtes sont très unies : l'intérieur est un peu plat , entrecoupé de petits canaux qu'on nomme *ruissons*, et de diverses pièces d'eau qui forment des marais salants. La ville est sur une petite élévation près de la mer ; elle se compose de deux parties ; l'ancienne, qui était autrefois le bourg de *Notre-Dame*, et la neuve, qui a été bâtie sur un plan plus régulier.

L'ancien château fort, nommé *le Château d'Oléron*, était placé sur la côte du N.-E., attenant au bourg, qui sans doute en a tiré son nom. Il était surtout mémorable, parce que c'est dans son enceinte qu'Aliénor, duchesse de Guyenne, fit rédiger sous ses yeux les lois et ordonnances de la marine, appelées *les Lois ou Jugements d'Oléron*. La citadelle qui existe aujourd'hui n'est pas tout à fait sous les ruines de cette ancienne forteresse, mais un peu plus à l'est. Elle fut consrruite en 1630, sous le règne de Louis XIII et par les ordres du cardinal de Richelieu. L'exécution des travaux fut confiée aux soins de M. d'Argencourt, fameux ingénieur, qui n'épargna rien pour rendre cet ouvrage aussi solide que magnifique.

En 1673, M. le chevalier de Clairville, gouverneur de l'île, fit travailler à une seconde enveloppe, construite irrégulièrement, mal flanquée de redans et de petites courtines. Cette enceinte, dans la suite, fut conduite avec plus d'entente, et continuée jusqu'en 1688. L'année d'après, M. Ferry, ingénieur directeur des fortifications de l'Aunis, en fit raser une partie pour établir de meilleurs dehors, lesquels consistaient en un ouvrage à corne du côté du bourg et une demi-lune placée dans la gorge de cet ouvrage. On construisit encore, vers le marais, un autre ouvrage à corne, qui fut élevé avec tant de précipitation et durant un hiver si rude qu'il s'écroula bientôt. On redoutait alors la descente du prince d'Orange, couronné depuis roi d'Angleterre sous le nom de Guillaume III, et l'on avait commandé, pour activer les travaux, les paysans de plus de 30 lieues à la ronde, des provinces du Poitou, de l'Aunis et de la Saintonge et les maçons du Limousin Les prévôts conduisaient les travailleurs par force, comme des criminels ; il en mourut un grand nombre de chagrin et de fatigues.

A la gorge de cet ouvrage à corne ruiné, on bâtit en 1690, une demi-lune revêtue de maçonnerie, et entourée de bons fossés. Les chemins couverts et les glacis ne furent finis qu'en 1695. Quelque temps après on forma une enceinte où fut comprise la partie conservée de l'ancien bourg, et l'on traça les rues d'une nouvelle ville. En 1830 la citadelle était un pentagone irrégulier, couvert du côté de la ville par un ouvrage à corne, et l'enceinte de la ville un camp retranché qui n'était pas achevé.

Le port du Château, situé à l'entrée du coureau d'Oléron, peut recevoir des bâtiments de 100 tonneaux ; la hauteur de l'eau y est de 3 mètres 60 centimètres , en marée ordinaire, et de 2 mètres 20 centimètres dans les mortes eaux. Ce port est entièrement dans l'enceinte des fortifications ; il sert de fossé à une partie des ouvrages de la citadelle.

Le chenal d'Ors, à 1,250 mètres au sud de la ville est très important à raison de la grande quantité de marais qu'il abreuve, et du grand nombre de bâtiments qui viennent y charger le sel. Le chenal de la *Brande* fournit également de l'eau à beaucoup de marais salants, mais on ne peut y charger que de petits bâtiments. Le chenal de l'*Estierneuf* n'est point navigable ; il ne sert qu'à donner de l'eau aux marais.

Le Château est actuellement le point le plus important de l'île d'Oléron et aussi le plus rapproché du continent.

De la gare de la pointe du Chapus le voyageur monte dans un des vapeurs qui font le service de correspondance à tous les trains et un quart d'heure après il débarque au quai du Château, après avoir vu défiler sous ses yeux le fort de Chapus, surmonté d'un donjon, bâti par Louvois, et aujourd'hui classé parmi les monuments historiques ; la tour rouge de Juillard plantée sur l'écueil qu'elle signale, et dans le lointain la masse noire du fort Boyard solide gardien avec l'île d'Aix de l'embouchure de la Charente.

A l'arrivée au quai du Château, le voyageur trouve omnibus, voitures et tramway à vapeur pour le mener soit en ville, soit dans l'intérieur de l'île.

Une route bordée de Tamaris et longue de 500 mètres, sépare le port de la ville. Celle-ci entourée d'une enceinte de remparts et de bastions, couronnés de canons, a deux portes d'entrée précédées de pont levis : les portes d'Ors et de Dolus, nom d'un village et d'un gros bourg de l'île.

Venant du port, on franchit la porte d'Ors. Un magnifique square planté de rosiers et de végétaux rares qui poussent en pleine terre, se présente tout d'abord aux yeux. Ce square porte le nom d'un des vaillants enfants du Château, le colonel de cuirassiers de Lacarre, tué en 1870.

Continuant à suivre la route départementale, on arrive à la Citadelle qui domine l'Océan et d'où l'on jouit d'un panorama splendide.

La citadelle du Château, forteresse inexpugnable autrefois, a été construite comme il est dit plus haut en 1630. On n'y accède qu'après avoir passé trois ponts-levis et avec l'autorisation du commandant des compagnies de disciplinaires coloniaux dont le dépôt est dans la citadelle.

Le Château possède également une vaste construction ayant servi d'hôpital et actuellement convertie en caserne, pour la garnison ; une fontaine monumentale faisant face à la place ; l'église dont les voûtes faites récemment d'après un système nouveau de construction en béton sur ossature de fer sont fort intéressantes et dont l'intérieur est décoré de quelques bons tableaux du peintre religieux Omer-Charlet, originaire du Château, et enfin l'Hôtel de Ville où, pendant l'été se donnent des concerts et des bals.

Le Château a deux plages, la première située à 300 mètres hors de la ville, est une plage un peu petite, mais où l'on trouve tout ce qui est nécessaire ; la seconde, celle du Vert-Bois est située à 4 kilom. de la ville, mais où le tramway à vapeur conduit, ainsi que des omnibus moyennant la modeste somme de 0 fr. 25.

La plage du Vertbois est séparée du Château par une splendide forêt de pins, elle s'appelait autrefois plage du Riveau.

A une des extrémités de cette plage on trouve des bancs de rochers couverts de petites huîtres, et des écluses où le poisson abonde.

On a devant soi la haute mer, et dans le lointain on voit passer les paquebots de toutes nationalités allant en Amérique, etc.

Il y a marché au Château tous les jours pendant la saison, la plupart des denrées sont bon marché, surtout le poisson et les coquillages.

Deux hôtels sont dans la ville, où la dépense moyenne est de 6 à 6 fr. 50 par jour et par personne. On trouve à louer en ville de nombreux logements, ainsi que dans les villages situés près de la forêt de pins, à proximité des plages.

SAINT-PIERRE

Saint-Pierre est la capitale de l'île d'Oléron, la commune possède 4419 habitants, postes et télégraphes et est relié avec le sud et le nord de l'île par un tramway à vapeur, un chenal met en communication par eau Saint-Pierre avec La Rochelle, ce chenal débouche dans la mer à Boyardville.

A la Cotinière un monument a été élevé au bord de l'Océan à la mémoire de M. Paul Normand d'Authon, ex-conseiller général et bienfaiteur du pays.

Le port de Saint-Pierre sur l'Océan est à la Cotinière, où l'on pêche d'excellents petits homards.

L'ancienne église de Saint-Pierre était fossoyée, et dès le temps des Normands, elle servait de refuge habituel à la population. En 1557, les protestants devenus plus forts dans l'île d'Oléron, enlevèrent la grosse cloche pesant 2,500 livres, et la firent transporter à la Rochelle, pour être changée en canons.

L'édit de Nantes ayant ramené la paix dans le royaume, les catholiques s'occupèrent de rétablir leurs églises. Celle de Saint-Pierre et son clocher le furent en 1606. La même année, les religionnaires bâtirent aussi un temple dans cette commune,

En 1621, la guerre s'étant rallumée entre les catholiques et les protestants, les troupes rochelaises, sous les ordres du prince de Soubise, s'emparèrent de l'île d'Oléron, pillèrent et renversèrent encore toutes les églises. Celle de Saint-Pierre fut rétablie en 1623 ; depuis on y a fait exécuter des travaux qui ont contribué à son embellissement. Le clocher n'a été terminé qu'en 1776. On y avait placé un sémaphore, qui, depuis la paix de 1814, n'est plus en activité.

En 1626, les protestants de Saint-Pierre mirent

eux-mêmes le feu à leur temple, pour qu'on n'en fît pas une église, ainsi que cela avait eu lieu au Château ; et, en 1683, ils achevèrent de le démolir. En 1833, on en a reconstruit un nouveau.

On voit aussi à Saint-Pierre une sorte de tour pointue appelée lanterne des morts, qui a dû, autrefois servir de phare et dont on ne connaît pas les origines.

SAINT-GEORGES

4540 habitants — 16 kilom. de La Rochelle. — Postes et Télégraphes.

Gare de la Rochelle — Un vapeur fait quotidiennement le service entre La Rochelle et Boyardville, d'où des voitures conduisent à Saint-Georges.

Médecin et pharmacien à Saint-Georges.

Saint-Georges est le chef-lieu d'une commune de près de 5.000 âmes, on y trouve des bois de pins et des plages superbes, notamment celles de Plaisance et de Foulerat.

Dans les environs, on visite le Douhet, petit port de refuge, ainsi que Lamorlière.

A Saint-Georges, on trouve un hôtel et de nombreuses chambres à louer chez l'habitant. Le prix du logement et de la nourriture ne dépasse pas 5 francs par personne et par jour.

Dès le XIe siècle, la commune de Saint-Georges était déjà un lieu assez important. Son église dévastée par les Protestants en 1568, fut reconstruite en 1606.

SAINT-DENIS

24 kilom. du Château — Postes et télégraphes — Gares au Chapus et à la Rochelle.

Bateau à vapeur de la Rochelle à Saint-Denis.

Saint-Denis est un gros bourg situé à l'extrémité nord de l'île d'Oléron, il possède deux plages, l'une à cinq minutes du bourg est bordée par un joli bois de pins ; l'autre distante de 2 kilomètres environ s'étend du côté de la pleine mer, sur une longueur de plus de 5 kilomètres. C'est la côte sauvage d'une merveilleuse beauté. Le sable y est d'une finesse incomparable et ferme sous les pieds ; la pente très douce permet de s'y baigner en toute sûreté et même d'avancer fort loin en mer. Des bois de pins non loin de là, fournissent de jolis buts de promenades.

Saint-Denis possède deux hôtels où pour 5 francs par jour, on est logé et nourri.

Grâce à d'immenses écluses qui retiennent le poisson lorsque la mer se retire, on trouve en abondance : crevettes, crabes, palourdes, coquillages, huîtres etc. Dans le bourg, moyennant un franc par chambre et par jour, on trouve facilement à se loger.

Les provisions de toutes sortes ne font jamais défaut et toutes les denrées sont fort bon marché.

Les excursions autour de Saint-Denis sont nombreuses et en dehors de la côte, on pourra choisir comme but de promenade, soit le phare de Chassiron, toujours ouvert aux visiteurs, soit les roches d'Antioche, où la mer, en se brisant, offre un spectacle grandiose.

La vieille tour de Chassiron, située à l'extrémité nord de la commune et de l'île, a été remplacée par un beau phare dont la construction a été commencée en 1834.

Dans le XVIe siècle, Saint-Denis eut à supporter les désastres des guerres de religion : son église, bâtie en 1152 par la reine Aliénor, fut pillée et détruite après l'édit de Nantes, les catholiques s'occupèrent de la rétablir ; mais détruite de nouveau par la chute du clocher, et reconstruite peu après, elle ne présente aujourd'hui rien de remarquable.

Saint-Denis est la patrie de M. Pierre-Mathieu-Martin de Chassiron, président au présidial de La Rochelle, et trésorier de France ; on trouve plusieurs de ses productions dans les recueils de l'Académie de la Rochelle dont il était membre. Ses réflexions sur le *Comique larmoyant*, imprimées en 1749, sont estimées des littérateurs et des gens de goût.

BOYARDVILLE

Boyardville est une petite station balnéaire dépendant de la commune de Saint-Georges, à l'entrée du canal reliant Saint-Pierre à la mer. La plage est splendide, la campagne et la forêt de pins fort jolies.

Au large on aperçoit le fort Boyard construit sur un îlot par Vauban, ainsi que l'île d'Aix, où séjourna Napoléon Ier avant son embarquement pour Sainte-Hélène, à bord du Belléphoron ; on montre encore la chambre où il a couché.

Boyardville est relié à la Rochelle par un service quotidien de bateaux à vapeur.

SAINT-TROJAN

1204 habitants — 18 kilom. de Marennes. — Postes et Télégraphes. — Gare du Chapus (sur le continent) — Service de bateaux à vapeur du Chapus au château d'Oléron — Tramway à vapeur du Château à Saint-Trojan — L'Été, pendant la saison des bains, un bateau à vapeur fait deux fois par jour le service de la Pointe du Chapus à Saint-Trojan (estacade du Sanatorium).

Médecin et pharmacien à Saint-Trojan.

Saint-Trojan est construit au pied de dunes d'une trentaine de mètres d'élévation, dans une sorte de cirque ouvert au soleil levant.

Ses maisons blanches, propres, sa forêt de plus de 1000 hectares de pins maritimes, les premiers semés datant déjà de 1819, et qui s'avancent jusqu'aux maisons, ses deux plages l'une calme sur le détroit, située à 500 mètres du bourg, la seconde de l'autre côté de la forêt, à l'extrémité d'une belle route à 2 kilomètres environ, celle-ci illimitée en tous sens battue de magnifiques vagues, côte véritablement sauvage et grandiose, est très certainement l'une des plus belles plages de France.

Du côté nord s'étend sur plusieurs kilomètres une saline dont les eaux mères seraient sans doute utilement employées en hydrothérapie.

En mer sur un développement de 15 à 20 kilom. carrés s'étendent des parcs à huîtres où la Marenne blanche et verte, l'huître de Portugal si volumineuse, si grasse, si riche en principes azotés et phosphorés assurent en abondance les aliments marins.

Le poisson, les crustacés et les divers mollusques, particulièrement les belles moules charrons s'ajoutent à l'huître et assurent une alimentation riche, et il n'y a pas que les ressources de la mer, car le sol y est remarquablement fertile et le vignoble exempt de phylloxéra grâce aux sables, s'y étend de jour en jour. L'eau potable enfin y est bonne.

La pureté exceptionnelle de l'air et de la température y est exquise.

Saint-Trojan est une station recommandée aux malades.

Depuis 1894, la Société des Hôpitaux marins a fait contruire sur la plage de la Petite Côte un sanatorium pour le traitement des enfants scrofuleux, qui comporte une centaine de pensionnaires.

A l'Hôtel des Bains, pension complète depuis 5 fr. 50 par jour.

Grand Hôtel du Casino, confortable complet et distractions diverses.

Dans le pays nombreuses maisons et chambres à louer, s'adresser au syndicat d'intérêt local.

Au sud de la commune de Saint-Trojan se trouve le détroit de Maumusson.

La barre *de Gadesan*, jetée obliquement dans ce canal, le rend très dangereux.

La position presque circulaire des bancs de sables et la rencontre violente des courants de Maumusson et d'Antioche occasionnent entre la terre ferme et l'île d'Oléron, des remous. Le choc des courants qui se heurtent dans la rade et le mugissement de la mer se font entendre à de grandes distances.

Lorsque le vent d'ouest souffle et jette sur cette côte, une grande masse d'eau, les habitants des îles et du littoral entendent, pendant le silence de la nuit, le roulement sourd des vagues, dont le bruit a quelque chose d'effrayant, comme si l'Atlantique allait franchir ses rivages et les menaçait d'une nouvelle irruption.

FIN

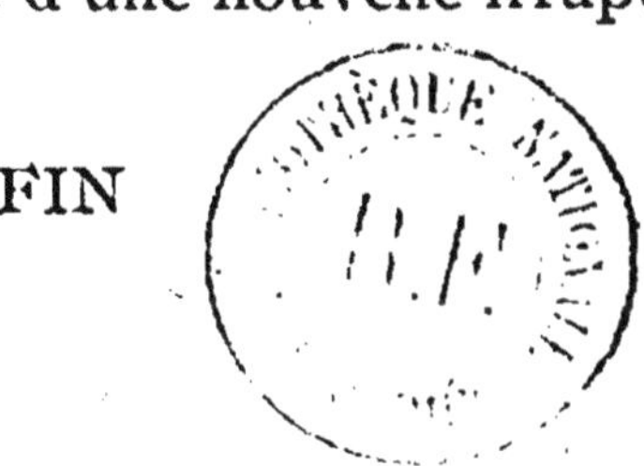

BIBLIOGRAPHIE

Histoire de France par Henri Martin (Paris, 1885, Gouvet et Cie Editeurs. 25 vol.)

Histoire de France par Anquetil. (Paris, 1837, Beauvais, aîné, Editeur. 4 vol.)

Histoire de l'Aunis et de la Saintonge par Massiou (Paris, 1838).

Statistique du département de la Charente-Inférieure par M. H. Gautier (La Rochelle, 1839).

Notice sur le Port de Meschers, par Sauvion, Conducteur des Ponts et Chaussées (Imprimerie nationale, Paris, 1885).

Archives historiques de Saintonge et d'Aunis (*Bulletin de la Société des...*) (*Saintes*). etc., etc.

TABLE DES MATIÈRES

Fontenay-aux-Roses (Seine). — Imp. L. Bellenand